The Rise and
Fall of
Creative Britain

文化资本

创意英伦的兴衰

〔英〕罗伯特·休伊森 著

蓝胤淇 译

CULTURAL CAPITAL

创于1897 商务印书馆 The Commercial Press

本书根据英国韦尔索出版社 2014 年版译出

目　录

前　言

本书建立在对1997—2012年这个阶段的叙述之上，时间从继续建造千年穹顶的决定，延续至2012年奥运会的开幕。本书的论述大致按时间顺序展开，但每个章节都有一个主导性的主题。比如，第二章的主题是创意产业，对于这一主题，笔者也将在本书论及的整个时间跨度内进行更深入的探究。还有一些部分是笔者对某个特定项目或政策的相关细节的较为深入的分析，因为该项目或政策被当作一种测试案例。笔者所采用的资料，恰当地说应称为政策文件和报告的“灰色文献”，此外也包括学术评论、当代新闻以及笔者本人对各个事件的观察。

尽管没有专门为本书的研究进行采访，但笔者收集了许多有用的对话，并且有好几位对笔者各个版本的手稿给予了评论，其他人则回答了各种细节问题或提供了资料。笔者要特别感谢维卫克·布哈德维（Vivek Bhardway）、斯托特·戴维斯（Stuart Davies）、阿兰·达维（Alan Davey）、克里斯托弗·戈登（Christopher Gordon）、安德鲁·海登（Andrew Haydon）、斯蒂芬·赫瑟林顿（Stephen Hetherington）、罗伯特·赫奇森（Robert Hutchison）、萨姆·琼斯（Sam Jones）、纳西姆·卡恩（Naseem Khan）、亨克·范·克拉福伦（Henk van Klaveren）、罗南·麦克唐纳（Ronan McDonald）、雷恰尔·麦奎尔（Rachel

McGuire)、加雷斯·梅尔（Gareth Maeer)、弗朗索瓦·马塔拉索（François Matarasso)、艾琳·拉（Irene Morra)、罗西·奈杜（Roshi Naidoo)、约翰·纽比金（John Newbigin)、戴夫·奥布莱恩（Dave O'Brien)、玛格丽特·奥康纳（Margaret O'Connor)，凯特·奥克利（Kate Oakley)、托比·萨金特（Toby Sargent)、萨拉·塞尔伍德（Sara Selwood)、西蒙·瑟利（Simon Thurley)、珍妮·威廉姆斯（Jenny Williams）和凯伦·赖特（Karen Wright)。

笔者必须特别感谢三个人：笔者的朋友兼合作者约翰·霍尔登（John Holden)，长期以来一直是笔者写作本书过程中征询意见之人，并且总在疑难之处给出正确的意见；我的编辑利奥·霍利斯（Leo Hollis)，他让我明白了编辑的作用是什么；还有我的妻子埃丽卡，她在厨房的餐桌上发表过许多有趣的观点。

我们可以用各种理由来论证艺术资助的合理性，诸如成本效益，或者将其作为旅游景点，作为投资，抑或作为可以销售、开发和获利的商品，但艺术应该给出其自身的理由。艺术是我们的生活、语言和理解方式的一部分；艺术是我们文明的一个尺度。艺术告诉我们关于我们自己，告诉我们政治和新闻没有传达的我们的感受和社会的真相。艺术让我们感到快乐，带给我们愉悦，给我们以希望，强烈刺激我们的感官，最重要的是艺术帮助我们将世界上不同的部分融合在一起；尝试并逐渐形成始于混乱的这种融合。

理查德·埃尔，《关于伦敦抒情剧场之未来的报告》

（Richard Eyre，*Report on the Future of Lyric Theatre in London*），1998年

导论 “一个黄金时代” 1

2007 年 3 月，托尼·布莱尔（Tony Blair）在离任前三个月，于英国泰特现代美术馆的涡轮大厅向英国文化机构的领导层发表了讲话。一开始他便提醒在场的各位回想他在当选前做出的承诺：他将使艺术成为政府“核心脚本”的一部分。他回顾了自己上任以来的十年，将其视为一个艺术的“黄金时代”。

> 想象一下，如果继续施行我们的资助制度和我们承袭下来的政策，世界会是什么样子？这个国家许多最好的地区剧院将会关闭，或者演出千篇一律的娱乐戏剧苟延残喘。许多管弦乐队将会陷入绝境。将不再有针对艺术教育的新项目。远未饱和的博物馆，其地位将由于收费导致的中产阶级访客人数下降而逐渐削弱。我也不确定在国家大剧院会诞生一个运作不怎么良好的英国电影产业，还是能够获得巨大成功的电影产业。[1]

布莱尔说对了。1997 年，英国文化界一直处于一种衰败而浮躁的
状态，没有新意，也缺乏公共资金。2010 年 5 月，布莱尔的继任者戈 2
登·布朗（Gordon Brwn）离任，情况发生了变化。政府在艺术方面的支出几乎翻了一番，所有国家级博物馆和美术馆的入场费都被取消，

年参观人数从2,400万增加到了4,000万。地方级博物馆也获得了相当大的扶助。在多年被忽视之后，国家的文化基础设施得以翻新和扩建，从大英博物馆的中庭到塞奇·盖茨赫德音乐中心。国家彩票已经变成城市改造的引擎。电影产业红红火火；英国广播公司的逍遥音乐节蓬勃发展；地区剧院、皇家莎士比亚剧团以及国家大剧院都大胆开拓，戏剧作品满含新意。工党2010年文化宣言——《创意英伦》夸耀说，“创意产业”为国内生产总值贡献了10个百分点。

泰特现代美术馆显然是布莱尔发表演讲的合适地点。这个项目早在布莱尔上台之前就已经启动，并且经由约翰·梅杰（John Major）领导的保守党推动得以开展。保守党于1992年发行国家彩票，重新布局了文化资金，2000年5月开放的泰特现代美术馆一直被视为新工党成功的标志。业已退役的班克塞得电站被改造成了一座当代艺术大教堂，与泰晤士河对岸的圣保罗大教堂两两相对，象征着破土萌生的神秘力量。南威尔士属于最贫困的10个行政区之一，泰特现代美术馆并不“生产”任何东西，却将一座废弃的发电站改变成一座现代艺术博物馆，显示出文化投资潜在的经济推动力。

21世纪初期似乎更像一个黄金时代，因为紧随其后的是一个铅时代——现代最严重且历时最久的衰退。保守党-自由民主党联盟大力追求自上一次新工党预算开始的文化紧缩，它在保守党撒切尔主义价值观的支配下，利用经济衰退，致力于推广文化管理中的另一种替代实验。除非修改2015年的大选结果，否则一定时期内，艺术和遗产将与此替代实验的结果共同存在。

3 布莱尔时期的繁荣以及两党执政联盟对于随后失败的反应，都提供了关于文化与社会之间关系的教训，特别是关于文化与国家之间的关系的教训。布莱尔的反映执政时期文化成就的演讲固然重要；但更重要的是，此乃他执政10年间唯一一次谈及文化问题的演讲。黄金时代似乎是罕见的。

本书不仅论及传统意义上的文化，即艺术和遗产，同时也探究了与文化相关的政治经济。人们普遍认为，政治和艺术之间不应该有太大关系；但它们恰恰存在着重要的共同点。它们都是制造意义的方式。它们都关心价值观，吸引情绪，并试图改变思想。最重要的是，政治和艺术在塑造一个社会更广泛的文化的过程中有着共同的利益，在此过程中，文化不仅是一种生活方式，也是一种组织生活的方式。

1997年，布莱尔以威廉·布莱克（William Blake）的一段解释结束了他对新工党艺术宣言的序言：“国家不激励艺术；是艺术激励国家。”政坛似乎顺从了艺术，在经历了保守党执政时期的忽视之后，艺术界人士对布莱尔的诺言表示欢迎：“很久以来，艺术和文化一直游离在主流之外，政府还未能认识到它们的潜力。这种情况必须改变，而且将在工党的领导下改变。”[2]这个教训是：对于你想要的东西务必慎重。

新工党的意图是将艺术和遗产整合到一个政府体系中，鉴于国家复兴一片新曙光的整体修辞，该体系继续执行保守党建立的新自由主义方案。1989年以后，共产主义的垮台引发了西方关于历史终结和意识形态终结的讨论，但意识形态并未消失。只不过，胜利的新自由主义已经变得无所不在且无所不包，其他的意识形态被压制了。现在，增加共同利益的唯一途径是在市场中使个体自由度最大化，这一理解 4
不过是常识。既然市场是利润和进步的唯一源泉，那么它的运作就应该扩展到人类生活的各个方面。

通过供需不受限制的相互作用，市场将产生最有效的投资、商品和服务的分配，从而实现最大的个体效用。对财务收益的追求驱动了企业在投资决策过程中的创造力；利润的实现使进一步投资成为可能。这种想法不仅仅适用于私人企业。英国财政部的《绿皮书》（*Green Book*）规定，每一项政府决策都必须基于成本/收益分析，即使是那些无法用货币表示的因素，也必须视之为**具有**货币价值，找到它们的价格代替物。然而，文化的价值并不取决于其价格。

新自由主义学说认为，在不受干扰的情况下市场运行最佳，所以政府通过出售国有资产和公用事业退出了市场，并尽可能地创造没有国有资产和公用事业的市场，诸如公共卫生。政府在无法完全撤出的情况下，将责任委托给代理机构，期望这些机构像私人企业那样行事。

市场操作者之所以能够渗透到众多曾经被视为公共领域的地方并使之私有化，是因为新自由主义不仅仅是一种经济理论。它是一种意识形态，是一种通过强大而具体的价值观吸引，实现文化嬗变的思想体系。这些价值观可以概括为个体自由、创造力和享乐主义。应当使个体摆脱以往社会民主共识所鼓励的集体主义的制约，允许他们的利益在市场中实现最大化，尽可能多地保证他们的自身利益。只要能够发挥个体的行业创造力和技能，市场便会产生保证这种创造力蓬勃发
5 展的最佳条件。为了鼓励商品流通，对个体消费不应有任何限制，而应将其交由供求规律来管理。消费促进生产。

描述这些价值的另一种方式是自私、追求新奇和贪婪。个体在市场上不受限制地行动这一饱受称赞的自由，使个体受到市场的控制，因为只有通过市场，个体才能实现自己的创造力并衡量自己的成功。个体的身份变成了一种商品，这种情况下，消费文化通过个体所消费的东西来定义个体。消费者是自我关怀的，在不参考他人的情况下做出选择，并寻求违背共同利益的个人利益的最大化。特别是“创意工作者”被说服了，他们认为自己是自由的，因为他们工作的转变

性——制造“新”——似乎赋予了他们个人自主权。

然而，正如文化评论家斯图尔特·霍尔（Stuart Hall）所提醒的那样：“意识形态永远是矛盾的。”[3]个体脱离国家的自由取决于国家。这同样适用于公司。个人和公司都依赖国家来保障私人财产、法律和秩序、金钱的完整性和市场自由。当新工党开始鼓励个人主义并宣扬创业精神的时候，它不得不利用国家来让个体获得自由。要做到这一点，不仅要带来制度改革，还要带来**文化**变革。

文化将成为实现英国转型的手段：从旧的官僚程序中解放出来，生活方式将控制一个新政坛的“选择”，这种选择改变了个人与国家的关系，并激发持续的创新。因而产生了新工党关于“创造力”的修辞，以及“创意英伦”的发明——这个词在整个新工党执政时期都引起了共鸣。谁会反对创意呢？创意是积极且有前瞻性的——它很**酷**，就像新工党希望成为的那样。

“创意英伦”需要创意经济以确保发展所依赖的持续创新。这将由一个“创意阶层”来完成，他们的职业就是生产那些可以用商品化形式来消费的标志和符号。“创意英伦”将会迎来大批年轻而热切的 6
人们，他们技术精湛，但仍然不愿放弃奋斗的艺术家的浪漫形象，他们的个人主义将取得重大进展，从而证明他们的不安全感和自我剥削的合理性。没有创意，生产和消费将会戛然而止。他们会用富有想象力的创业公司来振兴经济，新工党有意将此种创业公司塑造成创意产业。

英国积累的文化资本将被用来驱动城市再生，文化因此将会振兴后工业城市被挖空的经济，不仅如此，文化资本还将用于驱动社会再生。贫困、教育失衡、社区分裂，甚至刑事犯罪等问题，将由于文化的运用而得以神奇蜕变。这种社会目的显然是有益的。文化生产将创造就业；贫困社区将得到改造。

资助该项目所需的资本是文化的，其分红将是经济的。公共资助文化中的大部分资本已经积累完成，公共资助文化将由需要昂贵补贴的祈求者变成积极投资的感恩接受者，从而驱动创意经济。布莱尔内阁第一任文化部长克里斯·史密斯（Chris Smith）的特别顾问约翰·纽比金（John Newbigin）是此项目的幕后推动者之一，他曾写道，新工党的到来标志着艺术“作为政府的主流关切的时代终于来了，并且加入到白厅里针对金钱和影响力的达尔文式的斗争中”。[4]

文化政策成为经济政策的一部分。文化是一个产业，而它的产品是一种商品。但作为一种生产手段，它又被证明是难以管理的。艺术判断不是由委员会轻易做出来的，而创意也不是按照一个五年计划就能产生的。正如建筑师理查德·罗杰斯（Richard Rogers）所指出的那样，“这个国家的公务员和政客总是回避任何哪怕最平常的审美价值的讨论。美使我们的公务员感到紧张。”[5]新工党的答案是避开美学问题，建立一套目标体系和资助协议，以及一种可以对文化投资产生的经济成果和社会成果进行预测的衡量机制。

新工党向文化部门投入的数十亿英镑是浮士德式的讨价还价。艺术与遗产领域为了换取他们所需要的资金，对这种讨价还价的方式运用得很好，除了一些例外，他们要服从管理主义、工具主义、中央集权以及与核心目的没有什么关系的监管制度等，而这些制度又阻碍了他们获得资金。当一个人或一个组织被期望冒险创造新事物时，对他们所做的事情就必须给予信任。目标设定和审计的程序压制了独立性，而这种独立性是产生文化投资认为可能实现的自由创意所必需的。

7 文化资本是财富的一种形式，是由其使用价值而不是交换过程中的价值决定的。它的价值增长与丰富性而不是稀缺性成比例。它虽然由个体享受，但是一种利用共同传统和集体想象的资源来创造公共利益而非私人利益的相互创造。文化资本主义寻求将这种共同财富私有化，将其吸收到商品的流通中，并充分利用它。

当代英国文化受制于一种始于城市去工业化的进程，在这一进程中，城市将其功能和工作岗位输出到第三世界国家。然后，文化被用于重新规划这些城市，将这些城市及其居民变成文化消费的贡献者。这种文化规划从遗产工业的发明起始，随着一座废弃的发电站被改造成全世界访问量最大的旅游景点之一而发展至鼎盛。原先对立的先锋艺术被幻化成了驱动国际艺术市场的虚拟资本。政府介入文化，希望将市场失败转化为市场成功。

这是文化资本主义的一次大规模行动，伴随着更纯粹的新自由主
义的实验。两党联盟放弃了对艺术驱动社会再生的任何期待，也放弃
了对公共资助文化的支持，而是希望市场能够提供资金。市场是否会 8
提供资金，以及市场提供的资金是否有任何价值，还有待观察。2015
年，我们将有机会对两个实验进行评判。本书旨在告知这一评判结果。

第一章　在新的公共管理之下 9

从文化政策的角度来看，这不是我们文化的一部分。

国家文物局高级官员，1996 年

创意英伦的“黄金时代”是由一位对艺术无甚兴趣的首相主导的。这是保守派专栏作家（和文化政客）西蒙·詹金斯（Simon Jenkins）的坦率观点，他认为布莱尔“并不了解历史、文化或思想”。[1]于牛津大学求学期间，布莱尔曾参加过摇滚乐队的演出，并且是一名成功的表演者。他有时会去观看戏剧。但是他成为首相之后，为了吸引那些小报，他向公众展示了由新闻秘书阿拉斯泰尔·坎贝尔（Alastair Campbell）策划的大众品味，这震惊了英国文化机构董事会那些越来越暴躁的大佬。

1998 年，约翰·图萨（John Tusa）以独特的立场表达了对艺术机构的关注。他曾是一名杰出的播音员，曾担任英国广播公司世界服务部负责人，此时已经成为巴比肯艺术中心的执行董事。巴比肯艺术中心完全由伦敦金融城实力雄厚的公司资助，所以图萨既不用奉承政府，也不用奉承政府机构——艺术委员会。1998 年 3 月，新工党宣布维持之前保守党政府对艺术公共资助的限制，图萨在《泰晤士报》的一 10

篇文章中承认：我很担心托尼：

> 艺术对他个人并不重要，艺术不过是他自身经历中一个边缘且根系薄弱的方面。他是一个真正的60后，摇滚和流行世界是他本能喜欢的东西；他在艺术界根本不自在。他明显缺乏对艺术的尊重，正如他的政府对待艺术的方式所证明的那样，这源于基本的个人的不适。[2]

图萨对布莱尔政府正在采取的方向提出了更宏大且更重要的观点，这个问题的严重性远远超出了文化机构范围。布莱尔"支持'创收的艺术'，而忽视和低估'需要花钱的艺术'，他表明自己是玛格丽特·撒切尔的亲儿子。"[3]虽然"新"工党的创立者不愿承认，但新自由主义思想已经变成了该党派的正统理念。布莱尔主义和撒切尔主义之间的连续性足以让政治科学家科林·哈伊（Colin Hay）写文章称——显然并无讽刺意味——布莱尔的当选是英国共识政治的一种回归，这个共识就是，"在一个资本流动性和金融自由化得以增强的时代，简单地说，就是在一个全球化的时代，根本没有可以替代新自由主义的思想"。[4]

为了让自己的政党可以当选，布莱尔放弃了旧工党的集体主义价值观，接受了撒切尔时期形成的个人主义、私人企业和市场的首要地位。他在1996年出版的演讲集《新英国：我对一个年轻国家的愿景》中争辩："在21世纪的政坛，左翼和右翼之间将不可避免地存在重叠。具备那些无所不包、无所不在、解决一切问题且经常处于危机之中的宏伟意识形态的时代结束了。特别是市场与公共部门之间的争夺战已经结束了。"[5]借用弗朗西斯·福山（Francis Fukuyama）的话说，这是历史的终结，市场的胜利。但这并不意味着公共部门的终结，因为布莱尔像撒切尔一样，将新自由主义与新保守派的道德主义结合起来，要求建立一个或许更小但更强的政府。公共部门必须符合市场原则，11
接受私有化以及与私人资本的伙伴关系。英格兰银行将根据市场利益来管理经济。市场要求劳动力的灵活性，因此，尽管政府签署了《马斯特里赫特条约的社会章节》（the Social Chapter of the Maastricht Treaty），但英国工会恢复了他们在撒切尔时期丧失的一些特权。政府致力于解决儿童贫困问题，并确立了最低工资标准，但福利国家将不得不面临“现代化”。最初，新工党延续了败选的保守党的紧缩支出计划。这对于文化部门而言是个坏消息，因为它们依赖于公共资金，以维持为商业盈利性休闲产业提供服务的活动和机构。

尽管布莱尔的主题思想是由保守党提出的，但他并不是直到当政后才发现，他为自己正在实践的新政治找到了正确标签。他想要宣传的主张不幸听起来就像一种新时代运动（New Age）的管理理论，叫“第三条道路”。这种宣传试图要做的，也正是布莱尔的政策大师、伦敦经济学院院长安东尼·吉登斯（Anthony Giddens）在《超越左与右》（*Beyond Left and Right*）一书中所论述的。布莱尔在 1998 年由费边社出版的一本小册子《第三条道路：一个崭新世纪的新政治》中明确表示：“这是第三条道路，因为它决定性地超越了由于国家控制、高税收和生产者利益而忧心忡忡的老左翼；而新右翼则将公共投资，并且往往是将‘社会’这一概念本身和集体的努力，视为要予以消除的邪恶之物。”[6]

布莱尔明确接受了撒切尔夫人的“现代化的必要行动”，[7]并宣布大政府意味着更好的政府的时代结束了。杠杆，而不是规模，至关重要。杠杆是通过市场来运用的：“有了正确的政策，市场机制便成为满足社会目标的关键，企业家的热情可以促进社会正义。”[8]通过一种叫作“永久修正主义”的方法，英国将实现“以个人赋权和机会为基础的动态知识型经济，在这种经济中，政府创造机会而不是下达命令，市场力量将被用以服务公共利益”。[9]

由“赋能的政府”（enabling state）来管理一个强大的自治社会的理想，意味着布莱尔在《新英国》（*New Britain*）中所提倡的权力下放
12 和加大地方自治。正如政治学家艾伦·芬利森（Alan Finlayson）所说的那样，政府变得像一个总部，将自身的经营权交给允许独立运作的代理机构，但这些机构永远遵从总部制定的规则。[10]布莱尔在小册子中警告说：“监督和检查正在所有领域发挥关键作用，这是一种更高标准的激励，也是一种确定适当干预水平的手段。”[11]

像大卫·卡梅伦（David Cameron）的“大社会”一样，布莱尔的“第三条道路”并没有被广大民众所接受，新闻界对此也持怀疑态度。批评性话语分析家诺曼·费尔克拉夫（Norman Fairclough）反驳说，政府将语言学的手法当成了“带有装饰的撒切尔主义”。[12]政治学家大卫·马奎德（David Marquand）也在早前确认了这种连续性：

> 就像之前的撒切尔政府一样，新工党也拥护19世纪初期关于企业家理想的观点。它蔑视传统精英，颂扬白手起家的精英，但它没有理由认为成功的精英人士不应该享有他们成功的全部成果：这是为了扩大机会，而不是为了重新分配报酬。同理，它既不希望消除公共领域无休止的空洞，也不愿意遏制不断增长的临时雇用性质的劳动力，如白领和蓝领这些撒切尔时期的标志。[13]

这并不意味着社会上不存在这样的现象；新工党的新自由主义观

点是“利益相关者社会”，在这个社会中个人通过积极参与和对“社区”价值的投资赢得了获取报酬的权利，而赋能的政府使赢得这种权利成为可能。根据布莱尔的说法，这不是社会主义，而是将其党派及基层党员最紧密地联系在一起的这个词拆解开，变成“社会-主义”(social-ism)，[14]这就可以将工党从它的历史中解放出来。正如政治学家马克·贝维尔（Mark Bevir）所指出的：“新工党的第三条道路是一种在道德框架内竞争的个人主义，它使每个人都有机会参与竞争，从而将盛行的个人主义、竞争和唯物主义纳入传统的社会民主理想的共同体。”[15]

然而，尽管赋能的政府为个体企业和集体企业提供了显著的自由， 13
尽管布莱尔倡导权力下放和地方政府复兴，但新工党并不准备放开杠杆控制，而是忙于发展新的杠杆。当涉及中心与边缘、伦敦与地区、国家政府与地方政府之间的关系时，将由中央负责协调。

虽然伦敦发挥了强大的向心力，但是国家和地区之间割裂的文化认同势力依然强劲。苏格兰保留了自己的法律和教育体系；威尔士坚持使用自己的语言；北爱尔兰通过与大陆及其宗派分支的分离来定义自己。19 世纪重要的商业和工业中心，如贝尔法斯特、伯明翰、布里斯托尔、加的夫、爱丁堡、格拉斯哥、利兹、利物浦、曼彻斯特、纽卡斯尔、谢菲尔德等城镇和城市，都创建了自己的博物馆、美术馆、交响乐团和剧院，它们就像伦敦的“国家”文化设施一样值得支持，并且可以制作出高水平的作品。

文化基础设施取决于选举产生的地方政府，从大都市的政府到农村地区的小型区委会，地方政府的规模和职责各不相同。这些地方政府拥有并资助大多数场馆——包括大多数电影院和一些剧院——举办文化活动，但是，提供公共图书馆服务的法定义务除外。地方政府对文化支出拥有完全的自由裁量权，并且没有得到中央政府的财政支持。[16]

因此，地方政府对文化的财政资助是不平衡的，这也反映出体制的分散性，使机构很难获得一个总的资助金额。2009—2010 年，英国地方政府用于艺术、休闲（包括体育）、文化遗产、博物馆和图书馆的支出总额达到了 35 亿英镑。如果范围限定得更窄一些，新工党上台时，地方政府每年用于由艺术委员会资助的活动的支出总计 1.9
14 亿英镑。[17]这个数字略高于艺术委员会的支出，但不到地方政府总支出的 1%。

地方政府与艺术委员会的资助，在名义上都平等地注入了相同的组织机构，这使艺术委员会可以利用补助资金来调整地方政府的资金。但两者在动机方面有一个关键的区别。自 1945 年成立以来，艺术委员会一直出于审美的理由看待它所支持的艺术，也就是说，它坚信艺术形式本身具有内在价值。然而，地方政府则寻求直接的社会效益和经济成果，这是新工党采取和发展的一种工具主义。

新工党对权力从中央分散的态度是矛盾的。这种分散授予苏格兰和威尔士一种自治形式，将自治政府形式归还北爱尔兰，并将管理伦敦的责任交给了直选行政长官。然而，地方政府与白厅的部委一样受到了相同的中央集权化的财政管制。地方政府疲于应付区域、试点、议案以及各种计划和战略提出的要求，并且受制于不断强化的检查制度。撒切尔时期，地方政府已经失去了许多自治权，虽然新工党讨论恢复地区主义，中央政府却不愿放弃既得的权力。政府虽然提倡“新地方主义”，但其分散权力的尝试是有限的。

新工党增加了公共服务开支，地方政府预算大幅提高，所以地方政府似乎比撒切尔时期受到的压迫小一些，但由于只有 20% 的支出是由地方资助的，这使得它们越来越依赖中央政府。1999 年，英格兰的 353 个地方政府被告知要制订当地的文化策略，但是没有一项举措能使它们的文化支出具有合法性。1981—1986 年间，市镇社会主义者肯·利文斯通（Ken Livingstone）作为大伦敦议会的领导人，展示了地方政
府处置文化资源的方式。2000 年，利文斯通作为第一任当选市长回到 15
伦敦，他发现新的大伦敦当局——负责维持治安、规划和运输——在大伦敦市议会之前，几乎一直没有文化影响力，每年只有不到 25 万英镑的艺术预算。

新工党在英格兰设立了九个行政区域，每个区域都有一个由政府任命的地区开发署（Regional Development Agency，RDA），由地方政府成员和其他利益关联方组成的地区议院“支持”。这样做目的是用选举产生的地区议会接替这些地区议院，但是在 2004 年东北地区就选举议会之议案举行的地方公投否决了这一议案之后，新工党对地区政府失去了兴趣。令布莱尔感到沮丧的是，肯·利文斯通击败了正式的工党候选人，作为一名独立人士当选伦敦市长，这使政府对地区民主愈发不感兴趣。地区开发署的目的是经济发展：由国家彩票、地方政府和欧盟共同资助的文化项目，在城市更新计划中发挥了主导作用。

白厅对政策决定集中化的过分渴望，是撒切尔政府和主要政府 18 年来发展起来的被称作“新公共管理”的政府理论的另一种表现。这一理论是建立绩效衡量标准，并根据物有所值的原则建立各部门与各机构之间的契约关系，从而在公共服务管理方面实行更严格的问责制度。管理部门和机构将由“3E”来进行评判，所谓“3E”，就是 Efficiency（效率）、Effectiveness（效力）和 Economy（效益）。1991 年，《新公共管理》一书的编辑 R. A. W. 罗兹（R. A. W. Rhodes）对

“新公共管理”下了一个概要性的定义：“将公共官僚机构分解成在用户付费的基础上相互打交道的各种机构，利用准市场和外包培育竞争；削减成本；强调产出目标、有限期合同、金钱激励和管理自由等的管理方式。”[18]

16 在新自由主义方式下，政府部门以及越来越多地承担政府责任的“下级”代理机构，现在都被期待不要像非私有性的、层级式结构的官僚机构一般行事，而是更像创造财富的企业一样，在资源市场上展开竞争。然而，尽管这一意图是为了实现市场带来的调配自由和效率，负责制定公共政策的人员在实际操作中却变得更加束手束脚。战略计划必须制定，目标必须确定，基准必须设定，对象必须选定，措施必须商定，影响必须评估。

这个系统的主人是财政部。它决定了其他部委的支出分配，并且偏爱那些实现了目标的部门。相应地，各部委也被要求在与其资助的代理机构的合作中，执行自己的合同流程和审计流程。所有这些都要求越来越多经过审计的“证据”，以表明应该要做的事情正在做，目标正在实现，并且阶段性成果已经达成。

“第三条道路”并没有贴上标记，但是它所描述的程序——国家和市场之间的交易也寻求引入自愿部门（因此期盼卡梅伦的“大社会”）——逐渐嵌入了政府程序。它获得了一个不太吸引人的名字：“管理主义”。新公共管理意味着市场的纪律和价值观被运用于以前非个人的、政治和社会中立的公共服务领域。整个政府，特别是福利国家，将按照商业操作的方式进行重组。[19]

尽管政府的各个方面都将聚焦于实现效率和经济效益最大化，但市场仍会按自身的规律运行。利率调控被立即外包给英格兰银行的一个独立委员会；金融服务业被允许实施“低干涉”法规（“light touch" regulation)；布莱尔政府的斯文加利·彼得·曼德尔森(Svengali Peter Mandelson) 可以用他特有的温和却带有威胁的口吻宣称，新工党对那些获得肮脏财富的人是"极度宽松的"——只要他们缴了税。[20]

上台才一年多的时间，新工党就完成了第一次综合支出审查，这 17
是一个通过政府各部门与财政部商定未来三年预算而进行讨价还价、角力和特殊恳求的过程。每个部都签署了一份正式的公共服务协议(Public Service Agreement，PSA)，规定了具体的部门目标和可测量的业绩目标。政策和方案将依据对备选方案的成本/效益分析结果做出——这是财政部定期更新的手册《绿皮书》上规定的流程。[21]

1999 年 3 月，在白皮书《政府现代化》(*Modernizing Government*)中，管理主义意识形态被用作新工党的一种导向性陈述，此白皮书试图通过鼓励伙伴关系式工作和"交叉提议"逐渐培养"被合并的政府"。然而，要做到这一点，就必须加强监督和目标设定，正如布莱尔在小册子《第三条道路》中所承诺的那样。就在同一个月，财政部着手考虑如何衡量和监督 1998 年"综合支出审查"中已商定目标的完成情况。[22]财政部希望避免 1976 年遭受的屈辱，当时国际货币基金组织（IMF）入驻白厅以拯救英国经济，并决定保持对政府杠杆的绝对控制。当时新工党的情况是，布莱尔将国内政策众多领域交给了他的强劲对手——总理戈登·布朗（Gordon Brown)，让对手变得更强大。布莱尔所做的对所有领域进行监督和检查的承诺，是一个将被保留的承诺。

有一个政府领域，惯常被视为一个不太受限制、实际上被忽视的存在。新工党的第一任文化大臣克里斯·史密斯离职后，沮丧地承认，在艺术资金筹措方面，财政部并不关心“培养美或者培养诗，甚至不关心‘提高生活品质’”。[23] 1997 年，史密斯负责的部门是最新但影响力最小的，400 名管理人员管理着约 10 亿英镑的预算，不到整个政府
18 开支比例的 0.5%。这个部门几乎没有直接控制它所拥有的资金，因为它有义务将获得的资金的 95% 发放给所谓的非部门性公共机构（Non-Departmental Public Bodies，NDPBs），如国家博物馆和艺术委员会等。除了广播和国家彩票之外，文化、媒体和体育部（Department for Culture Media and Sport，DCMS）签发的行政命令只在英格兰执行。北爱尔兰是单独管理的，而苏格兰和威尔士自 1994 年以来就拥有自己的文化委员会，享有文化自治。当布莱尔履行工党宣言中的承诺，建立了拥有各自文化部的苏格兰议会和威尔士会议时，这种文化自治权得以完全实现。

在新工党之前，“文化”——甚至更狭义的艺术和遗产——对于英国立法者而言都是一个不舒服的词。对此话题稍有兴趣的政治家，都会记得维多利亚女王的首相墨尔本勋爵在 1835 年发出的警告：“上帝会帮助那些插手艺术的大臣。”英国议会于 1753 年建立了大英博物馆，1853 年成立了科学艺术部，但英国政府直至 1940 年才开始资助表演艺术，1964 年才任命了首位（等级非常低的）负责艺术领域的大臣，而第一份政策文件《艺术政策：第一步》（*A Policy for the Arts: The First Steps*）直到 1965 年才发布。这份非决定性的文件的名称显示了这些脚步迈得有多么犹豫，但这是将文化问题缓慢带向更接近政府核心的开始。

自 20 世纪 70 年代中期的金融危机以来，政府用于艺术和遗产方面的开支已经上升到了一定数额。撒切尔夫人执政时期，旨在刺激“企业文化”的新自由主义鼓励对艺术加大商业赞助，但撒切尔任期

内唯一重要的新的文化建筑项目只有大英图书馆，该项目不仅迟迟未能建成，而且严重超出预算，最终于 1998 年才对外开放。

1992 年，撒切尔夫人的继任者约翰·梅杰（John Major）将担负不同文化职责的六个部门捆绑在一起，组成一个单一的政府部门——国家遗产部（Department of National Heritage），这是首次由内阁大臣担任领导人的部门。第一任国务大臣戴维·梅洛（David Mellor）曾打算将这个部门变成“大野兽”，但梅洛因性丑闻被迫辞职时，这个可能 19
性就破灭了，而梅洛的继任者们——五年里三位继任者——对财政部产生的影响力微乎其微。梅洛的“有趣的部门”变成了“无事发生的部门”，但它的确设立了国家彩票，这有可能改变文化景观——而且作为一种新的税收收入，它给政府带来了利润而非损失。

1993 年，英国通过了《国家彩票法案》（The National Lottery Act）。根据 1992 年保守党的竞选宣言，此法案的目的是“恢复我们国家的品质”。[24]彩票管理被授权给一家名为柯莱特（Camelot）的私人公司，它支付下注金额的 50% 给中奖者。一旦柯莱特覆盖其成本并获得 5% 的利润，政府就要收取其中 12% 的赌博税，剩下的钱交给五个非部门公共机构，作为彩票经销商。其中三个机构已经存在：大不列颠艺术委员会（随后分成四个国家艺术委员会）、体育委员会以及 1980 年成立的旨在保护建筑和自然遗产的国家遗产纪念基金。另外两个机构是新成立的：一个是千年委员会，仅在 2000 年千禧年庆典结束前短期存在；另一个是慈善委员会，职能是向那些为社区利益工作的志愿组织提供资金。

这个具有潜在的革新性的工具运用起来小心翼翼，各种规定严重阻碍了五大“福利”彩票经销商的运营。他们必须遵守出资人不能启动项目的规定，只对要求帮助的请求予以回应。第一套政府政策指导意见排除了经销商就资金去向制订自己策略的情况，而且也不允许他们申请资金。他们只能评估所有出价，导致国家计划无法制订。突然不得不支付的数百万英镑也给分销商的内部结构带来了压力。国家遗
20 产纪念基金从 7 个组织发展到 250 个，负责管理遗产彩票基金，其他文化官僚机构也相继发展起来。艺术委员会的月度会议每次开两天，另外还有一天是彩票讨论小组会议。

最主要的缺点是，彩票资金只能用于一次性资本项目，其中大多是建造新的建筑或者修复旧的建筑。这在当时似乎是明智的，因为它强调了彩票是财政部援助资金中的一个单独且额外的资金来源，但国家大剧院前理事理查德·埃尔（Richard Eyre）指出，这样一来，艺术“似乎被大量资本开发资金所充斥，而这些资本开发行动又急需资金来维持因此成立的各种艺术组织的成果。它们是像饥荒时期多余的不锈钢厨房一样闪闪发亮的建筑物的骄傲租户”。[25]

对于艺术而言，饥荒正逐渐成为现实。国家遗产部一位资深公务员在 1996 年的《星期日泰晤士报》上，明确指出了政府领导在文化事务中的缺失：“在文化政策的层面进行思考不是我们文化的一部分。”[26]在这个真空领域，日常政策由隶属文化部的各个机构制订。在没有任何总体设想的情况下，关于哪些组织应该得到什么的决策，是根据“历史资金”这一被动原则做出的，而这一被动原则只不过是在前一年该组织得到的资金基础上增加或减少几个百分点。

中央政府也受到“臂长原则”（the “arm’s-length” principle）的约束——此原则试图在政治家与文化决策之间设立一个谨慎距离。与艺术和遗产有关的原则术语实际上是 20 世纪 70 年代才开始使用的，但是政治家不应介入艺术的惯例，则要追溯到 18 世纪启蒙运动时期的

主导思想。这一思想主张，文化属于一个独立自主的领域，艺术的普世价值和永恒价值是超越政治价值或市场价值的。尽管艺术追求通常不是出于金钱或直接的政治原因，但是，如果你的阶层或社会资本已经为你提供了通往文化的路径，那么认为艺术自主以及艺术与权力无关便是一个很容易产生的想法。

20 世纪 90 年代，形成了一个共识，即艺术应该享有带有一定条 21
件的自治权。但战后的西方政府明显愿意无私地支持艺术，甚至支持反对派艺术，其动机是为了自己的利益而非天真善良：文化是冷战时期的一个重要武器，为了与中国和苏联的压制形成鲜明对比，为艺术家提供最大程度的自由符合西方政府的利益。[27]随着冷战的结束，政府需要一个新的支持艺术的理由，曾经隐蔽的宣传工具于是变成社会和经济振兴的公开工具。

臂长原则框定的行政惯例是，在文化领域，非部门公共机构独立于政府自行做出运行方面的决定，会议上政府大臣不对这些决定负责。像大多数惯例一样，这需要信任和良好愿望才能发挥作用。例如，艺术委员会不是由议会设立而是根据皇家宪章设立，因此独立于政府，英国广播公司也是这样。尽管如此，同英国广播公司一样，负责制定政策的艺术委员会成员和任命执行委员的成员本身是由政府任命的，这使他们密切关注政府选择。20 世纪 40 年代至 70 年代，人们已经了解到，某些有经验和社会地位的男士（和一些女士）——“杰出人物”——可以受信任地代表政府，不受直接干扰地做事。正如文化评论家雷蒙德·威廉姆斯（Raymond Williams）在供职于艺术委员会时所说的那样，这主要是因为他们本能地知道政府想要什么，并且知道可以依靠什么来实现它。[28]

撒切尔对传统惯例的敌意导致了这种舒适共识的瓦解，而对艺术

的经济重要性及其在城市振兴中的作用的认识，则为政治家提供了一
个让艺术发挥更积极作用的重要理由。国家彩票的创立以“部长指
22 令”的法律形式，确立了国务大臣所希望的艺术委员会和其他彩票发
行人的职责。

1995年，国家遗产部提出了资助协议，规定在广泛条件下它所资助的那些组织用资金可以做什么，从而迈出了与受资助者建立更多契约关系的第一步。这一协议同针对国家彩票基金经销商的部长指令一样，近一步缩短了政府与机构之间的距离——但政治家及其被任命者仍然坚持臂长原则的神圣性。在新工党的领导下，这一长度将会大大缩短。

持臂长原则进行讨价还价后达成的协议，有助于解释一个奇特的矛盾，即为何政府对艺术和遗产的管理与政府对任何其他部门的管理不同：在其他经济领域，战后福利国家政策的结果就是将富人手中的资源重新分配给穷人和没有受过教育的人，而在艺术方面，资源的流向是反方向的——一般性税收是在补贴受教育者和富人的娱乐。国家彩票也以类似的方式进行补贴。

1996年发表的一篇文章简洁地概括了这个问题：“自1945年以来，甚至可能更久以来，关于英国文化政策的一贯意见就是其排他性：资金向精英的乐趣、伦敦和传统艺术形式的压倒性倾斜，并且对任何形式的民主化抱有深深的敌意。”[29]艺术机构除了具有政府已经认识到的宣传艺术自由和受臂长原则保护等意义之外，还能够自行定义文化，并根据自身利益引导资源。实际上，这种对所谓“文化领域”的官方支持，是知识分子与政府合作的代价。他们填补了政策空白，而新工党要展开的变革将非易事。政府给出的答案是，将文化组织增选为社会控制的代理人。

这篇文章的作者杰夫·穆尔根（Geoff Mulgan）是一位有影响力的 23
思想家，他在数年后成了更有影响力的思想家——日益发展的“策士”（policy wonks）部落的一员。他们从智库转向政府顾问，在某些情况下转至高级职位，比如大卫·米利班德（David Milliband）和爱德华·米利班德（Edward Milliband）。但是，穆尔根选择在一定的距离之外施展其影响力，作为贝利奥尔学院毕业生，他最初的政治观点是极左的，而他在斯里兰卡学习佛教的那段时期，似乎在政治理论与实践之间给了他一种重要的距离感。20 世纪 80 年代，他曾作为记者、学者和欧洲共同体官员，为激进流行音乐团体“红楔子”工作，还曾在大伦敦议会文化产业联合会任职。他后来的职业生涯使他进入政府的核心，之后又走出政府核心到了另一端，回到智库界——在这里工作他似乎最快乐。

穆尔根的文章带有大伦敦议会经历的印记。他认为，信息技术和新的消费文化已经改变了辩论的条件：“通过忽视现代文化的动态，忽视现代文化在一个机械复制和电子传播时代如何发挥作用的动态”，文化政策只保留对当代文化的一种边缘影响[30]——文化。也就是说，文化实际上成了大多数人的生活，它不是由无须向公众证明其合理性的贵族形式的捐赠所定义的“合法的”文化。穆尔根清楚地知道，艺术委员会的资助在很大程度上是针对 20 世纪以前的艺术形式。

正如理查德·霍格特（Richard Hoggart）和雷蒙德·威廉姆斯所描述的那样，左翼在传统上对商业文化持怀疑态度，天生倾向于支持偏爱高雅文化的雷希的文化观点，所以忽略了绝大多数民众参与的文化表达形式。穆尔根将此概括为“独立生产领域与……严格控制的、基于阶级的公共资金领域之间，通过杰出的伦敦精英委员会有机地联系起来”的一道鸿沟。[31]

无论是对于穆尔根还是对于其他人，显而易见的是，绝大多数当代文化在其主要运营的商业领域整体上是宽裕的，许多消费者也不太
24 关心艺术委员会所保护的那些较陈旧的艺术形式的命运——包括对先锋艺术的看法。但与此同时，新自由主义压力下战后共识的分解，以及更民主的，或者至少是平民主义的消费文化的高涨，导致了对于讲着“卓越”语言的精英而言的一种美学权威危机。任何这种权威的丧失都可能导致公共资金如何以及为何花费的问题。

将决定权交给专家的文化等级模式的崩塌，对艺术领域的政府管理产生了深远影响，尤其是当精英艺术获得了绝大部分政府资助的时候。为了保证资助艺术和遗产的合法性，政府必须找到新的理由。这是 1992 年选举前夕已经管理戈登・布朗办公室的穆尔根试图解决的一个问题，1993 年，他成为一家新智库——德莫斯智库的主任，后来工党上台，德莫斯智库入驻唐宁街政策组。

穆尔根针对杰出人物根据自身利益管理文化事务的权力进行了分析，其准确性在新工党执政数日后便得以证明——当时文化机构中最具精英性的皇家歌剧院（Royal Operal House，ROH）濒临破产。

1945 年，经济学家约翰・梅纳德・凯恩斯（John Maynard Keynes）同意设立由他负责的英格兰艺术委员会，并建立一个由该委员会出资成立的新机构，考文特花园信托基金会，以经营英国首屈一指的歌剧院，这个基金会也由他负责。自那时起，在最贵族的英国艺术机构与其主要的公共资助者之间就已经存在一种乱伦关系。不出意外，彩票资金很快就筹齐了，艺术委员会发行的首批彩票中，有一笔高达 7,850 万英镑的资金，被用于考文特花园造价高达 2.13 亿英镑的楼体重建工程。大众媒体高兴地注意到为了休闲娱乐的工人阶级下注者的

慷慨贡献。1996 年，设立了这个大奖的艺术委员会彩票咨询小组主 25
席、公共关系巨头查德林顿勋爵（Lord Chadlington）——一名保守党大臣的兄弟，也恰好调至考文特花园信托基金会任主席。一次恩惠值得换取另一次恩惠。

这不是唯一一个暴露了被纵容的机构的财政管理漏洞的大型彩票项目。1997 年，当皇家歌剧院准备关闭重建时，它背负的经常项目赤字已经达到 450 万英镑。歌剧院一直依靠门票预售来获取现金流，而这些收入实际上随着主建筑物的关闭已经枯竭。由于未能建起一个临时演出场所，其歌剧和芭蕾舞剧团只好在伦敦其他地方展开游牧式的表演季。作为苏富比公司以及该领域的领军人物，艺术委员主席、前保守党艺术大臣戈尔里勋爵（Lord Gowrie）并不善于维护富家子弟的捐赠。1997 年 4 月，他告诉《星期日泰晤士报》，考文特花园的关闭计划是“一团糟”。[32]

5 月 13 日，情况变得更加糟糕，1 月份刚从国家大剧院加入歌剧院的技术管理人员杰尼斯塔·麦金托什（Genista McIntosh）突然因为“身体不适”辞职。后来她告诉议会下院文化委员会，自己之所以辞职是因为对遭遇的内斗和无能感到极其不愉快，并且说自己是被要求离开的。麦金托什的辞职固然令人惊讶，但随后更令人惊讶的是：麦金托什的替代者竟然是没有通过正式的工作申请或者面谈程序的艺术委员会首席执行官玛丽·艾伦（Mary Allen）。戈尔里勋爵宣称自己目瞪口呆，这种明显的背叛似乎也促使他提出了辞职，辞职日期自 1998 年 4 月起正式生效，提早两年结束了任期。

担任国务大臣仅仅四天之后，克里斯·史密斯不得不以国务大臣的身份，接受了艾伦对工党支持的一名歌剧院董事会成员加夫龙勋
爵（Lord Gavron）的任命。英国国家歌剧院（English National Opera， 26

ENO）由彩票诱发的危机在同一时期发生，加剧了史密斯的困难。9月份，国家歌剧院总经理丹尼斯·马克斯（Dennis Marks）因为提议歌剧院应该离开位于圣马丁巷体育馆的原址遭拒而辞职。11月份，在面对下院委员会的议会调查时，史密斯提出了一个听上去符合新工党胃口的建立“人民剧院”的想法，由国家大剧院和皇家歌剧院分享考文特花园的设施。国家大剧院前董事会主席理查德·埃尔受委托对此提议进行了复审，但史密斯的提议是没有希望成功的。截至1998年6月，埃尔的报告完成，其中强调了皇家歌剧院董事会的“傲慢和放肆”,[33]这一半合并性质的提议被放弃。

埃尔明确表示，考文特花园丑闻使整个艺术资助体系蒙羞。他警告说，政府可能不自觉地“将管理层和艺术委员会财务问责制度的缺失和监管的失败作为充分证据，证明艺术界对其获得的任何补贴都将无法适当处理，因此应该通过自立而不是国家资助，将自身从天然的浪费且不负责任的状态中拯救出来”。[34]新工党并没有采纳这一观点，但一些右翼人士认同以上看法。

玛丽·艾伦的日记《被分割的房屋》（*A House Divided*）显示，她可能已经急切地想要放弃她在艺术委员会“无休止的无法完成的工作”,[35]她调到了“一个机构性的哥蒙鬼城（Gormenghast）——一切都发生在看不见的地方”。[36]财政赤字增加到550万英镑，皇家歌剧院面临破产，由哗众取宠的议员吉拉德·考夫曼（Gerald Kaofman）担任主席的文化委员会的调查，使艾伦在董事会的工作变得更不自在。艺术委员会拒绝公布其内部调查报告，只公布了一个报告摘要，摘要显示，皇家歌剧院未能对彩票资金的赠款进行合理的财务管理，考夫曼领导的调查委员会于12月份公布的结果直言不讳：“除非有人愿意对这一连串事件承担责任，否则皇家歌剧院没有前途。”[37]由一名具有财务知识的俗人而不是把歌剧院搞垮的歌剧和芭蕾爱好者来经营它，这将是最乐见其成的事。

皇家歌剧院董事会和艾伦像被要求过一般，均提出了辞职——但 27
是艾伦的辞职遭到拒绝，她一直坚持工作到 1998 年 5 月。新任董事会主席、音乐巨头百代唱片公司负责人柯林·索思盖特爵士（Sir Colin Southgate），在其首次新闻发布会上发表了于考文特花园无益的评价，他说他不想去歌剧院坐在穿着短裤且臭气熏天的人旁边。但是整个事件表明，政府绝对承受不了让皇家歌剧院破产。

当权人物的关系太过强大。索思盖特要求得到更多补贴，他得到了，从而避免了危机。1999 年底，一名美国籍管理人员迈克尔·凯泽（Michael Kaiser）对整修后的考文特花园的重新开放进行了监督，重新开放很成功。但 2001 年初，凯泽也意外离职，英国广播公司新闻部前负责人托尼·霍尔（Tony Hall）被任命为首席执行官。2002 年，安东尼·帕潘诺（Antonio Pappano）担任音乐总监，在管理和业绩方面开创了一个更加成功的时期。2013 年，由于英国广播公司的领导层危机，霍尔回到英国广播公司担任总裁。

考文特花园丑闻表明，旧的做事方式将不得不改变，尽管皇家歌剧院保留了作为艺术委员会最大客户（2014 年获得 2,650 万英镑的补贴）的特权地位，但它也不得不适应新工党推广的修辞方式。克里斯·史密斯上任后承诺，“要让许多人而不只是少数人享受有品质的东西”。[38]但要实现这一点，他就必须树立其部门的权威，这是他在考文特花园一案中未能做到的。他还必须从财政部获取更多的资源。

直到 1998 年“综合开支审查”结束了新工党对保守党开支计划的承诺之后，资源问题才得以解决。在此之前，重塑这个部门的形象

才是迫在眉睫的需求。将国家遗产部更名为文化、媒体和体育部，是
富含深意的。此前，遗产这一修辞将一个去工业化的无情项目包裹在
28 回归维多利亚价值观的令人安慰的表述中，从而帮助加速了撒切尔主
义的反革命进程；但现在，正如克里斯·史密斯解释的那样，他们想
通过不畏惧“使用标题文化”来展示他们的现代性。[39]

文化、媒体和体育部自豪地宣布了这个名称，对于雷蒙德·威廉姆斯和其他“文化研究”倡导者而言，这是一次未知的胜利。新的名称比含蓄的精英词汇“艺术”更加民主包容，即使它暗示了体育，标题中一个重要的民粹主义能指，并不是文化。去掉“遗产”一词意味着，在整个布莱尔-布朗时期，遗产组织，特别是英国遗产，将会受到不公正的待遇。“媒体”一词表明这个部门不仅仅是广播的监管者，同时也是为支付给英国广播公司的年许可费制订标准的一方。文化与媒体之间经济与技术的融合成为一种驱动力，成为史密斯所说的“迄今为止尚未有人将其作为一个‘产业’设想过的完整工业部门”[40]，文化产业的驱动力。

这个新命名的部门有望将艺术和文化写入政府的“核心脚本”。2007 年在泰特现代美术馆，布莱尔解释说，他希望当政府的严肃工作完成之后，文化“不再是边缘的、附加的、有一点有趣的东西，而是成为核心，成为一个新的、不同的、改变了的英国形象叙述的重要组成部分”。[41]

为了顺应这种新的表述，1997 年之后，以前的半自治文化领域得到两种截然不同的重新定义。首先，艺术和遗产被重新包装成一种新的经济现象，成为“文化和创意产业”的一部分。艺术和遗产是补贴合理的商品，因为它们是一个更大的、最初被称为“酷不列颠”的文化消费进程的推动者。市场的无形之手将以最具成本效益的方式引导

文化传播，同时为政府带来红利。

对艺术和遗产的第二次重新定义试图解决一个尴尬的事实，即社
会、教育和文化资本的不平等分配，不仅导致进入市场不平等，也导
致进入艺术和遗产的不平等。虽然很少从这些术语来表达，但文 29
化——在形式上被理解为艺术和遗产——一直有一个社会目的，就是
证明政府扶持和干预的合理性，尽管这种扶持和干预是按照臂长原则
进行的：它是国家认同的一种表达，是实现社会凝聚力并最终实现道
德价值的一种手段。现在这项任务已经明确：打击一种新的现象，即
“社会排斥”。艺术和遗产的目标是“降低长期失业率，减少犯罪，改
善健康，提高量化指标而提供关键成果”。[42]

这就在艺术和遗产之上附加了前所未有的期望。自 1940 年战时管理委员会成立鼓励音乐艺术委员会以来，这是英国政府首次明确承认文化在公共政策中的作用。负责提供政府文化目标的部门不应再被视为一个外围部门，或者是内阁会议上偶尔的出席者。文化将被列入经济部门和政府的社会议程，艺术和遗产的回潮将伴随自身激起的涡流汇入公共政策的主流。

第二章　酷不列颠 31

文化创造财富。

《创意国家》，1994 年

1995 年，托尼·布莱尔飞往澳大利亚昆士兰州的海曼岛度假胜地，向聚集在那里出席年会的鲁珀特·默多克（Rupert Murdoch）传媒集团高层管理人员发表演讲。这就是 20 世纪 90 年代媒体对英国政治党派具有的影响力。布莱尔向传媒集团保证，市场与公共部门之间的较量已经结束。[1]他的出现帮助他在 1997 年大选中赢得了默多克传媒的决定性支持，也对新工党的艺术政策产生了重要影响。

因制订这一政策而遭受指责的是反对派发言人克里斯·史密斯和影子艺术大臣马克·费舍尔（Mark Fisher）。史密斯凭借对威廉·华兹华斯（William Wordsworth）的研究获得剑桥大学博士学位，他是一位非同寻常的政治家，因为他是一名真正热爱艺术的知识分子，其神秘外表之下隐藏着改变文化环境的决心。史密斯是第一位宣布自己同性恋身份的国会议员，因而受到尊重。他是一名基督教社会主义者，早期是布莱尔党派领袖的支持者。费舍尔是毕业于伊顿公学的两位在任

32 工党议员之一，在进一步深造之前曾在戏剧和电影领域工作。

史密斯和费舍尔原计划于1995年9月提出他们的政策建议，但是布莱尔在致敬默多克之旅期间，就已经看到澳大利亚工党政府一年前发表的一份报告——《创意国家》。澳大利亚习惯于保护本土产业免遭海外竞争，并且以同样的方式进行文化管理，将其视为一个产业政策问题。尽管认识到艺术和遗产在国家认同和社会价值方面的重要性，《创意国家》依然宣称："文化政策也是一项经济政策。"[2]布莱尔对此印象深刻，于是史密斯和费舍尔被派回起草委员会。

新工党的文化宣言《创造未来》（*Create the Future*）于1997年3月问世，距离其赢得大选上台仅几个星期。《创造未来》是在工党深耕的圈子里广泛讨论后的产物。马克·费舍尔与工党支持者建筑师理查德·罗杰斯共同研究城市设计政策，另一名工党支持者电影制片人大卫·普特南（David Puttnam）则利用自己的艾尼格马制片公司（Enigma Productions）的资源推广他们的政策理念。费舍尔聘请了工党最后一位领导人之一尼尔·金诺克（Neil Kinnock）的前演讲稿撰写人约翰·纽比金（John Newbigin），以及未来的教育部大臣特斯·布莱克斯通（Tess Blackstone）的儿子本·埃文斯（Ben Evans）。埃文斯曾担任马克·费舍尔的研究员，也是英国遗产主席乔斯林·史蒂文斯（Jocelyn Stevens）的顾问。

1995年秋天，一个自封的非正式"小组"开始在普特南和罗杰斯的家里举行会议，参会者包括广播界的梅尔文·布拉格（Melvyn Bragg）、艾伦·叶托布（Alan Yentob）和迈克尔·格雷德（Michael Grade）；广告大亨及设计委员会主席约翰·索雷尔（John Sorrell）；城市主义者彼得·霍尔爵士（Sir Peter Hall）；国家大剧院理事理查德·埃尔；以及保守党广告大师莫里斯·萨奇（Maurice Saatchi）。在媒体界人士的主导下，此小组成为商业活动——也是文化活动——网络中至关重要的参与者，将重新调整艺术与更广泛的文化消费之间的关系。这里是创意英伦被构想的地方。

20 世纪 30 年代，“文化产业”一词被马克思主义理论家西奥多· 33
阿多诺（Theodor Adorno）和马克斯·霍克海默（Max Horkheimer）用于贬义，他们将流行文化的商业化视为一种大规模欺骗和剥削的形式，[3]但是在 20 世纪 80 年代，左翼作家开始认为，当前工业生产形式主宰了文化消费，而这又对传统的、阶级约束的、等级化的文化定义提出了一种有益的挑战。将重点从享有特权的文化生产者转移到消费者的观点，尤其吸引了那些给肯·利文斯通的大伦敦议会提供建议并借此找到工作的知识分子。一个大伦敦议会文化产业小组（Cultunal Industries Unit）得以成立，杰夫·穆尔根正是在这里对文化资金的精英式分配进行了批判。1986 年，他与小组的一名同事肯·沃尔普（Ken Worpole）发表了一份非正式文化宣言——《星期六夜晚还是星期天早晨?》，提出工党应该利用这一新现象的出现建立一种全新的文化道路：

> “文化产业”这个词不仅仅是一种流行的称号。大多数人现在使用并借以了解世界的文化形式——广播、电视、录像、有线电视、卫星电视、录音和磁带、书籍和杂志——都是通过与其他任何商品毫无二致的工业过程生产出来的。曾经被认为是意识形态上层建筑的东西，现在已经成为经济基础的一个重要组成部分。[4]

文化驱动经济而不是经济驱动文化这一观点是极其重要的。大伦敦议会的文化产业小组力求利用文化消费的经济力量，向保守的艺术委员会关于什么构成文化以及文化应该如何管理文化的观点，发起一次唯物主义的挑战。对于资助艺术而言，这或许是一种新观点，但有关文化产业的争论也意味着高雅文化的价值受到了市场低迷的影响：文化变得更加“民主”，但这个民主是市场不平等的民主。

34 将文化作为一种生意来对待，不仅鼓励了一种不加区别的民粹主义，也发挥了撒切尔关于“企业文化”的理念，即通过刺激国内和国际旅游业，将艺术和遗产用作城市振兴的一种催化剂。1990 年，将格拉斯哥建成欧洲文化城市的决定——格拉斯哥过去不被认为是一个文化目的地，不像巴黎之前就是一个热门城市——使城市形象得到了一次显著改造，并且为文化投资重塑城市形象树立了榜样。[5]

1998 年，文化经济学家约翰·米尔斯考（John Myerscough）在其颇有影响力的报告《英国艺术的经济重要性》中计算得出，文化领域每年的营业额高达 105 亿英镑，直接雇用了近 50 万人。根据米尔斯考的分析，文化产业为国内生产总值（GDP）贡献了 1.28 个百分点，与汽车产业大致相同。[6]截至 1997 年，传统制造业进一步下滑，正如布莱尔在小册子《第三条道路》中提及的，信息技术已经发展到可以谈论“一种动态知识型经济”[7]——这是一种不再制造事物，而是依赖于创造性地操纵标志和符号、图像和想法的经济。

穆尔根在德莫斯的同事、由前共产主义者转为管理咨询师的查尔斯·利德比特（Charles Leadbeater），在一本书中庆祝了知识经济。这本书最初是为贸易和工业部的彼得·曼德尔森撰写的一份报告，书中写道：“知识的产生、应用和开发正在逐步推动现代经济增长。我们大多数人都是从空气中赚钱。”[8]这本书得到了布莱尔的赞赏。

2008 年金融危机之前，利德比特这句话中包含的无心嘲讽并不明显，但文化产业的快速发展似乎证实了它就是未来。正如 20 世纪 80 年代传统产业曾被呼唤弥补去工业化的痛苦一样，文化产业也填补了制造业衰落造成的空白。毕竟，“文化创造财富”。文化产业将成为现代化政治议程的一部分，这一议程将工党从产业工人阶级，一个快速 35
消失在知识经济空气中的阶级的根系中分离出来。

拥抱文化产业还有另一个缺乏理性的理由。英国经济正在从 1992 年的英镑危机和经济衰退中逐渐恢复，而商业文化伴随了这一恢复过程。随着经济的复苏，工党意识到利用产品重新贴标变“新”这一老套的广告把戏有了新的可能性。与保守党的颓废形成鲜明对比的是，新工党突出了布莱尔的“年轻国家”的形象，承诺给国民一个焕然一新的国家身份：一个青春焕发的工党将把这个国家变成“酷不列颠”。

像新工党的其他方面一样，“酷不列颠”也是从保守党那里接转过来的一个结果。这个词是邦佐狗杜达乐队（Bonzo Dog Doodah Band）1967 年演唱的一首流行歌曲的歌名，以及本和杰里冰激凌店（Ben and Jerry's Ice Cream）1996 年推出的一个品牌；这个词是一种令人兴奋的怀旧重播，它就像 30 年前的“摇摆伦敦”那样，迎接享乐主义流行文化的到来。20 世纪 90 年代的英国摇滚乐队，诸如绿洲乐队（Oasis）和模糊乐队（Blur），被誉为甲壳虫乐队辉煌时代的一种回归。同样的讽刺性做法是将英国国旗做成一种流行图案——这一次是由辣妹格里·哈利韦尔（Spice Girl Geri Halliwell）的迷你裙和绿洲乐队诺埃尔·加拉格尔（Noel Gallagher）的吉他做成的。在 1996 年全英音乐奖（Brit Awards）颁奖典礼发表的演讲中，加拉格尔回忆了甲壳虫乐队和奇想乐队，并表达了对布莱尔的支持，这是鼓励新工党借用酷不列颠爱国色彩的一个征兆。

1996年5月，《星期日泰晤士报》文化版以“酷不列颠”作封面庆祝文化消费的显著增长，并且刊登了关于《艺术为何处于新一波浪潮之巅》的文章：“我们具有以新一代青年人才为基础的文化复兴的潜质，他们在国内和国际上正被逐渐认可。从英伦摇滚到布林·泰威尔（Bryn Terfel），从史蒂芬·达尔德里（Stephen Daldry）到达米安·赫斯特（Damien Hirst），从杰尼·萨维尔（Jenny Saville）到尼古拉斯·海默（Nicholas Hymer），从雷切尔·怀特里德（Rachel Whiteread）到马克·威格尔斯沃斯（Mark Wigglesworth），都有了新的活力和生机。”[9]

共有60万人受雇于不断扩大的文化部门，占就业人口的2.4%。
36 艺术委员会声称，在过去两年里，艺术观众增加了50万人，这意味着现在有37%的成年人观赏了七种“严肃”艺术形式中的一种或多种：戏剧、艺术画廊和展览、古典音乐、芭蕾、歌剧、爵士乐和现代舞。文章没有指出的是，这意味着成年人中有63%的人对高雅艺术毫无兴趣，甚至一年观赏不到一次。但文章补充道，如果将艺术形式的名单放宽至流行音乐、跳舞和阅读，参与文化活动的人数则上升到80%。

由于1997年大选在即，工党和保守党都试图利用这一感觉良好的因素。在一次祝贺“酷不列颠”促进旅游收入增长的新闻发布会上，国家遗产大臣弗吉尼亚·博顿利（Virginia Bottomley）宣布：“我们的时尚、文化和音乐场景已经让我们得到了国际竞争对手的羡慕，并且已经将‘酷不列颠’牢牢钉在了旅游地图上。”[10]酷不列颠成为理想化的英国未来的形象，就像传统工业代表了英国过去的形象一样。当新工党在1997年5月以177票的多数获胜时，这个词呼应了新工党那首《一切只能变得更好》的竞选歌曲所表达的自信心。马克·伦纳德

（Mark Leonard）在选举后的演示小册子《英国：更新我们的身份》中，将这些主题融合在一个将英国重塑为“创意之岛”的乐观建议里：“英国又迈出了新的步伐。国家在音乐、设计和建筑等创意产业领域的成功，已经与稳定的经济增长相结合，大幅消除了近几十年来的内省和悲观情绪。‘酷不列颠’确定了从饮食到时尚所有一切的步伐。”[11]

“酷不列颠”令人兴奋的夏天到来了，唐宁街10号适时举行了一系列庆祝派对。在7月30日的派对上。布莱尔与诺埃尔·加拉格尔开玩笑的场景被拍了下来——他的前“丑陋谣言”乐队成员的身份是他现代化形象的一部分，他被发现携带了一把芬达吉他进入唐宁街。在“文化”正式取代“遗产”的那天，国家遗产部变成了文化、媒体和体育部，克里斯·史密斯宣布：“酷不列颠就留在这里。”[12]

1997年9月，皇家艺术学院举办的名为《感觉》（*Sensation*）的 37
展览是一次对布莱尔执政首月应景的伴奏。这个颇受欢迎且多有争议的展览，是一群自1988年聚合在一起的年轻艺术家对过去奇迹般十年的总结，在一个来自利兹的聪明的工薪阶层小伙子达米安·赫斯特（Damien Hirst）的创业策划之下，属于伦敦港区开发公司的办公室被改造成展厅。信仰各异的艺术家都知道，如果想在撒切尔时期成功，就要躲避并蛰伏起来；现在终于有了一个兑现的机会。通俗艺术颠覆性的价值观，以及对市场抱有清晰认识的独立自主的新精神，入侵了高雅艺术的殿堂。

尽管1768年设立了富豪基金会，但皇家艺术学院并没有得到政府或艺术委员会的资助，它的展览项目完全依靠商业赞助，这使它成为英国艺术机构中最现代也最古老的机构。由佳士得拍卖行赞助的《感觉》展上展出的作品皆属于查尔斯·萨奇（Charles Saatchi）一人，萨奇是莫里斯的兄弟，被视为广告界的天才。萨奇是一个故意保持神秘的人物，他不参加自己的开展仪式，是一位新型收藏家。他可以凭借自己的文化选择，买和卖所创造的商业可能性来制造或打破声誉。1993 年，萨奇开始在他位于边界路的公共画廊展示《感觉》展的核心艺术家，并且以广告人的方式为他们加上了“青年英国艺术家”这样一个有利于营销的身份。于是这个词开始用于描述 1987—1993 年间主要从伦敦艺术院校毕业的一代人。20 世纪 60 年代，足球运动员和音乐家成了工人阶级的英雄，现在则变成了向上移升的赫斯特。1995 年，赫斯特获得了机构颁发的先锋艺术奖——泰特美术馆的特纳奖。同年，赫斯特为模糊乐队的热门单曲《乡间别墅》拍摄了视频。英伦摇滚与英伦艺术相遇了。

到了 1997 年皇家艺术学院展的时候，青年英国艺术家已经成为一个文化和商业景观，为当代英国艺术带来了前所未有的国际地位。
38 《感觉》巡展到柏林和纽约，像在伦敦一样冒犯了希望被冒犯的人。《感觉》是一个聪明的标题，它暗示了丑闻和毒品的冲击，同时概括了这群撒切尔时代的孩子作品中的享乐主义、虚无主义和个人主义。其中最令人难忘的展品，譬如赫斯特的鲨鱼，即名为《在某些活着的人的心灵中没有死亡》（*The Physical Impossibility of Death in the Mind of Someone Living*）的作品，或者查普曼兄弟的多孔的、像阴茎似的玻璃纤维儿童，都以一种既机智又令人不安的方式讲述死亡和性。它们在皇家艺术学院的展示，挑战观众去接受这些不寻常的东西成为高雅艺术的经典，但没有提出艰难的批评性或知识性的要求：你看到了，你知道了，也许你思考过了。这样的作品是无障碍、无阶级的，就像一首流行歌曲没有阶级一样，青年英国艺术家享受着流行明星的名气，过着和明星一样的生活。

然而，随后几年一次又一次地证明，名气会吞噬自己。新工党很快就知道，没有什么比声称酷更不酷的了。一方面，政府对于老派文化精英针对“弱智化”的指责持开放态度，另一方面，由于政府企图愚蠢地照搬一种自己根本不懂的亚文化的抵制风格，酷文化受到了冒犯。1998 年 2 月 9 日，副首相约翰·普雷斯科特（John Prescott）、首相夫人切丽·布莱尔（Cherie Blair）和克里斯·史密斯出席了全英音乐奖颁奖典礼，这次事件变成了一次残酷的教训。无政府主义流行音乐组织钱巴瓦姆巴（Chumbawamba）的成员丹伯特·诺巴肯（Danbert Nobacon），将一桶冰全部倒在了普雷斯科特头上。

同年 3 月，为了应对失业条例中计划好的“新政”改革（New Deal）——这些改革会使未来的音乐家和其他艺术家难以在依赖救济金维生的同时进行创作——，杂志《新音乐快递》（*New Music Express*）复刊，认为自己遭到了新工党政府的背叛。一则文章的标题讽刺性地使用了约翰尼·罗顿（Johnny Rotten）在性手枪乐队演唱会结束时说的那句话：“有没有感觉到你被欺骗了？”1998 年 5 月，泰特美术馆举办了克里斯·史密斯部长演讲集《创意英伦》的发布会，史密斯在会上承认：“我想酷不列颠现在就会死。”

* * *

但文化可以创造财富的信念仍然存在。新工党《创造未来》的宣 39
言曾承诺：“下一届工党政府将成立一个新的注入活力的部门，与文化产业合作创造财富和就业，从而成为经济增长的动力。”[13]商业上的成功来自于推动融合“信息高速公路”的设计、时尚、旅游、影视以及多媒体企业。上任仅几天，史密斯就在皇家艺术学院夏季展晚宴演讲中阐明了自己的立场："我们的核心目标是让产生了英国文化丰富多样性的创意产业再次振兴和恢复活力，从英伦塔的守卫到英伦摇滚，使它们对许多人而不只是少数人而言，是可以获得并且息息相关的。"[14]

这次演讲在用词方面显示出细微但重要的变化，从"文化"到"创意"："创意"摆脱了"文化"所关联的自命不凡，为后工业经济的符号和标志，也就是利德比特所谓的"空气"注入了更多实质。这就让这一想法感觉更有活力，更具新工党特色。其中经济方面的潜台词是，文化是一种可供酷不列颠公民消费者消费的商品。创意英伦穿着适合高科技办公室的西装（但不打领带），身处一间经过改造的仓库；酷不列颠整个周末都在马路对面未经改造的仓库里寻欢作乐。

史密斯开始准备新的《国家彩票法》。新法案将使彩票基金分销商在政策中更具主动性和全局性——尽管仍然受国务大臣指导——并且可以为钟爱的政府项目创收。这也意味着政府可以履行宣言承诺，建立一个"国家人才信托基金"。国家科学、技术与艺术基金会（the National Endowment for Science，Technology and the Arts，NESTA）的成立，就是旨在通过一个单一机构来促进文化和商业创新，从而超越艺术与科学之间传统的对立关系。

国家科学、技术与艺术基金会锐意进取，打破了年度政府补助的惯有体制，获得了彩票基金 2 亿英镑的初始捐赠。该基金会将利用这
40 笔初始捐赠产生的收入，加上从私人部门或其他地方可能筹集的资金来运营。现被授予贵族头衔的大卫·普特南担任董事长，国家科学、技术和艺术基金会开始为一系列社会、技术、教育和文化项目提供启动资金。与现有信托机构官僚化的做法截然不同，基金会决定给各类领域的创意工作者每人提供为期 3—5 年，金额高达 7.5 万英镑的学术

奖金，获赠者有诗人汤姆·保林（Tom Paulin），表演艺术家茱莉亚·巴德斯列（Julia Bardsley），陶瓷家罗伯·凯斯勒（Rob Kesseler），还有众多发明家、教育家和思想家。这是对个人创意的浪漫理念的一种乐观投入，但是其经济回报是很难证明的。

每年800万—1200万英镑左右的收入对于国家科学、技术与艺术基金会而言太少了，只靠一己之力无法改变整个环境，而且要将好的想法转变成各种适销项目也很困难。2003年，普特南调职离任。2005年，一位新的具有风险投资背景的首席执行官上任，支持个体艺术家和发明家的政策随之被抛弃，基金会转而支持各类高科技创业公司，并且开始像一个与公共和私人公司合作的智库那样工作。流行词“创意”（creativity）被大胆地定义为“看到其他人所看不到的，思考其他人所没有思考过的，做其他人所不敢做的”，现在这个词被更乏味但给生意带来的恐慌比较小的“创新”（innovation）一词所取代。2007年，文化、媒体和体育部失去了对曾被视为协调文化与商业的一种富有想象力的尝试的国家科学、技术与艺术基金会的控制，基金会的管理权转至侧重于商业的创新、大学与技能部（Department for Innovation，Universities and Skills）。

文化、媒体和体育部直到1998年彩票法通过之后才创立国家科学、技术与艺术基金会，但克里斯·史密斯很快便成立了一个创意产业工作组（Creative Industries Task Force）。各类工作组是获取外部专门知识服务于政策问题的一种方式，截至1999年，有295个这样的工作组在为各种政府限期项目工作。[15]1997年7月15日，创意产业工作组成员名单宣布，同一天，部门更名，史密斯宣告：“酷不列颠就留在这里。”

41 1997 年 10 月，在克里斯·史密斯的主持下，特别工作组召开第一次会议，10 位部长、20 名公务员兼特别顾问以及 9 名被称为行业顾问的志愿者参加了会议。志愿者主要来自所谓的“布莱尔商业圈”（Blair's Bussiness Circle，“BBC”）的工党捐赠者：普特南勋爵；维珍的老板理查德·布朗森（Richard Branson）；即将被封授贵族的传媒巨头沃希德·阿利（Waheed Alli）；绿洲和创造唱片公司经理艾伦·米姬（Alan McGee）；出版人盖尔·里巴克（Gail Rebuck），她的丈夫是新工党民调专家菲利普·古德（Philip Gould）；以及男装设计师保罗·史密斯（Paul Smith）。这些更新版杰出人物随即便面临一个实际问题：没有人确定创意产业是什么。

由于创意发生在艺术领域之外——特别是在科学领域——，定义问题就变得很棘手。可以说，关于创意产业的想法本身就是自相矛盾的，因为创意的目标是生产某些独特的东西，而产业的目标是生产某些有利可图的可复制的东西。无论是企业的标准产业分类，还是必须与工作小组一起工作的雇员的标准职业分类，都没有抓住企业或个人工作中的“创意”元素。创意产业中多达半数的工作者没有从事任何创意工作，还有同样多的创意人员在创意产业以外的领域工作。创意要获得经济价值，也就是交换价值，唯有在它的产品可以作为知识产权进行交易时才是可能的，无论是以版权形式还是以注册专利和设计的形式。

工作小组决定，将涉及版权和一些具有设计性的活动都包括在创意中，但将专利排除在外。有 13 个之前与创意不相关联的活动领域被捆绑在一起：广告、建筑、艺术和古董市场、工艺品、设计、设计师时装、电影和视频、互动休闲软件（指视频游戏）、音乐、表演艺术、出版、软件和计算机服务以及电视和广播（但不包括报纸）。

这不是一个完全令人满意的选择。无论是个人艺术家（一种创意职业）还是博物馆（一种文化企业），都没有出现在这份清单上，而 42
这两个类别都对创意经济做出了贡献。另一方面，由于软件是版权产品，所以整个计算机软件业务被包括在清单中。可以说，计算机软件主要涉及一种技术过程，而不是富有想象力的创意过程，但由于它比其他部门更大，而且雇用的人更多，因此所有与软件有关的活动都包含在内，从而使创意产业看起来更壮大。计算机软件服务与广告和设计结合在一起，几乎占了 13 个创意产业总营业额的一半。[16] 2010 年，政策决定将企业和国内软件设计及计算机咨询从文化、媒体和体育部的年度经济评估中排除出去，创意产业的整体就业人数和总增加值（the Gross Valuesd Added，GVA）出现了大幅下滑。[17]

1998 年，首份《创意产业详细规划文件》（*Creative Industries Mapping Document*）发布。按照工作小组的定义，创意产业目前雇用了 140 万人，是 1988 年根据迈尔斯科夫定义所得出数量的近三倍。创意工作者每年创造了 600 亿英镑的财政收入，占国内生产总值的 4%。于 2001 年发布的第二份规划文件显示，该部门经济增长速度是其他部门的两倍，其经济贡献已升至国内生产总值的 5%，总增加值的 7.8%。相对于整体经济规模而言，英国拥有世界上最具影响力的创意产业部门之一。

这些数字固然令人印象深刻，但绘制了规划蓝图之后——实际上是创造了创意产业——，问题就是怎么做了。除了规范广播之外，互联网的快速发展的成果尚未得到重视，文化、媒体和体育部所管辖的仅仅是这幅新绘疆域中的一小部分。该部门资助的慈善和非营利性文化部门只占整个创意产业的 5%，其本身也不希望过多受到政府干预。除了百代唱片公司和英国广播公司等少数几家大公司之外，这

43 个部门主要是由小型的、灵活的甚至是短暂的微型企业组成，这些企业宣扬自身的创意独立性，其中许多甚至不想做得更大。一项有效的政策将涉及教育、企业规范、区域发展和规划等问题——这些领域远远超出了文化、媒体和体育部的职责范围，甚至可能超出了联合政府的权力范围。尽管所涉及的行业肯定具有重大的经济贡献，但认为它们构成了一个具有内在关联性的集团则是一个幻想。

这些行业不是推动商业周期向前发展，而是主要依赖于它。2001年，网络公司泡沫破灭打击了数字产业的信心，也结束了曾经大大激励创意产业工作组的快速增长。年总增加值从 2001 年的高峰值 7.8% 开始回落，将软件行业排除出统计数据之后，年增加值进一步下跌，2009 年降至 2.89%。同样，该产业从业人数不再有 200 万人，而是减至 150 万人。经济记者丹·阿特金森（Dan Atkinson）和拉里·埃利奥特（Larry Elliott）认为，创意产业的规模和重要性被高估了，同时指出，家政服务领域的从业人数是广告、电视、视频游戏、电影、音乐与设计企业总和的三倍。[18]

创意产业的概念性困境比统计学定义的问题要复杂得多。真正的问题是，在这个部门的创造性方面与能够产生商业效益的工业活动之间，很难找到经济杠杆。2005 年，政府解散了创意产业工作组，并任命詹姆斯·珀内尔（James Purnell）为文化、媒体和体育部首位创意产业部长，负责领导一个与贸易和工业部合作的创意经济项目，重新尝试实现此前的幻想。七个业务工作组随之成立以准备制订绿皮书，但奇怪的是，没有一个工作组专门处理创意问题。这个过程证明，政策的制订缺乏有力的支撑，于是当肖恩·伍德沃德（Shaun Woodward）在改组过程中接管珀内尔在文化、媒体和体育部的职位时，寻求了来自外部智库工作奠基石（Work Foundation）的帮助。该智库按时完成了报告《保持领先：英国创意产业的经济表现（2007）》。 44

为了理解创意与产业之间的相互作用，工作奠基石创建了一个详尽的理论模型，这一关于创意与产业如何运作的模型已经被广泛接受。这一模型被构想为一系列围绕着创意核心的同心圆："范围涵盖作者、画家、电影制作者、舞者、作曲家、表演者和软件作者。"[19]这些主要作为自筹资金的内容提供者是"表达价值"的生产者，外围企业通过资本和技术的运用将其转化为商业价值。奇特的是，这个模型被想象成一座从上方往下看的喷泉，由中心冒出的创意外溢流入下面各个层级，从而向下和向外扩散——"溢出部分"（spill-overs）是经济学家对意外收益的称谓，指的是一个活动可以从另一个活动中获得好处。离创意源头越远，成为附加值产物的技术功能就越多。因此，从理论上讲，这一模型可以说明孤独烦恼的电视肥皂剧作家与生意兴隆的电视机厂家之间的联系。

为了使模型具有说服力，工作奠基石重新提出了"文化"产业与"创意"产业之间的区别。"表达"的核心首先被"文化产业"包围，表现价值的商业化是通过出版、录制、广播、拍摄来呈现核心创作者的作品。包围它们的是"创意产业"，其表现价值与功能性目的结合在一起：广告、建筑、设计、时尚、软件服务。在此之上还有更广泛的经济结构，制造业和服务业都将从生产出的表达产品中受益。问题是："与经济结构中的其他部分不同的是，我们对于创意产业的关联性的理解相对欠缺说服力，统计数字乱七八糟，有时甚至根本没有统计数字，这让我们的解释更加不能令人信服。"[20]

模型虽然简明，但无法应对越接近创意源头非商业因素就越重要

45 的复杂性。现实情况是，表达价值的创作者并不处于任何事物的核心。在英国，他们依赖这样一个网络，其中包括教育部门、接受补贴的文化部门以及最重要的受公共资助的英国广播公司，还包括纯粹的商业企业，它们也经常依赖这个受公共资助网络中的一部分来生产盈利性内容。工作奠基石得出结论，向表达价值的核心创作者进行“公共投资”——即补贴——具有充分理由，[21]但这并没有引起政府的重视。这份报告因公务员的嫉妒以及文化、媒体和体育部与贸易投资部之间的竞争而受到中伤，报告认为应该支持的白皮书由于布莱尔和布朗首相的更替被延后。

《创意英伦：新经济新人才》终于在 2008 年 2 月得以发布，但这份报告不过是各对立部门的各自建议的复制粘贴而已。[22]报告声称要制订“一个将创意作为城镇、都市和地区经济增长引擎的愿景”，[23]报告标题显示，新工党再次受到了创意这个词的诱惑。但这份报告显然更加注重调整各个不同的机构——国家科学、技术与艺术基金会、艺术委员会、地区发展机构、英国知识产权局、电影委员会、艺术与人文研究委员会——朝着未来创意英伦的方向前进，但不花一分钱。艺术委员会被要求不必考虑臂长原则，在下一个合作计划中将资金用于帮助实现创意经济计划的目标。[24]

正如乔治·考克斯爵士（Sir George Cox）在 2005 年出版的《企业创意》（*Creativity in Business*）中所说，捕捉难以捉摸的创意精神的最新尝试变成了一纸空文。国家科学、技术与艺术基金会在 2013 年一篇题为《创意英伦如何迷失了方向?》（“How Creative Britain Lose It Way”）的评论文章中总结道，截至 2008 年，“创意英伦逐渐失去了动力”。[25] 2008 年经济危机让它进一步泄了气。

发展创意产业的真正工作是由地区发展机构和地方政府做的，它们急切地想要推动就业。但除了经济意义之外，创意产业的修辞能力 46
也对文化、艺术和体育部至关重要。这一修辞能在时间上赋予部门一个“前沿”的外表，并且有助于对它进行重新定位。正如媒体专家约翰·哈特雷（John Hartley）指出的那样，

> “创意产业”的理念将创意从政府后门带入，几十年来一直举着艺术资助的锡杯，脾气乖戾，自我厌恶，吹毛求疵（尤其对喂食它的手），却不愿意改变，也就是绕回前门，将它介绍给财富创造投资组合、新兴产业部门以及企业支持的各种项目。[26]

然而，绕回前门的后果是文化政策成为经济政策的延伸，文化不再被视为与经济生活的影响截然不同的东西。公民成为消费者，与其他个体消费者竞争，而不是分享通过共同文化表达的共同价值。社会关系只是通过市场来体验，而文化只是以商品形式存在。从前门进入财政部有人来负责管理，这就损害了文化、媒体和体育部主张鼓励的创意。未来，创意英伦还得带着一块写字夹板，忍受着与创意理念本身相抵触的管理主义。

通过将私人企业与公共文化联系起来，创意产业成为第三条道路的运作模式。尽管“酷不列颠”的试运行变成一件尴尬之事，但是新千年的象征性时刻即将到来，英国依然有希望通过开明的政府领导，在某种程度上重塑自己的形象。对于布莱尔来说，对千禧年的回应应该是“迈向国家复兴的旅程，是创造一个新的年轻的英国，一个利用全体公民的全部才能的年轻、自信和成功的国家”。[27]社会变革将通过文化变革来实现。这就要求一种平民主义的文化态度，更《每日邮报》

47 而不是《英国卫报》。这是一种拥抱商业价值的态度，它得到了商业资助的支持。

现在，一个项目已经摆在眼前了，那就是一次富有英伦创意的庆典，而庆祝英国进入新世纪的这个活动就是千年穹顶（Millennium Dome）。布莱尔充满豪情壮志，他告诉聚集在皇家节日音乐厅的商界领袖，要在 1998 年 2 月 24 日争取各位的资助："这是英国以一种大胆、美丽、令人振奋的庆典向全世界致意的机会，它体现了英国的自信和冒险精神，也体现了世界的未来精神。"[28] 未来会变得完全不同，而重复照搬的政府习惯证明了一次即将来临的决策预警。

千年穹顶是一个可能被取消的保守党的项目，但正如对政府其他领域一样，新工党延续了保守党的计划。新千年（从数学上来说，新千年开始于 2001 年 1 月 1 日，而不是 2000 年）将以一些隆重的方式来庆祝，这是 1993 年国家彩票设立的时候确定的，千禧年委员会也随之成立。委员会首任首席执行官珍妮·佩奇（Jennie Page）是一位经验丰富的政府官员，也了解商界，但是据克里斯·史密斯最亲密的顾问之一透露，她"对创意人员感到不舒服"。佩奇当然强硬，她之前曾在暴躁的乔斯林·史蒂文斯领导下的英国遗产担任首席执行官，其实她更像是执行董事长。

作为首席执行官，佩奇要向千禧年委员会董事会汇报工作，后来她将委员们描述为"一种特殊的组合……没有共同努力的历史，也没有 2000 年之后具有重要意义的共同未来"。[29] 与其他负责彩票基金分配的机构不同，千禧年委员会甚至不能假装成一个具有臂长原则的机构。委员会由国家遗产（工党时期负责文化的）国务大臣担任主席，并且得到了位居第二的政府大臣的支持。反对派指定了一名委员，其余委

员则从地区杰出代表中选出。如果政府改选，政治委员之间的平衡也 48
必须相应改变。

这样做的实际效果是将克里斯·史密斯与穹顶项目失败的最坏结果隔离开来。千禧年委员会负责为穹顶提供资金，但不对是否建成负责，另一位部长则负责完成目标。由于这是经由立法确立的方式，委员只能邀请（得到一定幕后鼓励的）其他组织提交千禧年委员会之后可能资助的项目提案。首先一个问题是，对于举办一个千禧年庆典或展览没有确定的计划。思路都集中在12个大项目上——每个项目花费5,000万英镑，比如泰特现代美术馆——以及处理一系列当地计划和个人资助。独立委员之一西蒙·詹金斯（本书第一章即始于他对布莱尔的低评价）对1951年的英国艺术节（Festival of Britain）拥有美好的回忆，于是他找来了一位盟友，即保守党政府二号人物迈克尔·赫塞尔顿（Michael Heseltine），后者正高居副首相的职位。

詹金斯被任命为节日小组委员会主席。委员会必须面对的众多问题之一是，千禧年本质上是一个基督教事件，一个属于基督教历的时刻——即使大部分世俗英国人对这个事实并不关心。然而，那些关注此事的人有着相互对立的信仰：基督徒和非基督徒就穹顶的区划问题互不相让，在经过“精神层”（Spirit Level）与“精神区”（Spirit Zone）的名称之争后，穹顶区最终变成“信仰区”（Faith Zone）——这一演变对于建筑设计师伊娃·吉里克纳（Eva Jiřičná）而言显然是一条真正的“十架苦路”（*via dolorosa*）。信仰区的赞助商是印度军火商欣杜雅兄弟（the Hinduja Brothers），这个项目的危险可见一斑。印度教的千禧年是2066年，与欣杜雅兄弟的瓜葛因而损害了彼得·曼德尔森的政治生涯。

1999 年 12 月 31 日，穹顶开幕之夜前夕，项目进展一度中断，亚当·尼克尔森（Adam Nicolson）在《再生：千年穹顶的故事》一书中，对此事以启发性的细节进行了叙述，但是他并没有提及事件灾难
49 般的结局。这是一部半官方的历史，正如尼克尔森无可奈何地评价自己与珍妮·佩奇围绕文本发生的诸多争执那样，“对‘事实’的定义并不总是像人们想象的那么容易”。委员中和赫塞尔顿与尼克尔森充分合作的只有詹金斯，他还必须应付那些见识过新工党跋扈轻蔑的新闻主管的人所熟悉的那种“恶劣的、不合作的且过时的态度”。[30]

在格林威治建立千年穹顶的官方目的是为了“重振国家”，[31]但真正的目标正如尼克尔森的书名所暗示的那样，是城市再生。自 1981 年利物浦骚乱以来，城市再生一直是赫塞尔顿特别热心的地方。他创立了旨在解决去工业化问题的城市开发公司和创业园区，包括由伦敦港区开发公司接管的伦敦塔桥下游数英亩被废弃的建筑空地和数英里水域。

格林威治半岛并不属于这个计划的一部分，但是格林威治子午线穿过了格林威治 180 英亩凌乱的工业废墟和深层污染地面，这意味着其他可能争夺千禧年委员会支持的地址，如斯特拉特福东、德比的骄傲公园和伯明翰的国家展览中心，没有真正被选中的机会。另一方面，展览本身唯一令人信服的方案是由设计公司想象公司（Ima-ginafion Ltd）提出的，该公司隶属于伯明翰的竞标方。妥协的结果是：1996 年 1 月，想象公司成为首选设计方，同年 2 月，格林威治成为首选地址。

格林威治地段的所有者是英国天然气公司（British Gas），它曾委托理查德·罗杰斯合营公司（Richard Rogers Partnership）作为其控制的占地 294 英亩的格林威治半岛的总规划师。最终达成协议，英国天然气公司以 2,000 万英镑的价格向政府开发机构——英格兰合作组织

（English Partnerships）出售展览场所所需的土地。与理查德·罗杰斯
合营公司的关系显然是这个项目少数几件幸事之一。理查德·罗杰斯 50
的合伙人迈克·戴维斯（Mike Davies）很快意识到，由想象公司提出的千年展临时展馆需要某种遮雨设施，以免受半岛恶劣天气的影响。穹顶的建筑概念因此诞生，这是1951年英国艺术节标志性建筑穹顶探索馆（Dome of Discovery）的一个偶然回响。

一群互不相干而又外行的政治家、政治顾问、公务员、咨询师以及创意人员争先恐后地努力填补这一设计壮观的空白。首要问题是这个项目应如何管理和交付。1951年，工党政府曾非常成功地利用一个临时政府机构调配具有近期战时经验的建筑师、工程师和设计师，完成了英国艺术节。然而，新工党深受20世纪90年代的新自由主义思想影响，坚持认为千禧年庆典应该是一项私营部门的工程。再生土地的商业开发所具有的重大收益前景是一个诱饵，但由于预计成本高达10亿英镑，而且不清楚穹顶里实际会发生什么或者有多少人会来，私营部门明智地认定这是一项不值得冒险的工程。

结果，就达成了一项异乎寻常的妥协。各方一致同意，由一家私营公司实际运营千年穹顶，[32]但唯一的股东——技术上的业主——将是一名内阁阁员。由于股东不能同时也是千禧年委员会委员，保守党执政时期的首位股东便由默默无闻的兰开斯特公爵郡大臣担任，他获得了两股，并且被要求签署了一份未注明日期的表格，保证去世后这些股份将归还给政府。正如佩奇所解释的那样，这种安排在1996年12月才最终达成，因为“项目由于进退维谷的处境而第三次或第四次濒临终结：如果不制订一个各方都可以接受的计划，或者至少是一个初期管理计划，项目将无法开展，但如果无法保证项目一定会开展，也无法制定任何计划。”[33]

51 千禧年委员会现在有了一个要资助的组织，但有一个前提：尽管这是一家私营公司，但是交付这个项目的过渡机构仍会被视为一个非部门性公共机构，它所涉及的公共部门都会受到限制。佩奇观察到，说服一位服装管理员为主秀节目的 84 名空中表演者购买材料都极为困难，因为“裙子边饰的采购属于委员会可以提出意见的事项。”[34]佩奇被迫同意，从千禧年委员会调到负责交付项目的私营公司任首席执行官。一位顾问有先见之明地警告她，她“很可能以离开、被解雇、死掉或发疯而收场”。[35]赫塞尔顿邀请了工党的一位朋友——英国航空公司首席执行官鲍勃·艾林（Bob Ayling）主持公司的工作。

项目涉及三家不同的机构、三名不同的会计人员和代表三种不同角色的两位大臣，就像国家审计署报告不带感情色彩地评价的那样，这“按照任何标准……都是一个相当复杂的结构”。[36]对这些关系有过近距离观察的尼克尔森评价道：“无可更改的最后期限的时间压力，对极其重要的商业表现，以及符合公共生活规范标准的期待，使穹顶项目组的存在几乎令人无法容忍。”[37]根据国家审计署的简短陈述：“各方对于政府实际将责任归属何方的意见并不总是一致。”[38]

1997 年 1 月 13 日，在保守党下台前几天，千禧年委员会接受了一项修订预算，总预算削减至 7.5 亿英镑，委员会承担其中相当大的部分，委员会的存续期将延长到 2000 年以后，以便应付成本超支或经济损失的风险。这将间接地作为对风险投资的政府担保，但不算作公共支出。作为反对党，工党一直在利用延误造成的负面新闻，和人们对将要发生什么事情的信息缺乏；随着大选临近，保守党政府获得工党对此预算的赞成至关重要。距离为按时建成穹顶订购所需
52 材料的最后时刻只剩几天时间，赫塞尔顿放下架子，迈出了不寻常的一步，他以政府部长的身份来到反对党在下院的办公室，拜见其领导

人布莱尔。

布莱尔对这个项目的热情已经随着穹顶的命运发生了变化。在回忆录中——在这本书里布莱尔弄错了英国艺术节的日期，还拼错了佩奇的名字——，布莱尔试图终止穹顶这个保守党的遗留项目，但因为代价太大而作罢：“如同各种糟糕的决定一样，这也不算是一项可怕的决定。”[39]但他要承担的责任远比这个决定多得多。1996 年 10 月，布莱尔参加了罗杰斯在切尔西别墅举行的派对，鲍勃·艾琳和理查德·罗杰斯为寻求支持向他游说。当时这个“小组”是最活跃的，布莱尔可以看到千禧年庆典有多么符合他的“年轻国家”的议程。在与赫塞尔顿的会晤中，布莱尔在自己的权力范围内同意了这个项目，应允如果自己赢得大选，将对这个项目进行“审核”。

截至 1997 年 5 月 1 日，选举日，场地准备就绪。地下埋了双层塑料和石头，将地表与深层污染的有毒物质隔开——这种浅表的去污措施随着之后场地的出售将会产生各种问题。新工党为期四周的审核开始了。内阁办公室的不管部大臣彼得·曼德尔森对这个项目产生了浓厚兴趣。穹顶项目的商业计划确定的收费访客目标人数是 1,200 万，尽管 1,100 万人就可以平衡预算。（一度访客人数据推测可能高达 53
3,000 万人。）尽管预期极度乐观主义，但关于实际票价、营销和内容的关键决定仍未做出。

6 月 10 日，一个内阁小组委员会（布莱尔没有列席）开会讨论克里斯·史密斯的一份对各种选项不置可否的报告，这些选项包括开展项目、终止项目或者压缩项目的规模继续推进——后者是他的首选。除了杰克·斯特劳（Jack Straw）之外，大多数人反对这个计划，但是由于曼德尔森的干预，决定被推迟，曼德尔森有自己的理由支持这个计划。第二天，史密斯和曼德尔森都看到了千禧年委员会委托德勤顾问公司所做的警示重大风险的报告，报告特别提醒，项目预计的1,200万访客可能高估了50%之多。尽管如此，千禧年委员会委员还是批准了穹顶项目的商业计划。

这一切都取决于6月19日全员内阁会议的决议。布莱尔似乎产生了动摇。西蒙·詹金斯写下了那封被人熟知的“长子尤安信”*，在信中，他敦促首相通过他的长子的眼睛来看这个项目。詹金斯总结说：“格林威治在未来将要发挥重大作用，它将成为2000年英国最自豪的创造和最自豪的成就。”[40]上午的全体内阁会议上，布莱尔首先与曼德尔森谈话，然后与约翰·普雷斯科特谈，普雷斯科特认为拱手认输是错误的。反对党戈登·布朗希望确保成本不会由财政部负担，而且如同对待英国是否使用欧元的态度一样，他建议该项目在开展之前必须通过五项测试。正式内阁会议从上午10点30分开始，但是在穹顶项目被充分讨论之前，布莱尔不得不前往威斯敏斯特大教堂隔壁的圣玛格丽特祝颂新议会会议。内阁会议由普雷斯科特接着主持。

多亏了2000年政府与反对党之间发生的一场“泄密之战”，关于随后的讨论的逐字记录已经通过《星期日邮报》（*Mail on Sunday*）进入了公共领域——这些笔记后来构成了官方内阁记录的基础。（考虑到布莱尔的政策制订写进会议记录的情况相当之少，这应该算是一份罕见的资料。）讨论毫无疑问是消极的，克里斯·史密斯称之为“从保守党继承下来的一片混乱”。克莱尔·肖特（Claire Short）遭到“强烈反对”；大卫·布朗基特（David Blunkett）“极为反对”；戈登·布朗就成本提出警告，认为“一旦出了任何差错，都会来找我们算账”。但与会人员没有投票表决，在得到杰克·斯特劳和玛格丽特·贝克特

* 尤安是布莱尔的长子的名字。——编者注

支持的普里斯科特的催促下——因为布莱尔在离开之前已经告诉他们，他支持这个计划——，会议把“做出一个不管什么反正该被做出的声明”的任务留给了布莱尔。跟往常一样，戈登·布朗似乎已经悄悄离开了会议。尽管对此计划保有压倒性的反对意见，但内阁政府此次将一切交由首相决定。这是一个关于首相领导权的不幸的先例。那天下午，布莱尔和曼德尔森去格林威治与媒体见面。布莱尔告诉他们： 54
“这些计划需要一次信仰的跳越。”[41]

曼德尔森与布莱尔并肩作战，因为他已经确定出任公司的唯一股东——穹顶的所有者。这在两个方面令人感到欣慰：他的祖父赫伯特·莫里森（Herbert Morrison）曾经是英国艺术节背后的政治势力；作为内阁办公室的一名不管部部长，他现在有了一项真正的工作去做。然而，他对新工党这个至关重要的政治宣传项目的愿景并不是很清楚，“介于科学博物馆与高科技马戏团之间的某种东西”是他在一次访谈中可以提出的最高设想。[42]对他的任命增加了项目内部的矛盾。同年 7 月，曼德尔森将该机构更名为新千年体验公司（the New Millennium Experience Company，NMEC）：“新”在政界是必要的；“体验”许诺了很多，但决定下来的很少。

曼德尔森的职位如同新工党应付反对者的一枚避雷针，而他的主要贡献是，令项目较以前更加政治化了。1998 年 12 月，他因为一笔私人抵押贷款的传闻被迫辞职，取代穹顶股东身份的是布莱尔的前合伙人、律师费尔康纳勋爵（Lord Falconer）。费尔康纳曾经以贵族身份空降政府内阁，现在成为布莱尔在内阁办公室的耳目。穹顶项目是他负责的首个面向外部的事务，但他缺乏曼德尔森处理批评意见的圆滑技巧。

发现曼德尔森的影响特别恶劣的是机智且善于表达的设计大师斯

蒂芬·贝利（Stephen Bayley），他曾担任特伦斯·康兰（Terence Conran）创建的伦敦设计博物馆（Design Museum）的项目总指挥。其顾问业务包含形象操控，这是创意产业主要产品之一。1997 年 6 月，贝利以 8 万英镑的年薪被聘用，每周只工作三天，担任顾问性质的“创意总监”。众多建筑师、博物馆展示专家、产品发布设计师以及剧院工作人员聚在一起，为那些以“是时候做出改变”为主题——萨奇设计的一句口号——的新兴“区域”设计背景（有时是内容），贝利的工作任务就是把他们的想法汇集在一起。

55 贝利似乎是因其名气而被聘用的，因为他不是一个为了项目可以无休止开会的人，也不是一个令人满意的合作者，甚至不在新千年体验公司的办公室工作。尼科尔森表示：“大家因为他毫不掩饰地预设每个人都很愚蠢而感到气愤。”[43] 贝利的卓越理念超出了新千年体验公司的想法，后者决心避免英国艺术节的瑞斯式价值理念[*]，但并不知道要放弃什么。

贝利坚决不发表意见，直到 1998 年 1 月，他宣布“辞职”。辞职后他终于可以在自己的爆料性著作《工党集中营：风格超越物质的失败》里畅所欲言。他写道，曼德尔森“会在他觉得可以拉选票的穹顶里做任何事情，甚至到了有损诚实正直的程度。”[44] 他这样解释政治家是如何理解创意的：

> 小型设计咨询公司、做演示方案的公司以及两三位真正有才能的建筑师［伊娃·吉里克纳、扎哈·哈迪德（Zaha Hadid）、奈杰尔·科茨（Nigel Coates）、丽莎·福尔（Lisa Fior）］混杂在一

---

* 约翰·瑞斯（John Reith）是英国广播公司首任总裁，他提出广播服务应免于政府或财团的控制，致力于公共服务。——编者注

> 起的各色人等，拿到一个莫名其妙、含糊其词的大致情况，然后被要求对其进行解释。任何创意上的协调都不被允许。这里的问题是，任何一名设计师，无论多么有才华，都不能为展览生产内容，因为内容必须由展览馆馆长和学者来完成。这就像要求摄制组在没有导演、没有剧本的情况下拍电影一样荒诞。于是就出现了一些略显粗俗的设计以及另一些虽优雅但空洞的设计。[45]

贝利不仅明确指出了创意英伦的缺陷，而且精准预测了穹顶开放时参观“体验”的奇特的乏味感。它不过是一个巨大而无目的的购物中心，有许多地方提供吃的东西，但没有任何有用的东西可以买。推广项目的商业价值观被强加了政治正确性，以避免所有可能产生的争论或异议。英国文化遗产公司首席执行官西蒙·瑟利（Simon Thurley）写道，穹顶“奇异地象征了对英国历史和遗产的最低理解程度。在它的范围内，没有一丝殖民主义、排外的民族胜利主义、压迫和阶级斗争的残余。”[46] 2000 年的庆典活动证明，它就像新工党一样，对历史几 56
乎毫无兴趣。

这个项目的虚伪性通过“激浪球”（Surfball）之谜体现了出来。由于外界要求至少透露一些穹顶里将会发生的事情，项目方迫于压力，透露说激浪球会是娱乐环节的一部分。曼德尔森告诉下院选举委员会，这个以前闻所未闻的游戏是“21 世纪的运动”。最终，工党议员奥斯汀·米切尔孜孜不倦的议会议题揭露，激浪球游戏并不存在，曼德尔森被迫承认这个想法仅仅是“说明性的”。[47]

贝利离职之后，协调工作被丢给了一个倒霉的“内容编辑”团队。团队由电视主管迈克尔·格莱德（Michael Grade）担任主席的新千年体验公司监管委员会的“石蕊试验组”（Litmus Group）指导，同时由克里斯托弗·福雷林（Christopher Frayling）、艾伦·叶托布（Alan Yentob）、科学博物馆理事尼尔·科森斯（Neil Cossons）等人扮演类似“教父”的角色，负责各单项区域。

在穹顶向公众开放之前，贝利一直被禁止涉足，直到 2000 年 1 月他在一次访谈中发表了自己的看法。他将穹顶项目困顿的状况归咎于政治干预，它干预扼杀了创意自由，甚至到了防止设计师彼此交谈的程度，这一保密文化发展成强制执行的保密协议。曼德尔森的领导是“糟糕管理的反面教材”，他必须接受大部分的指责：“穹顶的内容是根据彼得喜欢什么和不喜欢什么的私下讨论决定的。他是一个非常聪明的人，如果没有他，这个世界将是一个不那么有趣的地方，但是，曼德尔森生活在一个道德和审美的真空中。”[48]

1999 年 12 月 31 日，穹顶如期开放。那个夜晚是一场灾难。问题不在穹顶，而在于没有及时发出 3,000 张门票。这意味着国家级新闻报纸的主编、赞助人、贵宾和成功人士不得不在冷冰冰的地铁站里排了长达三小时的队，以通过安检进入穹顶。然而在抵达后，他们发现
57 特易购香槟酒已经不再供应。[49]营销策略已经得到了积极的新闻报道，取得了良好的口碑，问题出在预算不足这一后果是严重的。布莱尔开启了千禧轮，宣布当晚的庆祝活动开始，但这个轮子没有转起来，由他点燃的“火河”焰火表演似乎也没有正常开始。他的地下专用列车倒是运转正常，把他送进了穹顶，他就贵宾滞留斯特拉特福一事向费尔康纳勋爵发了脾气，还要担心空中表演的哪个艺人会不会掉落到女王头上。

鉴于英国的经济情况，穹顶项目花费的总金额不是非常合理。1999 年的预计成本是 7.58 亿英镑，其中 3.39 亿英镑来自千禧年委员会，另外还有 5,000 万英镑现金流是之后需要偿还的。剩余成本计划

从1,200万访客每人20英镑的门票收入和商业赞助中开支，但预计的访客人数并没有达到。同年1月，穹顶需要从千禧年委员会另外预支6,000万英镑，5月份预支2,900万英镑，7月份又预支4,300万英镑——一笔被装饰成这块地转售的“预付款”。7月份的交易是两笔落空的交易中的第一笔。如果这是一个真正的商业项目，穹顶早就倒闭了，因为截至9月，它显然已经资不抵债。为了避免关闭，项目又预支了4,700万英镑，导致彩票基金的总花费达到6.28亿英镑，比计划中的3.99亿英镑增加了57%。

成本上升的同时，预计的参观人数出现了下降：1,200万人迅速减少到1,000万人，然后是700万人，到了7月份，预计人数只有550万。最后的记录显示，参观人数只有600多万，其中100万人——赞助商的客人和学童——免费入场。虽然这比当年英国任何其他景点的访客人数都要多，但真正要拿来比较的是英国艺术节。艺术节在5月到9月之间管理着六个主要景点的1,000万付费访客。甚至应该和1851年的伦敦万国工业博览会做比较，它在5月到10月之间吸引了600万人前往海德公园。

像此前的保守党一样，新工党对商业资助的品德有一种坚定的信
念。最初的计划是筹集1.95亿英镑，据称已经实现了1.6亿，但是截 58
至2000年1月，26个赞助交易中只有6个真正落实。普华永道会计师事务所2000年7月的审计报告显示，可以预期的最高资助金额为1.225亿英镑，但截至国家审计署的报告发布，实际收到的资助金额是1.189亿英镑。

缺口缘于赞助商的不满。英国电信和福特公司决定自行设计和建造它们的区域——“谈话”区域和“旅程”区域；英国天空广播公司租用了一个现有的建筑，重新命名为“宝贝穹顶”，设立在主体结

构外面。英国天空广播公司的赞助是新千年体验公司花费很大力气才得到的一项重要赞助，因为鲁珀特·默多克集团旗下的报纸，特别是《太阳报》，地位至关重要。在天空广播公司赞助协议签署后的几天之内，1998 年 2 月，一直将穹顶称作一头白色大象的《太阳报》确定穹顶项目可能有猫腻。尽管公共资金和私人资金之间的比例是 6 : 1，但对于赞助商而言，肯定要有利可图才会参与。文化评论家吉姆·麦圭根（Jim McGuigan）分析了政府“碰巧”青睐特易购、万宝盛华（Manpower）、英国宇航系统公司（BAE）以及卡米洛特电影制片公司（Camelot）等赞助商的原因，他推断，这不仅仅是一个简单的广告宣传问题。[50]

赞助商是比例占少数的贡献者，他们遭到了拖延，第一个感到愤怒的是珍妮·佩奇。2000 年 2 月 3 日，在未召开董事会的情况下，顽抗的佩奇被艾林告知，要么辞职要么被解雇，其他高级管理人员随后也被告知这么做。佩奇被一名叫作皮埃尔-伊夫·热博（Pierre-Yves Gerbeau）的年轻法国人取代。根据艾林的公关顾问公司，（由皇家歌剧院的查德林顿勋爵管理的）布朗瑞克公司描述，此人曾经帮助拯救过欧洲迪斯尼，尽管他在那里承担的责任某种程度上说不是太大，比如运营停车场，还有人猜测他们得到的是假热博（Gerbeaux）*。但热博他付出了巨大努力，让排队有了一些秩序，［在杰拉德·斯卡夫（Gerald Scarfe）的盥洗室雕塑“英国幽默”爆炸起火后］让焰火表演正常进行，并且维护了 2,000 名工作人员的士气。

5 月 22 日，在穹顶已经实际破产的情况下，于 4 月失去英国航空

---

* 一种法国葡萄酒。——译者注

公司首席执行官职位的艾林，在新千年体验公司独立董事们的逼迫下 59
辞职。英国旅游局主席大卫·夸姆比（David Quarmby）接替了艾林的职务。在这一点上，幸存的董事们要求并且得到了针对债权人索赔给予的秘密个人政府赔偿。最后，由于9月份的全面财政危机，夸姆比决定支持大卫·詹姆斯，这位城市的“雷德·阿代尔”（Red Adair）* 拯救公司。詹姆斯后来承认，他刚接手时，不得不为处于精神崩溃边缘的员工提供心理咨询服务，他毫不隐瞒地认为，穹顶一开始根本就不应该建。

2000年元旦前一天晚上7点，穹顶在一年最后一天2.7万人次访客参观结束之后，变得漆黑一片，它外面的空间被租了出去，用于独立厂牌内阁之声（Ministry of Sound）举办的一场狂欢活动。那天的空中表演是第999次，也是最后一次。当天早些时候，尤安·布莱尔（Euan Blair）与母亲和弟弟妹妹，以及费尔康纳勋爵和阿拉斯泰尔·坎贝尔（Alastair Campbell），第三次也是最后一次参观了穹顶。一年后，新千年体验公司于2001年12月18日进行了自主清算。公司的商业收入是1.69亿英镑，而不是原来预算的3.59亿英镑；同时，总支出达到了7.89亿英镑，英格兰合作组织另外花费2亿英镑，用于购买和清理土地。

在两次销售交易中止之后——第二次交易告吹的部分原因是其中一名投标者是工党的捐赠者——，2002年5月，穹顶及其周边具有发展潜力的土地被子午线三角洲公司（Meridian Delta Ltd）接管，继而又被转租给美国亿万富翁、房地产和媒体大亨菲利普·安斯朱兹（Philip Anschutz）。场地的租赁是无偿交付的，回报是一定份额的未来

* 美国传奇灭火专家。——译者注

利润，而政府必须继续每月支付 25 万英镑的维护费用，直到包括规划许可在内的复杂交易完成。

安斯朱兹娱乐集团拆掉了穹顶内部，并在场内建立了 O_2 竞技场。2007 年，竞技场作为摇滚演出和各类大型演出的场所开业。穹顶终于有了一些实质作用，并获得成功。2009 年，安斯朱兹娱乐集团增建了
60 “英国音乐体验”博物馆。这是一座展示 1945 年以来英国流行音乐的博物馆，诺埃尔·加拉格尔（Noel Gallagher）的米字旗吉他展就是在这座酷不列颠的坟墓里举办的展览之一。截至 2010 年，在对开发了一半的穹顶项目所累积的恶劣状况进行调查之后，建筑评论家欧文·哈瑟利（Owen Hatherley）总结道：“难以想象还有哪一个愿景的破灭比这一个更为突出。如果这里有一个愿景的话，那就是将美国最糟糕的东西移植到这里：门禁式社区、由纵横交错的机动车道连接的娱乐飞机库和购物中心；一幅疏离的、彻底消费主义的、阶级分化的和道德沦丧的未来图景。”[51]

千年体验公司大大暴露出新工党在政策管理方面的态度。布莱尔个人坚持认为穹顶应该建造成“永久性的”，而这一主张增加了 700 万英镑的造顶成本。他要求接待 100 万人次在校学生免费参观，从而减少了 700 万英镑的收入。[52]一旦穹顶被证明是一只跛脚鸭，布莱尔立即远离了它，并没有像他在 2000 年 12 月 19 日再次当选宣言第一句话所说的那样，回来感谢这里的工作人员。9 月份灾难般的一周结束时，他出现在英国广播公司的节目《弗罗斯特早餐》（*Breakfast with Frost*）中，被迫承认自己为此遗憾，但没有道歉：“我要说的是，如果当时我知道情况是现在这样，如果我知道政府运营这种参观景点可能太冒险，我们就不会去尝试”。这也是布莱尔在 9 月 26 日工党会议上反复

表达的一个观点。

曼德尔森曾经说过，穹顶将为英国举起一面镜子：它反射出英国官方对自身能力抱有一种巨大的偏见。相对于1851年或1951年的成功，穹顶项目显示出新工党对历史极其缺乏认识，并且当它无法操纵媒体时，就把自己的失败怪到它们身上。穹顶也暴露了政府的过度野心，以及在量才用人方面的无能。政府无法制订健全的计划，也无法进行完善的管理，而是盲目相信自己的正当性，否认事情真相，最终导致惨败。然而，穹顶故事中最危险的部分，就是内阁对于首相提出的一项“关乎信任的法案”不予抵制的方式。2003年，针对更加重大 61
的伊拉克战争问题，这种方式再次出现。

克里斯·史密斯于1998年5月出版了他的信仰遗嘱——《创意英伦》。不幸的是，当时“酷不列颠”正失去热度，史密斯已经削减了艺术委员会150万英镑的资助。另一个令人感到不幸的事情是，鉴于布莱尔政府出了名的爱编故事，《创意英伦》一书的护封是由达米安·赫斯特（Damien Hirst）伪造的画作。从左翼剧作家大卫·黑尔（David Hare）到右翼保守党知识分子乔治·沃尔登（George Walden），人们对这本书的评论均是负面的。

一位在职部长出书已经够不寻常的了，史密斯演讲集中的理念更是令人不可接受。新工党文化政策的四大支柱是“机会、卓越、教育和经济价值”，[53]而史密斯把它们说成是排斥、平庸、无知和浪费，这是令人震惊的。困难在于协调他那些值得称赞的目标之间不言自明的紧张关系。可以解决所有矛盾的魔法词是“创意”。

史密斯认为，创意提升个人满足感，鼓励社群认同感，帮助社会融合，挑战现状，在建立创意产业之后，可以制造出“有用之美”。[54]

在随后的12年里，“创意”一词成为文化政策文件的首选形容词。我们很容易看出这个词为何成为新工党修辞中如此关键的部分。就像哈罗德·威尔逊（Harold Wilson）在20世纪60年代所说的“技术革命的白热化”一样，这一术语暗示着转型没有特别不便之处。创意听起来是积极的、前瞻性的、不屈服于过去的：它暗示的内涵是自由和个人自主。然而，新工党所认为的创意，不是艺术家的个人主义的、反文化的、趣味性的和具有潜在破坏性的创意。

人们希望，创意能够解决左翼有关品位等级的老问题。即使是在被重新界定为“卓越”的时候，品位也是建立在分配不均的文化资本基础上的，因此也是社会权力的反映。市场会用一种良性多元主义取
62 代等级——根据史密斯的说法，这是“一个深刻的民主议程”。[55]到了2001年，文化、媒体和体育部公布了一份伪装成绿皮书的秘密选前宣言，宣言标题几乎不可避免地叫作《文化与创意》，史密斯断定：“每个人都有创意。”[56]

《文化与创意》一书由首相布莱尔作序，他在序言中称：“艺术和创意让我们自由。[57]”这听起来很酷，但政府无意让艺术和创意自由。穹顶项目可能已经失败了，但实现这一项目的创意产业将继续为经济服务。艺术也将服务于政府的社会使命。在艺术领域工作的人们很乐意做出自己的贡献，直到他们发现，政府用以实现这些目标的机器，可能会粉碎它试图鼓励的创意本身。

第三章 “许多人而不只是少数人” 63

试图利用艺术进行社会指导……就像用一根绳子打斯诺克。

弗朗索瓦·马塔拉索，“走出迷宫”（“Out of the Labyrinth”，2012）

2001年，《星期日泰晤士报》的一项生活质量调查指出，西布罗姆维奇是英国居住环境第二差的地方。在犯罪、失业、住房和学校方面，只有特伦特河畔斯托克比它更糟。西布罗姆维奇距离伯明翰西北部半英里，没有发展前途。当地五分之一的人口被定义为“移民”，总人口逐年下降。一项未完成的交通总体规划在20世纪60年代遭到破坏，这里成为一个布满社会福利房、出租屋、空置门头房和折扣店的糟糕地区。它有宾果游戏和赌博商店，但没有电影院、博物馆或剧院。历史悠久的西布罗姆维奇歌剧团在西布罗姆维奇没有演出场地，因为广场剧院及其之前所在的天堂街早已不复存在。自1907年公共图书馆建立之后，这里就再也没有建造过新的文化设施。如果新工党要“制造高质量的东西提供给许多人而不只是少数人”，[1]那么西布罗姆维奇就是那个开始的地方。西布罗姆维奇的结果表明他们能把事情搞得有多糟糕。

文化、媒体和体育部做出改变的能力取决于经济政策、规划和教 64

育方面的相关决定，就像创意产业的情况一样，这些决定超出了该部门的职责范围。此外，还存在一个资源问题。面对财政部 1998 年综合支出审查，它必须获得一个有利的结果。作为一个小部门，文化、媒体和体育部是一条与鲨鱼谈判的桃花鱼。最好的策略是等大部委争出结果之后，试着在最后拨款时直接恳求首相，捡一些剩菜吃。在文化、媒体和体育部的谨慎鼓励下，文化机构的领导人寻求与布莱尔会面，考虑为他们松开那根让他们长期处于资金匮乏状态的止血带。1998 年 6 月 29 日，他们的愿望实现了。

唐宁街 10 号的研讨会由泰特美术馆董事长丹尼斯·史蒂文森精心策划。史蒂文森与彼得·曼德尔森关系密切，后者曾受聘于史蒂文森的市场研究公司 SRU。曼德尔森把史蒂文森视为自己的导师："他聪明、文雅、慷慨，对于工党如何实现经济政策的现代化，以及在处理与商界的关系时如何保持自身形象的清白，他给出了明智的建议。"[2] 史蒂文森开始净化艺术界与新工党的关系，他精心准备了一份简明的捐赠者名单，包括约翰·图萨、梅尔文·布拉格（Melvyn Bragg）、尼古拉斯·塞罗塔（Nicholas Serota）、吉尼斯塔·麦金托什（他已经返回到国家剧院）、国家美术馆主任尼尔·麦格雷戈（Neil MacGregor）、尼尔·科松斯科学博物馆领导人西蒙·拉特尔（Simon Rattle）、苏格兰歌剧院首席执行官鲁思·麦肯齐（Ruth Mackenzie）。麦肯齐了解内部的对外资金制度，她之前是一名职业演员，目前在艺术委员会工作，运营诺丁汉剧场，直到 1999 年 9 月成为克里斯·史密斯的特别顾问，才进入自己擅长的领域。

研讨会起到了作用。三周之后政策宣布，财政部自 1999 年 4 月开始，在未来三年内向文化、媒体和体育部发放额外的 2.9 亿英镑。这意味着到 2001—2002 年度，该部门的年度支出将超过 10 亿英镑，达到 10.38 亿英镑。同样重要的是，这项支出计划按三年滚动周期进行。截至 2010 年，艺术委员会的补助金从 1997 年的 1.861 亿英镑增加到 65
了 4.49 亿英镑，实际增长了 81%。

在资助收入得到重要改善的同时，1998 年国家彩票法的通过解开了彩票分销商的手，允许他们征求申请，运营联合计划，委托资助决定——譬如，从国家艺术委员会到地区艺术委员会——，并将重点从纯粹的资本项目转移。一项联合资助的"全民奖励计划"将一次性项目赠款从 500 英镑提高到 5,000 英镑，部分得益于这项计划，彩票支付的非资本奖励比例从 1998 年的 2.5% 上升到了 2000 年的 22%。[3]

然而，这一改善被第六项良好事业，即新机遇基金抵消了。新机遇基金要做的事业是政府自身的改善健康、教育和环境的计划。2004 年，新机遇基金、千禧年委员会的剩余资金与慈善委员会合并为大彩票基金，拿走彩票基金的 50%。2005 年，伦敦被选为 2012 年奥运会主办城市，彩票蛋糕被进一步切割。不过截至 2013 年，国家彩票已经带来了 300 亿英镑的资金，足以实现文化景观的改造。

伯明翰、利物浦、谢菲尔德、曼彻斯特、纽卡斯尔和盖茨黑德等城市的市中心，都通过新的艺术设施进行了改造；沃尔索尔和马盖特等较小的地方也同样受益。国家彩票资金是促进国家文化重建的催化剂，要求通过地区发展机构、地方政府以及欧共体区域发展基金获得政府投资。与其他发达国家一样，未来的"标志性"建筑也成为营销策略的一个工具，用来恢复当地的自豪感并吸引投资。但正如建筑评论家欧文·哈瑟利所指出的那样，其中的潜台词永远是"一次对抗工业损失的胜利，一种从生产转向消费的城市转型"。[4]城市中心成为休闲中心；在城外更远的地方，深层社会问题依然存在。

每个国家彩票分销商都有一些尴尬的处境：大英博物馆中庭的南 66

门廊用错了石头，这是由遗产彩票基金以 9,000 万英镑资助的翻新项目的一部分；2000 年，艺术委员会因投资 1,500 英镑的谢菲尔德国家流行音乐中心的关闭而蒙羞；由千禧年委员会资助 500 英镑修建的布拉德福德国家信仰中心于 2001 年关闭；由千禧年委员会资助 1 亿英镑修建的唐卡斯特地球中心于 2004 年关闭；耗资 2 亿英镑新建的温布利球场获得资助总额为 7.98 亿英镑，于 2007 年开放——比原计划延迟了四年，而且没有建体育委员会 1.2 亿英镑彩票奖所规定的田径跑道。此外，还存在时间逾期和成本超支的情况：国家审计署审查的 15 个大型艺术委员会项目中，有 2 个破产，3 个延迟一年以上开业，13 个超预算。[5]有了政策上的支持，顾问和建筑公司将这视为一次发财的机会，各方倾向于高估到场人数——这也是千年穹顶项目的经验教训。但是变化是深刻的，英国建筑师终于在英国找到了工作，机构的信心增长，公众对艺术和遗产的兴趣随之增加。

投入使用的新资源是由文化、媒体和体育部密切监督和指导的新机构或改革过的机构提供的。1998 年 12 月，史密斯出版了《一个新的文化框架》[6]，一个新的主动出击的部门正式启动。他希望所有公共资助的博物馆都由一个单一的机构来管理，但强调国家级博物馆仍由文化、媒体和体育部单独资助。两个截然不同的机构，图书馆与信息委员会（Libraries and Information Commission）和向政府提供有关非国家级博物馆建议的博物馆与美术馆委员会（Museum and Galleries Commission）合并为一个新的机构——博物馆图书馆和档案馆委员会（the Museums Libraries and Archives Council），并增加了档案管理的职责。

最终被人们所熟知的博物馆图书馆和档案馆委员会将有一段不愉快的经历。它的第一任主席是著名的费伯出版社雄心勃勃且充满自信的负责人马修·埃文斯（Matthew Evans）。（费伯出版社出版了克里斯·史密斯的《创意英伦》。）他轻快而务实的态度对公务员和地方政 67
府官员而言是一种文化冲击，当这种文化冲击不断协调他们自身不同的官僚习惯与一个新组织的要求时，他们感到了不少麻烦。

既对规划提出建议同时也管理政府文物遗产的英国遗产部，合并了皇家古建筑委员会（Royal Commission on Ancient Monuments）。为了回应理查德·罗杰斯的城市工作组报告《走向城市振兴（1999年）》[*Towards an Urban Renaissance*（1999）]，皇家美术委员会（Royal Fine Art Commission）变成一个新的强化组织——建筑与建设环境委员会（the Council for Architecture and the Built Environment，CABE）的一部分，负责提高设计和规划标准。管理电影的职责从艺术委员会中分割出来，交给了英国电影委员会（United Kingdom Film Counncil）。电影委员会成为国家彩票基金的分销商，其首任主席、电影导演艾伦·帕克（Alan Parker）宣布，将对“大众”电影（“popular”films）采取积极的投资政策。英国电影协会不再承担电影制作，恢复为一个纯粹的教育和档案机构。2002年，电影委员会开始与地区发展机构合作，设立地区电影局（Regional Screen Agencies），成为电影和录像创意产业的推动者。

这是布莱尔后来宣称的新工党开创的“黄金时代”的开始。但是他在《文化与创意》一书中所庆祝的艺术的自由精神，现在受到了旨在实现政府目标的《公共服务协议》的合同约束。《创意英伦》的崇高理想被重新塑造成六大主要目标和21项具体目标。当前对文化、媒体和体育部提出的要求是，提高所有人的生活质量，增强创意产业，并将“品质和卓越”带给“许多人而不只是少数人”。

六大主要目标中，首个目标就是“通过消除增长障碍和不必要的管制，创建一个高效且具有竞争力的市场”。[7]第二个目标和第三个目标将通过实现第 7 项具体目标来实现——通过完成 2001 年之前建立免费入场制的方案，增加国家级博物馆的参观人数。另外六项具体目标旨在扩大文化、媒体和体育部负责的整个领域的“社会包容性”，并维持广播标准。第 12 项和第 13 项具体目标是关于数字化的：艺术机构
68 将承担 20 万个新的教育会议，并保证 75% 的公共图书馆在 2002 年之前接入互联网。

第四、五、六个主要目标是要确保“实现卓越的机会”，“发展人才、创新和优秀设计”；保持对国家彩票的公共支持，并确保资金使用得当；推动该部门的城乡振兴工作。以追求“可持续性和社会包容性”为要求，将环境保护主义和社会工程学引入振兴计划。总体而言，其目的是与受资助机构“达成新的效率标准”，并且“简化政策执行机制”。

最具管理主义并且最不被看好的是第 14 项具体目标：“非部门公共机构的资金提供要以产出、效率、访问量、质量提升、创收或私人部门资金提供等方面的量化改善为条件，并且要由一个新的独立监督机构进行监督。”这就是 QUEST：质量（Quality）、效率（Efficiency）和标准团队（Standards Team）。

QUEST 试图成为文化领域的驱魔降邪将军（Witchfinder General），消除浪费，追捕不力管理。对于文化、媒体和体育部目前如何定义自身与分配资金的各个文化组织之间关系的方式，存在着某些威胁：

> QUEST 将审视文化、媒体和体育部向受资助机构分配资金的过程，以及受资助机构作为回报的特定产出。QUEST 尤其要评估

> 所采取的各项措施和目标，以确保文化、媒体和体育部及其受资助机构，能够达到该部门在访问量、卓越和教育方面更广泛的目标，并提出使业绩评估更接近政府目标和受资助机构的战略抱负的手段。[8]

QUEST立即被赋予了一项职责，即审查目前与该部门上述受资助机构之间的资助协议。其目的是建立一个复制了文化、媒体和体育部与财政部的公共服务协议的资助协议制度。这是一个“传递链”的开 69
始，传递给各个资助机构，以确保它们执行政府的经济和社会政策，无论它们是否愿意。QUEST报告指出，整个领域有大约1,200个指标，但无法给出一个确切数字。[9]它们是一个数字化的产出、结果、阶段以及目标的令人困惑的混合物。关于如何达到协议要求的解释是模糊的，绩效指标集中在数字而不是影响方面，而且许多措施相互矛盾。政府及其机构对协议的解释各不相同，正如政府审计师指出的那样，这可能是双方调和产生的张力。[10]

文化、媒体和体育部自身的目标也存在类似的问题，它唯一清晰的目标是数字化或日期化的，它承诺减少繁文缛节，但又以同样的口气宣称，将“确保我们的受资助机构设立和实现改善资金价值的目标”。[11]然而，除了博物馆访客量等粗略的量化目标之外，既没有有效的衡量方法，也没有据以衡量的基准。受资助机构将坚持采集量化信息视为一种强制命令，以及潜在独立性的丧失，并抱怨产生了“评估疲劳”。[12]信息一旦采集就一直保密，并没有被合理地用于规划。

这种管理主义在所涉机构之间的关系上产生了一种根本性的变化。由“臂长原则”保证的运作独立性只在更为有限的背景下实施；以前通过奖励性或扣缴性资助实行的政治高压由隐性变成了显性。狭隘的合同协议取代了专业判断和专业知识。无论是与财政部有关的文化、媒体和体育部，还是与文化、媒体和体育部有关的艺术委员会，又或者是与艺术委员会有关的艺术机构，下级机构的意志只能从上级机构的角度来理解。自治和信任被监督和评估所取代；文化和创意受到合同和强制的约束；信任衰减。

70 克里斯·史密斯解释说，QUEST 的理念是“要做重要的可衡量之事，而非可衡量的重要之事”。[13]而他没有明言的是，QUEST 的诞生是财政部因文化、媒体和体育部扩大的预算而付出的代价。

文化、媒体和体育部建立一个高效且具有竞争力的市场的承诺，符合新工党从保守党那里接手的新自由主义文化方法；社会包容方面的参照则显示了一种并行的期待，即期待艺术和遗产也可以妥善处理经济失败引发的社会问题。正如城市政策专家乔纳森·维克里（Jonathan Vickery）所说，“文化成为推动社会进步车轮的一种燃料”。[14]这超出了仅仅是增加访客量的野心：这些人必须是以前政策未曾触及的一类人。艺术委员会的一份报告以一种令人惊讶的口吻评价道，尽管增加访问量一直是其工作的一部分，“然而，支持艺术在解决社会排斥问题上可以发挥的作用是一个新起点”。[15]

社会包容隐含了它的另一面，排斥。在官方文件中，两个词语被交替使用，但它们所表达的种族和阶级的概念没有被承认。难以界定，也就难以衡量，社会排斥是贫穷的一个礼貌用法，就像“多样性”成为涉及种族歧视时的最新术语一样。为了证明新工党与其保守党前任不同的看法，1997 年，新政府在内阁办公室设立了一个社会排斥小组（Social Exclusion Unit），从而以非正式的方式达到与名称相反的目的：

包容被排斥者。这不是为了重复其他部门的工作，而是为了实现明智而协调的政府，将各部门联合起来聚焦于社会排斥的各种协调事业：失业、技能低下、住房困难、高犯罪率、健康状况不佳、家庭破裂。

然而，承认部分人口遭排斥具有一种排斥性效应。政府在努力解决贫民窟和贫困街区的多重问题的同时，社会排斥的个人及个体方面的问题也越来越多，诸如自卑和家庭破裂等问题，这些现象似乎改变 71
了这个词的含义，仿佛在暗示穷人已经在某种程度上自己排斥了自己。

贫穷不再被视为一种结构性问题，而成为个人主义的一种反常形式，成为对新自由主义个人选择的一种拙劣模仿。既然参与艺术是自愿的，而穷人、未受教育者以及少数族群对文化机构的良性意图存有抵触，那么自我排斥便成了一种有用的解释。艺术委员会的一份报告提出疑问：“如果不接触艺术是一种生活方式的选择或者一种‘自我排斥’，国家是否还应该干预呢？”[16]文化评论家里安·E. 琼斯（Rhian E. Jones）将自我排斥的观点视为新自由主义信念在精英领导机制的社会中立方面的一种表现，这种观点忽略了由阶级、种族、性别或性取向造成的结构性缺陷的可能性。社会赋权的缺乏意味着“你根本不必努力尝试或想要足够努力”。[17]处于西布罗姆维奇底层的人们是否将他们的排斥视为一种生活方式的选择是值得怀疑的。

社会排斥小组发布了《将英国融合在一起：街区改造国家战略》（*Bringing Britain Together*：*A National Strategy for Neighbourhood Renewal*）之后，1998 年 9 月，18 支“交叉”政策行动队成立，以解决英国最令人不快的街区问题：相关指标旨在改善健康、就业、教育和犯罪状况。政策行动第十支队（PAT 10）由文化、媒体和体育部领导，制订有效利用艺术和体育的行动计划。这支团队由来自文化、媒体和体育部，财政部，内阁办公室，卫生，教育和交通部，艺术委员会，英格兰体育部，地方当局以及几位执业者和专家代表组成，其中弗朗索瓦·马塔索拉来自传通媒体（Comedia）。

1978 年，传通媒体由城市理论家查尔斯·兰德里（Charles Landry）设立，是一个融合了智库、咨询公司和出版社功能的机构。兰德里的“创意城市”概念在发展城市振兴和文化产业的思考方面具有影响力，并且早于美国经济学家理查德·弗洛里达（Richard Florida）2002 年的著作《创意阶层的兴起》（*The Rise of the Creative Class*），此书
72 认为文明的波希米亚主义机遇是城市建设成功的关键。1995 年，传通媒体受古尔班基安基金会（Gulbenkian Foundation）的委托，对参与艺术的社会效益进行了第一次大规模研究——《利用还是装饰？参与艺术的社会影响》。这份报告由马塔拉索撰写，在新工党上台的当月发布。

着重于对参与而不仅仅是参**加**一次表演或参观一次博物馆的研究，认识到这一点是尤为重要的。马塔拉索曾是一名社区艺术家，他声称，参与对社区艺术来说并不是一种委婉用语，但他所研究的项目以及他所提出的观点皆来自社区艺术运动。社区艺术运动出现于 20 世纪 60 年代和 70 年代，成为一种激进的、具有政治承诺的正统艺术的替代，但是在 80 年代，社区艺术基本上被地区艺术协会和政府工作创造计划笼络了。至关重要的是，社区艺术家被认为不如“艺术家”；真正的艺术家主要根据审美素质进行评判，其次才是社会目的。

《利用还是装饰?》显然成为对迈尔斯克夫（Myerscough）的著作《艺术的经济意义》（*The Economic Importance of the Arts*）的一种抗衡。艺术的价值体现在个人成长和更伟大的社会凝聚力上；参与具有环境和健康方面的益处，并且——在向社区艺术家的思想的致意中——有助于社会变革。马塔拉索并没有为这些益处提出过分要求：

> 就算我们都学着用制型纸制作大件物品，演奏手风琴或唱吉尔伯特与沙利文的作品，英国社会目前的问题也不会解决。英国文化也不会因为被售卖成为社会政策大师的债役劳工而得到改善。但是对社会政策的侧重稍微重新调整一下，或许非常重要：一门小小的艺术可以走很长的路。[18]

这个温和的建议获得了新工党政府的大力推动。政策行动第十支队得到指示，应聚焦于参与的好处，马塔拉索牵头起草了报告。正如迈尔斯科夫的报告因其经济方法而受到挑战一样，人们也质疑马塔拉 73
索的社会影响如何衡量，[19]但这份报告仍然成为一份有影响力的文件，其中有关参与艺术的益处的论点被扩展到整个艺术的社会效益。马塔拉索后来提出抗议，因为他的著作被选作各种文化形式被工具性使用的一个案例：“我当时不知道有多少政治家和规划者——柏拉图的学生——在许多方面难以区分什么是重要的而什么是可以控制的。我不理解他们为何将文化视为一种社会教导的源泉，而不是一种自我发展的源泉。”[20]

这份《艺术和体育》报告并没有提供什么确凿的证据，但它被解读为对工具性方法的一种响亮背书，其中提出的建议也是对地方当局、国家彩票分销商和艺术委员会的一系列新的期望。艺术委员会被要求保持文化多样性，打击社会排斥的基本政策目标，并确保其资助的机构也这样做。对艺术委员会的指示使用了艺术官僚所不熟悉的语言，“在一年内加紧实现与文化、媒体和体育部签署的资助协议中规定的社会包容宗旨和具体目标”。[21]

艺术委员会不太可能再赞赏这种不是来自自己客户的直截了当的指示。伦敦布什剧院经理迈克·布雷德韦尔（Mike Bradwell）在回忆录中描述了他对这种新的艺术语言词汇的挫败感：

> 剧院现在必须优先考虑社会包容和性别包容、文化多样性、教育、教育、教育、残障人士、外展服务和访问量。剧院被赋予了发展新观众并拥护多元文化的责任。它们不得不重新制作自己的艺术节目，以吸引来自更宽广社会范围的观众，并具有更广泛的民族平衡，同时还要开拓创新和卓越。它们不得不到当地社区和学校进行外展服务，从而为利益相关者的资金提供价值。上帝知道它们哪还有时间去演出。[22]

74 但文化机构准备好了真诚地提供访客议程所要求的“外展服务”(outreach)。国家彩票是为了看似少数人的利益而由许多人参与的，是为了确保拥有更广泛的社会效益的一种激励。资助者与其资助的机构有一个选择：他们可以扩展现有的计划，采取旨在“外展服务”的新计划，也可以从根本上改变他们的工作方式。他们大部分都喜欢以前的工作方式，这也许可以解释他们在将艺术参与扩展到传统观众以外的过程中取得的成功是多么有限。

文化、媒体和体育部率先行动。1998 年，它利用一笔 500 万英镑的资金发起了一项为期五年的新受众计划（New Audien ces Programne）。这是利用一个机构——此处就是艺术委员会——以文化部门从未如此明确的方式，来运作由部委倡议的计划的一个早期案例。项目最终花费的 2,000 万英镑中有三分之一用于普通受众，但关注点放在了多元化、残障人士和社会包容上面。

一千多个彩票奖项得以设立，但不仅仅针对新行动：多达五分之一的资金用于研究和培训。艺术委员会与英国广播公司和第四频道建立了新的合作关系——该频道播出的电视剧《歌剧机会》（*Operatunity*）由业余歌剧歌手担任主演——，通过这一合作使艺术委员会宣称它已经推广至 700 万观众。与 DIY 商店“大本营”（Homebase）的合作项目推出了由安东尼·葛姆雷（Antony Gormley）设计的衣夹和安尼什·卡普尔（Anish Kapoor）设计的一盏灯，公开向市场发售。

这个社会包容链基于政策行动第十支队的《艺术和体育》报告得以运行，同时利用 150 万英镑的资金为无家可归者、监狱在押人员和贫困地区的人群提供了服务。其中一半以上的资金用于研究，这表明对“访问量”和“社会包容”意义的解释和困惑存在广泛差异，同时艺术机构并不情愿自身被视为社会控制的代理人。[23]这项研究揭示出越来越多的抱怨，因为要证明文化项目确定产生了“影响”很有难度。机构就社会包容计划的“软性”结果提出了各种主张，诸如个体信心和自尊方面的改善等；但提供造成社会排斥的条件的变化的有力证据 75
却很困难，艺术机构自身无法解决这个问题。新受众项目的评估者简单地得出结论：机构无法找到新的证据来证明这项工作“确凿的”影响。[24]

提高文化参与最明显的途径贯穿文化、媒体和体育部没有直说的一个领域：教育。1998 年教育改革法案规定，学校有义务鼓励学生的文化发展，为了响应这一法案，文化、媒体和体育部以及教育和就业部委托国家创意和文化教育咨询委员会制作了一份报告——《我们所有人的未来：创意、文化和教育》（*All Our Futures*：*Creativity*，*Culture and Education*）。

报告发挥了“创意英伦”的修辞，认为创意与识字和算术一样重要，却因为国家课程的狭隘而逐渐被挤出学校。由于与政府功利的、目标驱动的教育议程相矛盾，报告的发布被推迟；政府九个月之后才给出一个非常模棱两可的回应，之后又过了一年才提出艺术家要在学校做更多事情的建议。

面对教育部大得多的政治影响力和财力，文化、教育和体育部设立了自己的教育单位，启动了一系列具有强大社会动力的项目。1999年，艺术委员会用3,000万英镑的彩票资金设立了国家青年音乐基金会，专门针对音乐教学正在走下坡路的学校内外的弱势儿童。2002年，文化、媒体和体育部利用“文化在线”项目（Cutaral Online）探索新的领域。“文化在线”是凭借互联网和电视在文化和教育项目之间架起的一座“数字桥梁”，旨在满足儿童、老人、失能者和少数族群的要求。“文化在线”成为一家法定公司，并建立了一种创新的合作模式，按照这一模式，公司以编辑方而不是直接提供方的方式进行项目委托。26个项目被委托，从城市遗产指南到被不幸冠以“疯子艺
76 术”（MadforArts）的精神病患者对公共艺术的回应。“文化在线”项目存续的四年里共获得投资1,600万英镑，但似乎没有产生经济效益，因此项目于2007年关闭。

对《我们所有人的未来》这份报告最重要的回应是通过艺术委员会运作的创意合作伙伴关系项目（Creative Partnerships）。这一项目在社会意义上的重要作用体现在两个方面：其一，项目主旨不是加强学校的艺术和遗产教育，而是利用文化专业人士，包括来自时尚和媒体等创意产业人士开展的项目，鼓励学生和教师整体的智力创造力；其二，在社会议程方面，这个计划有意针对了社会排斥最严重的地方当局所在地区。

在混乱的开端之后，创意伙伴关系发展成为一个成功的项目，正

如学校督察报告显示的那样。[25]截至 2010 年，2,000 多所学校共有 8,000多个项目，耗资 2.75 亿英镑。但这些项目只涉及英格兰和威尔士十分之一的学校，这一计划难以克服教育部的阻力，也难以消除文化机构对其工具主义的怀疑，这种工具主义被认为是对机构的核心目的的一种稀释。文化学习联盟成立于 2007 年，由包括艺术委员会以及博物馆图书馆和档案馆委员会在内的主要信托基金、基金会和非部门公共机构共同成立，该联盟提供的一份咨询文件显示，教育部门和文化部门之间仍然严重缺乏共鸣和共同语言。[26]这有助于解释为何当“创意伙伴关系”于 2009 年更名为“创意、文化和教育”，并作为一个独立机构从艺术委员会脱离出来时，该计划就被停止了。2002—2009 年间，“创意、文化和教育”花费了 1.1 亿英镑，直接变成了艺术委员会最大的单一客户，项目在后来的三年里共获得 7,500 万英镑的资金，但随着 2010 年联合政府削减资金的要求，其项目拨款被减半，后来被完全撤销。

文化、媒体和体育部同样坦率地宣称其对博物馆和遗产部门发挥
了重要作用。2000 年 5 月，该部门发布政策指导文件《社会变革中心： 77
所有人的博物馆、图书馆和档案馆》，全面宣布：“如果博物馆、美术馆和档案馆要做出真正改变，它们的目标应该是成为积极的社会变革的工具。”[27]增加访客量的一个直接方法是兑现选举前的承诺，对直接由文化、媒体和体育部资助的博物馆和美术馆的入场费审核。1997 年，博物馆在取消入场费的问题上存有分歧。泰特美术馆和大英博物馆等一些博物馆一直抵制收费，并且目前是免费的，而诸如科学博物馆、维多利亚和阿尔伯特博物馆等场馆则赞成收费，认为这可以在一定程度上成为控制访客人数的一种方式。大英博物馆陷入经济

困境，理事们正在考虑收费，而泰特美术馆馆长丹尼斯·史蒂文森则深信，泰特美术馆于2000年开放时将不得不收费。文化、媒体和体育部划拨了1亿英镑，但直到2001年才将所有收费博物馆变为完全免费——只因当时围绕增值税的复杂争论以有利于博物馆的方式解决了。所有入场费（特殊展览除外）于2001年12月取消。第七项具体目标总算实现了。

2005年，不收费原则扩展到大学博物馆。这一政策意味着博物馆和美术馆的访问量大幅增加，2012年有4,000万人参观了国家级博物馆。尽管“访问量”与“访问者数量”并不相同，但当年有48.9%的英国成年人至少参观过一次博物馆或者美术馆。这是史密斯最重要的政策成就之一，也是联合政府不敢触碰的一个变革。尽管数字显著增长，但博物馆参观者的社会形象要发生改变更为困难。2005年政府引入《参与》一书推广的调查方法之后，进行了更详细的分析，结果发现2006—2007年度与2010—2011年度成年人的总体访问量上升至51%，而来自较低社会经济群体的访问量实际下降了11%，并且只占总访问者数量的8%。

“遗产”对于新工党来说是一个敏感的词汇，一部分原因是它与撒切尔夫人执政时期蓬勃发展的反动遗产工业之间的关系，另一部分
78 原因是它不匹配新工党政府的现代化议程。正如文化、媒体和体育部在2001年发布的《历史环境：我们未来的力量》中所指出的那样，现在的首选词汇是更加乏味且特意更具包容性的“历史环境”。上述报告将这个领域描述成“文化和经济层面的一个沉睡的巨人”，[28]并显示出唤醒它的决心：“决策者需要将历史环境视为一种独特的经济资产，视为城市和农村地区就业和财富的一个制造者。”[29]2002年发布的另一份报告《民众与场所：建筑和历史环境的社会包容

政策》警告说：“参与社会包容议程可能需要文化遗产机构大刀阔斧的文化变革。”[30]

就全英国处理文化遗产事务的24个不同机构而言，这一警告的目标最为尖锐地指向了该部门的领导机构——英格兰遗产委员会以及英国遗产彩票基金会。正如澳大利亚文化评论家艾玛·沃特顿（Emma Waterton）所说，这两个机构的名称本身就容易受到挑战，它们对过去的看法并没有“在多大程度上超越一个精英而且还是白人精英关于民族叙事的欺骗性的复杂概念”。[31]

英格兰遗产委员会由各种角色尴尬地组合而成。它是部分产权拥有者、部分捐赠者和部分警察，也为历史研究投入了大量资源。作为产权拥有者，它对大约400处地产负责，其中大部分是已经归入政府地产的古迹。作为捐赠者，它是每年价值约3,500万英镑的资助款的来源，这些资金用于遗产修复以及扶持国家便利设施团体。作为警察，它负责维护政府的遗产保护计划，就计划和发展问题提供咨询意见，尽管实际决定由地方政府做出，或在存有争议时由部长们做出。

英格兰遗产委员会尽最大努力应对文化、媒体和体育部提出的商业化运作要求，并模仿独立国家信托基金扩大其成员范围。但委员会并没有改变自己作为一个传统官僚机构从自身专长中获得合法性的想法。它牢牢抓住区域运作，并且在决策流程中排除地方意见。它因自身学界和专家主导的方式而感到自豪，它抵制政府在《未来的力量》 79
中对其机构文化的隐含批评：“历史环境应被视为某种社会各阶层均认同并且引以自豪的东西，而不仅仅是某种受狭隘的专业兴趣重视的东西。”[32]因此，英格兰遗产委员会总是处于文化、媒体和体育部资金发放队伍的后面。2010年，委员会推算，自己在过去12年里“失去”

了1.3亿英镑的资助金。最终，英格兰遗产委员会被分割。

相比之下，英国遗产彩票基金会（Heritage Lottery Fund，HLF）经历了一次显著转换。遗产彩票基金会在技术上是1980年成立的国家遗产纪念基金会（National Heritage Memorial Fund，NHMF）的一个分支，该纪念基金通过每年获得不同金额的资助来充实资金。国家彩票改变了这种情况，使得遗产彩票基金会开始主宰它的母基金会。据称，遗产彩票基金会之所以变成了国家彩票的一个分销商，是因为在一次乡村竞赛会上，富裕且有文化的国家遗产纪念基金会主席罗斯柴尔德勋爵（Lord Rothschild）与国家遗产部第一常任秘书海登·菲利普斯（Hayden Phillips）的偶然相遇。英格兰遗产委员会的监管职能及其仅限于英格兰范围的职权使其不适合作为彩票分销商，但国家遗产纪念基金在全英国范围的职权符合法案规定。罗斯柴尔德也是支持“我们的遗产”的保守派理念的极具口才的倡导者。

遗产彩票基金会相比其他重要的文化参与者有一个优势，就是它有大量资金可用于捐赠——每年高达3亿英镑——并且不受“综合支出审查”制度变迁的影响。与艺术委员会或英格兰体育局不同，它并不打算从其资助的机构获取持续的收入承诺。基金会的第一笔奖金开启了一个非常不好的始点：英国剑桥大学丘吉尔学院用1,250万英镑从丘吉尔家族手中购买了温斯顿·丘吉尔（Winston Churchill）1945年以后的文献。这一事件与艺术委员会和皇家歌剧院为“纨绔子弟买单”的丑闻不相上下，一段时间以来，国家遗产纪念基金的贵族价值观——现在是一种“作为最后手段的资金”——似乎要影响其后代。但在1998年，罗斯柴尔德勋爵的主席职位被托尼·布莱尔在费
80 茨公学时的前舍监埃里克·安德森（Eric Anderson）接替。2001年，安德森又被英国广播公司前广播部主任达姆·利兹·福根（Dame

Liz Forgan）接替，福根也是拥有《卫报》的斯科特信托基金未来的主席，他与新工党保持着良好关系，并认为国家彩票应当有利于整个国家。

遗产彩票基金会一直拒绝准确说明“遗产”是什么，它认为自己只能根据人们从过去选择的值得保留的不管什么东西来加以定义。在雷厉风行的福根以及历任首席执行官安西娅·凯斯（Anthea Case）和卡萝尔·索尔（Carole Sourer）的领导下，遗产彩票基金会开始将遗产的范围拓宽成某种更具包容性的东西。受托人董事会进行了重大调整，减少了贵族成员，吸收了更多社会代表成员。它积极响应政府的社会包容议程，强调地方遗产、志愿服务和地方决策的重要性，努力保护文化传统和非物质文化遗产，譬如语言。景观、环境和生物多样性被认为与历史建筑一样重要，工业遗产与教堂一样受到关注。

遗产彩票基金会尽管无法摆脱文书工作的偏好，但也改变了运作方式，建立了一种地区性结构，将重大决策权交给地方委员会和办事处。预留年度预算的一半用于100万英镑以下的项目——后来提高到200万英镑——这是由地区委员会决定的。2002年，为了确保全国都得到服务，遗产彩票基金会进行了一次“冷点”审查，排查哪些地方还没有得到资助。截至2008年，英国每个地方政府都至少得到一笔赠款；约40%的资金流向了25%的最贫困的地方政府。[33] 1994—2010年间，遗产彩票基金会奖励价值45.1亿英镑，进一步吸引了33亿英镑的合作伙伴资金。

文化、媒体和体育部在2006年对英格兰遗产委员会的审查中指出：“尽管还有很长的路要走，但英格兰遗产委员会已经开始打消将 81
遗产视为由文化上相似的机构提供服务的一个‘白人上层阶级’领域

的想法。”[34]遗产彩票基金会已经取得的成就远不止于此，但“多样性”问题仍然是整个文化领域的一个挑战。英国的“少数族群”人口在1999—2001年之间增长了48%，占整个人口的9%以上——其中许多人不成比例地面临失业，并且生活在贫困地区。社会排斥是一个因白人和非白人身份的核心文化差异而加剧的现实。

解决歧视问题不单纯是一个仁爱问题；这是一项法律规定的义务。2000年种族关系（修正）案［Race Relations（Amendment）Act］赋予文化、媒体和体育部、艺术委员会、博物馆图书馆和档案馆委员会等61个文化机构一项促进种族平等的义务。1995年和2005年的立法对基于失能人士的歧视做了规定，直到2006年和2010年颁布的平等法案（Equality Acts）试图通过共同立法来反对一切形式的歧视，并且成立了平等和人权委员会。

与更广泛的包容与排斥的辩证关系相同，关于差异的问题被认为只是一个问题。就像文化史学家保罗·吉尔罗伊（Paul Gilroy）在其关于种族政治的论著《杰克联盟里没有黑人》（*There Ain't No Black in the Union Jack*）中所写的那样，黑人群体的这种构成将他们定义为“永远的受害者，是对象而不是主体，是仍缺乏思维能力的感觉性生物，而且在主动模式下仍然无法做出经过考虑的行为”。[35]语言本身造成了差异，并且歧视的转换路径可以通过不断变化的用以解决歧视问题的术语加以追踪。自20世纪70年代以来，“black”（黑色）成为一个用来表明全球团结的通用术语，这个词已经衍生出各种变体和派生词：“英国黑人”（Black-British）、“加勒比非洲人”（Afro-Carribbean）、“亚裔英国人”（British-Asian）、“黑人和少数族群”（Black and Minority Ethnic，BME）、“亚洲人”（Asian）——所有这一切其实意味着“不是白人”——等词汇将其描述的群体分裂开的同时，也强调了他们与主流社会的差异。到了1998年，艺术委员会将黑色艺术定义为“非洲、加勒比、亚洲和中国艺术”，中国人迟迟没有获得独立认可。艺术委员会委托撰写的历年报告标题中提出的“多样性”主张，从1989年的《走向文化多样性》(*Towards Cultural Diversity*) 到2010年的《超越文化多样性》（*Beyond Cultural Diversity*)，都讲述了各自的故事。 82

正如艺术委员会2006年的报告《驶出差异》（*Navigating Difference*）警告的那样：“你使用的任何词语都可能被误解。”文化多样性的明确定义的缺失“导致这个术语被不准确地用来指‘种族多样性’和相反意义的‘文化独特性’”。[36]文化独特性会被误以为是自我排斥的。尽管不一定涉及“主流”艺术活动，但许多少数族群对特定的艺术形式有着浓厚的兴趣，其中有些艺术形式不被当作艺术对待，而是作为宗教或习俗的重要表达形式，诸如舞蹈被当作传统传给下一代。然而，以为世代都将持有相同观点的想法是错误的，不同代人可能产生代际异化和跨文化异化。

毋庸置疑，少数族群对那些反映自身经历的艺术是感兴趣的，但2004年格普利特·考尔·布哈蒂（Gurpreet Kaur Bhatti）在伯明翰轮演剧院表演的戏剧《羞辱》（*Behzti*）引起了锡克族社群部分人的反感，一群愤怒的人叫停了该剧的演出，而剧院原本以为人们会接受这部剧。长期存在的问题之一在于，关注焦点是应该围绕作品的多元化还是观众的多元化：譬如，将“亚洲”剧院的受众定位于“亚裔”观众就属于自我限制。

1976年，艺术委员会正式承认其对于“少数族群”的责任。“民族”一词意图取代含义不完整的并且极具政治敏感的叙词“黑色”，但是这一用词本身又带来了对异域和民俗泛泛而谈的问题。这个词的使用可以追溯到纳西姆·卡恩（Naseem Khan）研究竞选的著作《英国忽略的艺术》(*The Arts Britain Ignores*)。重要的是，卡恩将巴尔干和东欧的艺术形式包含在了被忽略的艺术中，但实际上“少数族群”成了一个涉及种族时的委婉语。

尽管少数族群艺术家现在已经能够获取艺术委员会的资金，但他们发现艺术委员会将他们的所有活动都与社区艺术捆绑在一起，而没有认识到他们在践行独特的艺术形式。正如卡恩解释的那样，“这就是认定‘少数族群艺术’只属于它们起源的那个社群，而不具有任何
83 更广泛的意义”。[37]决定将少数族群代表视为社群艺术家而不直接视为艺术家，将他们置于二等身份的境地，是帮助他们逃脱其自身制度定义的贫民窟的多元化政策继续失败的一个原因。

正如“民族”一词不再有用，“多元文化主义”(multiculturalism)也不再受欢迎。20 世纪 80 年代多元文化主义出现时，它被视为促进尊重差异、机会平等以及文化表达和良知自由共同原则的一种方式——但是它逐渐被理解为保留独立而非共享的价值观。杂志《第三文本》(*Third Text*)的创始人、巴基斯坦出生的拉希德·阿兰恩(Rasheed Araeen)等艺术家认为，他们对主流现代主义的贡献正逐渐被忽略：“黑色艺术家一直是隐形的，或者属于这个社会的边缘人。而现在我们被要求在多元文化主义的伪装下接受这种边缘化。”[38]

“民族”意味着脱离以及被主流机会封锁，为少数族群艺术家设立一项不同的资金，主流群体便认为自己可以免责。2001 年，曾建议政府正式宣布英国是“一个多民族的社会”[39]的帕雷赫报告——《多民族英国的未来》发布一年后，布拉德福德、伯恩利和奥德姆等地发生的骚乱将少数社群选择独立居住的现实戏剧化地表现了出来。

为了摆脱“多元文化主义”的语言陷阱，艺术委员会视觉艺术部试图推广一个不同的术语，“新国际主义”，并着手创建一个机构来体

现它，这个机构就是1992年成立的新国际视觉艺术协会（Institute of New International Visual Arts，INIVA）。机构成立的初衷是避免因缺乏各自空间而导致的制度化种族隔离陷阱。协会的名称已经暗示了“新”这个字，截至1997年，新国际视觉艺术协会成为视觉艺术部资助的最大单一机构，在全国各地举办了一系列展览，并组织了各种出版项目和辩论活动。然而，当彩票资金到位之后，政策发生了扭转，新国际视觉艺术协会决定在肖尔迪奇区与黑人摄影师协会Autograph共建一座新建筑，该建筑耗资590万英镑，于2007年向公众开放。机构的批评者认为，这根本就是用砖头和灰浆设置文化隔离。[40] 84

1989年，“民族”这个词的衰竭被认识到了，当时艺术委员会的少数族群监测委员会发布了报告《走向文化多样性》，从此文化多样性开始接替“民族”这一表达。民族监测委员会被一个“艺术访问小组”（Arts Access Unit）取代，以覆盖所有“边缘化区域”，包括所有妇女。这个小组之后也被解散，问题搁置下来，一直到1996年艺术委员会任命了种族平等智库——兰尼米德信托基金（Runnymede Trust）的一名前理事尤沙·普拉夏（Usha Prashar）。文化多样性小组（Cultural Diversity Unit）得以成立，小组对各部门扶持少数族群艺术家的方式进行监督，并支持多样性被隔离地区的官员的工作。

这个小组认识到多样性不仅是单个艺术家的问题，而是一个制度问题，需要对策展人和管理人员进行资助。帕雷赫报告披露，第一笔分配给艺术领域的20亿英镑彩票资金，只有0.2%分配给了黑人艺术家和亚裔艺术家，[41]艺术委员会或许为这一数据感到羞愧，它在第二期资本计划中为黑人和亚裔艺术家项目分配了2,900万英镑的专项资金。

尽管艺术委员会不间断地召开会议，制定政策和报告，但并不是所有项目都蓬勃发展。曼彻斯特的尼亚文化中心于 2000 年关闭。伯明翰的鼓艺术中心经营困难。塔拉瓦剧院试图在伦敦威斯敏斯特剧院被拆除的地方建造首个专门的黑色剧院，结果差点导致公司在 2005 年倒闭。2009 年，艺术委员会的《剧院评估报告》承认："黑人、少数族群以及失能者背景的艺术从业者的主要障碍尚未打破。"[42]

最著名的案例是位于伦敦东区陶威尔哈姆雷茨的富合文化中心（Rich Mix）。陶威尔哈姆雷茨毗邻伦敦金融城，曾经是并且现在仍然是英国最贫困的行政区之一，在这里以孟加拉裔为主的杂居移民人口与在时尚的东伦敦区寻找发展空间的艺术家、创意产业和金融服务企
85 业比邻而居。富合文化中心遭遇了期望用文化多样性来解决的种族、宗教、政治和文化方面的一切压力。具有象征意味的是，文化中心于 2006 年开业的电影院放映的第一部电影是《碟中谍 3》（*Mission Impossible III*）。

20 世纪 90 年代初，富合文化中心原本作为对白人主导的主流群体的一次挑战，被设计成一个多元文化中心，将继续关注由已经废除的大伦敦议会强调的参与和社区艺术——尽管这立刻引发了该地区几个相互竞争的社区中哪个社区应当参与的问题。围绕这个问题，振兴这一修辞得以提出，并且在 1996 年吸引了来自当地"城市边缘振兴局"的资金。该项目开始被重新绘制成一个创意产业计划，旨在为技术不足的人口带来就业机会。

2000 年，现任伦敦市长的肯·利文斯通将伦敦发展署最大的资助款拨给了这个计划，千年委员会也给予了资助，人们对这项计划的期望变得更高了。新工党的瓦希德·阿利勋爵担任主席之后，社区计划成为了一个有威望的项目。2002 年，这座由旧油漆工厂改造的建筑耗

资 1,700 万英镑；到 2006 年，改造成本已经升至 2,700 万英镑。

2004 年任命享有国际声誉的游行和嘉年华设计师、“景观大师”凯斯·卡恩（Keith Khan）为负责人，这在当时看起来是个不错的选择。但政治是极端讨厌的，卡恩无法克服项目拖延的问题。他于 2007 年辞职，被一个问题解决者取代，此人成功建立起一栋综合性文化中心，中心内部拥有两家电影院、演出和展览空间以及创意产业商业租赁，于 2008 年全部开业。但文化中心的客流量并不乐观，除了艺术委员会自 2000 年起投入的 390 万英镑资助金外，陶威尔哈姆雷茨在 2010 年又不得不额外投入 250 万英镑。富合文化中心已经成为对文化机构种族排他性的一种回应，但是它的艺术家们不得不回到艺术委员会，以重新赢得自己的信誉和机构的信誉。

*　*　*

2003 年，艺术委员会年宣布将多样性作为五大核心目标之一。为 86
了响应 2002 年生效的种族关系（修正）案，委员会赋予所有常规性受资助机构一项义务，要求它们制定“文化多样性行动计划”，这意味着如果计划不够充分，这些机构将会受到制裁。尴尬的是，2001 年未能成为希望中的“多样性之年”，2003 年，委员会又启动了一项 500 万英镑的计划来帮助黑人艺术家和策展人。令其感到不舒服的是，文化、媒体和体育部的审查报告指出，艺术委员会的工作人员认为委员会并没有以身作则：“特别是高层工作人员缺乏多样性。”[43] 因此委员会设定了一个指标，要求高级职员中应当有 15% 来自黑人和少数族群背景。

“文化多样性”在试图解决统一与差异的紧张关系的压力下成为

下一个几近瓦解的术语。在艺术委员会一份副标题仍然使用了这一术语的文件《驶出差异：文化多样性与观众发展》中，委员会多样性事务负责人宣布，委员会将放弃“文化”这一前缀：“‘文化多样性’这个词语在艺术之外并没有被广泛使用，它在艺术领域的流行反而妨碍了对多样性基本原则得以建立的平台有一个更加成熟的理解。”[44]多样性平台即将变得更加拥挤。尽管如此，在不忽视种族、失能和社会融合的情况下，艺术委员会还将“在年龄、阶层、信仰、性别和性取向等问题上开展更多与艺术有关的工作；与难民和寻求庇护者一起工作；同时回应诸如城市振兴、反贫困倡议以及整个农村议程等围绕社区发展的问题”。[45]

社会包容一旦被视为艺术委员会新的出发点，就成为一个核心关切。可能是因为担心会漏掉某一部分群体，多样性小组转而对多样性政策文件《第三文本》展开长期批评，并提出“重构”多样性和平等政策的各种途径。小组给出的答案就是《超越文化多样性》，文件认为，多样性这一术语是“一个无意义的重言式表达”，它逐渐“取代其失败的前身——文化多元主义，并正在证明自己是一个更加棘手的绊脚石”。[46]

87 艺术委员会的回应是另一份文件——《什么是多样性的创意案例?》。这份报告发表于 2011 年 9 月，其积极情绪强烈，但细节较弱。报告承诺要重新定位，“使艺术回到讨论的中心”。[47]在这种情况下，“艺术”似乎成为讨论“品质”的一种方式——这个词曾被极为频繁地用于排除非白人艺术家。为了实现报告提出的这一政策，艺术委员会鼓励领导能力，放弃配额和其他积极歧视的形式，同时要求所有接受艺术委员会定期资助的机构有义务按照 2013 年 4 月前必须到位的新的“平等计划”和“行动计划”解决多样性问题。

政策的实施未能将少数族群艺术家融入主流艺术家群体，也未能吸引少数族群观众。2001 年，艺术委员会与文化、媒体和体育部达成一项《公共服务协议》，目标是将“优先”群体——失能者、被社会排斥者以及黑人和少数族群——每年至少参与两次艺术活动的人数提升两个百分点；同时将每年至少参加两次艺术事件的人数提升三个百分点。2007 年，艺术委员会少数族群监测委员会（ACE）的报告称，它未能实现这个不算太高的目标。据统计，自 2001 年以来，整体参与程度并没有发生显著变化，黑人和少数族群的参与人数甚至出现了下降。[48] 2005 年至 2008 年针对优先群体设立的新目标是，将一年至少参加两次艺术活动的人数提升两个百分点，将一年至少参加两次艺术事件的人数提升三个百分点。

项目周期结束时，唯一没有失败的一项是黑人和少数族群观众在 2008 年刚好达到目标数字。[49]文化、媒体和体育部 2009 年的年度报告承认，仅“部分达到”优先群体观众和参与者的目标。[50]2008 年之后，设定目标的体系发生了变化，如此明显具有羞辱性的证据从文化、媒体和体育部以及艺术委员会的年度报告中消失了——尽管《参与》调查建立于 2005 年，但仍继续跟踪总体观众人数。2012—2013 年度的《参与》调查报告显示，自 2005 年以来，黑人和少数族群艺术参与艺术活动的情况并没有发生显著变化。

2012 年，黑人和少数族群机构占艺术委员会常规资助机构总数的 88
8%。但是，这些机构获得的 1,000 万英镑资助金额仅占总拨款金额的 3%。有关缺少“品质”或专业训练薄弱的观点一直被用来否认少数族群背景艺术家的参与，使之无法得到资助，从而丧失对获得资助的信任，导致他们试图完全独立于资助体系。被排斥，但不是自我排斥，他们没有别的选择。对于一直作为语言学定义和重新定义的被观察对象的个人来说，矛盾仍然没有解决。承认他们的少数族群成员身份似乎无法使他们获得艺术家的身份认同。

包括阿克拉姆·卡恩（Akram Khan）、史蒂夫·麦奎因（Steve McQueen）、克里斯·奥菲利（Chris Ofili）、尹卡·肖尼巴尔（Yinka Shonibare）和安尼什·卡普尔（Anish Kapoor）在内的许多艺术家的作品质量已经使他们在保持个人风格的同时，超越了种族标签的局限。“多样性”最终不是一个“关切问题”，而是一种资源，真正的问题出在别的地方。艺术委员会负责多样性的官员之一哈桑·马哈姆达列（Hasan Mahamdallie）曾经说过：“多样性本身就存在，不必被创造。问题在于一个多元化社会中的不平等现象。”[51]保罗·吉尔罗伊（Paul Gilroy）曾提出，为了挑战他所谓的种族“物化”（reification）——某些相关政策无意实现的东西——，需要一种新的“友爱氛围”（conviviality）原则：“我用这个原则来指共居和互动的过程，这个过程使多元文化成为英国城市地区和所有后殖民地城市社会生活的一个普通特征。我希望对友爱氛围的关注将自“多元文化主义”溃败之处开始快速发展。”[52]

扎迪·史密斯（Zadie Smith）的第一部小说《白色牙齿》（*White Teeth*，2000）中，喜剧性的种族互动喻示了吉尔罗伊正在唤起的那种友爱氛围，她的第二部“伦敦”小说《NW》（2012）则揭露了一个连字符构成的存在可能带来的双重身份的压力。

显然，艺术委员会认真对待了文化、媒体和体育部在政策行动第十支队报告中下达的禁令，即“意识到通过维护文化多样性和利用艺术来对抗社会排斥并促进社区发展是其基本政策目标之一”。[53]但问题在于新工党也推崇的“创意”能够在多大程度上服从于社会和经济目的。在一个出了名的实例中，政策行动第十支队又为公共艺术政策妖魔化添了一笔，加入穹顶项目丑闻的队伍。让千疮百孔的西布罗姆维奇成为公众之家艺术中心——欧洲最大的社区艺术大厦，也是艺术委员会彩票基金建设项目中最昂贵的失败之作——的过程表明，政府的政策要求大过良好意义可以到什么程度。 89

与富合文化中心不同的是，这个项目在这个地区具有长期根基，银禧艺术团（Jubilee Arts）于 1974 年开始作为一个社区戏剧团体出现，在一辆双层巴士上展开演出。1987 年，这辆巴士的前司机、魅力十足的西尔维亚·金（Sylvia King）接任剧团负责人，将团体扩展到包括多媒体项目在内的新领域。他们在艾滋病方面的工作为弗朗索瓦·马塔拉索的《利用还是装饰?》一书提供了案例研究，金之后还参与了政策行动第十支队“最佳实践小组”的工作。

得益于国家彩票基金，银禧艺术团作为西布罗姆维奇 2.5 亿英镑振兴计划的一部分，提出要建设一座综合用途的建筑，将商业区、剧院和展览空间、餐饮以及贯穿整个建筑的一家高科技“互动式”画廊融合在一起。因设计了佩克汉姆图书馆而赢得斯特林建筑奖的激进建筑师威尔·阿尔索普（Will Alsop）被任命为该建筑的设计师，并以 1,750 万英镑的价格竞得艺术委员会彩票小组的招标。一座“标志性”建筑将解决西布罗姆维奇生活结构的深层问题。

该项目在基础上就不牢靠。根据艺术委员会随后的调查，彩票小组“曾建议拒绝项目的资助请求，理由是不合理的成本计划和可能的成本超支、高昂的合伙经费、不灵活的设计、可能不足的营业收入以及有待提升的管理能力”。[54]

艺术委员会无视这些明确的警告，仍然启动了项目，桑德韦尔大
90 都市区委员会、地域发展代理优势西米德兰兹和欧洲社区区域发展基金都成了资助方。施工直到 2003 年才开始，当时的预计成本已经从 3, 500 万英镑升至 4, 380 万英镑。

2009 年 3 月，公众之家艺术中心终于全面开放，建设成本增加到了 5, 260 万英镑。艺术委员会已经支付了 2, 880 万英镑，又额外提供了 410 万英镑的收入补助。2004 年，部分由于其他原因，阿尔索普破产并被解雇；2006 年，西尔维亚·金领导的项目运营公司也进入政府管理，她和团队被解雇。已经获得巨额投入的项目被地方政府接管。在 2008 年部分开放之后——在没有互动技术，该技术没有发挥作用的情况下——，2009 年，公共之家财务管理中一个 300 万英镑的漏洞被发现，第二家运营机构也被政府接管。

艺术委员会拒绝进一步资助，但给了地方当局最后一笔 300 万英镑的资金。就算不打算偿还欧洲区域发展基金 800 万英镑的资助，桑德韦尔大都市区预计也要使公众之家维持运营 20 年，此外，一个新的桑德韦尔艺术信托基金成立，又从艺术委员会少数民族监测委员会获得了一笔 60 万英镑的资助。参观人数从 2010 年的 9 万人增加到 2012 年的 38 万人，但艺术委员会每周要花费 3 万英镑来维持运营。2013 年 11 月，公众之家关闭转为一所预料学校。

根据艺术委员会随后报告的作者、艺术委员会前财务总监安东尼·布莱克斯托克（Anthony Blackstock）的说法，“艺术委员会内部曾有一股非常强大甚至不可阻挡的势力要完成这个项目”。[55]但是，尽管知道对于这座不合用途的建筑没有可行的商业计划，艺术委员会董事会成员还是忽视了他们的顾问，没有挑战首席执行官彼得·休伊特（Peter Hewitt）领导的员工的意见，这是什么原因呢？答案在于，艺术

委员会需要表明自己愿意达成新工党的政策目标。布莱克斯托克引用政策行动第十支队的报告并评论说，艺术委员会“好高骛远，以致无法实现政府当前的社会议程”。[56]

布莱克斯托克的报告给了政府一个重要信息。艺术委员会的章程 91
“限制了它用资助去创造艺术和艺术享受。这可以实现更广泛的社会和经济目标，却无法成为主要目标。”[57]马塔拉索在《利用还是装饰?》中发出警告，艺术“正在被当成社会政策大师的债役劳工贩卖”。[58]公众之家证明他是正确的。

第四章　变形虫及其后代 93

太多的人参与了太多没有后续行动的非决定性会议。

英格兰艺术委员会，《为了艺术一起工作》

（*Working Together for the Arts*，2001）

内阁秘书理查德·威尔逊爵士决定，各个政府部门必须进行同行评审，将其纳入1999年的“政府现代化”规划。这种评审的实施办法是由一组高级同事收集证据并组织约谈，评估一个机构是否正在有效运行，确定其达成目标的进度，并提出改进建议。同行评审成为政府管理备选工具的一部分，后来由威尔逊的继任者格斯·奥唐纳爵士（Sir Gus O'Donnell）转变为“能力评审”。《公共服务协议》为部委确定了一个指导方针以及衡量进展的具体目标，而同行评审是一种更加法医式的调查，它能够揭示组织内部的弱点和对抗，并为那些与之一起工作的人创造表达不满的机会。

对文化、媒体和体育部及其两个重要的文化机构——博物馆图书馆和档案馆委员会和艺术委员会——进行的同行评审暴露了存在的严重缺陷。将更多资源引入艺术领域是不够的：管理艺术的机构还必须 94
符合目的。

文化、媒体和体育部是第一个被同行评审的政府部门。2000年5月，一个由公务员和经验丰富的外部人员组成的七人团队下到文化、媒体和体育部位于考克斯珀街的光鲜的四层楼面的办公室，待了一周时间。评审团交出一份长达43页的内部报告，报告一直保密，直到2010年才根据信息自由法予以公布。评审工作由税务局局长尼古拉斯·蒙塔古爵士（Sir Nicholas Montagu）主持。蒙塔古显然很有幽默感。这份报告的标题是《淡黄色变形虫》：

> 我们在工作场所（与工作人员一起）和一些访谈中提出的问题包括："如果文化、媒体和体育部是一种颜色/动物/形状，它会是什么？数量惊人的答复说颜色是淡黄色，无论动物还是形状都是变形虫。与黄色相关的传统心理学关联——生机、创造力、热情——是不错的，只是淡黄色的"淡"令人担忧。[1]

虽然报告对部门的言辞温和而不失分量，虽然它理解文化国务大臣克里斯·史密斯的愿景，但上述这番无定形和病态的淡色的关联，并不是为了增加评审结论中认为的文化、媒体和体育部所缺乏的自信心。

报告的主要焦点在于臂长原则如何运作，以及与文化、媒体和体育部的资助机构之间的关系可以如何改善。评审结果显示，情况糟糕得不能再糟糕：几位证人谈到了"家长－子女式关系"和"唠叨管理"。[2]部门花费了太多时间来决定非部门公共委员会的700多份任命，并收集了太多不必要的统计资料，过分强调项目阶段和具体目标。臂长机构的过度管理方式并不能产生效果：

> 文化、媒体和体育部没有非常强大而到位的制度来解决非部门公共机构运转不良的问题。绩效在很大程度上是根据资助协议中设定的硬性结果来衡量的，但这样的硬性结果数量庞大，并且在文化、媒体和体育部这个大家庭中并不一致。除了这些机械衡量指标（广泛认同的微观管理文化起了一定作用），几乎没有透明化的绩效评估。危险在于，目前的评估是在模糊印象（最坏的情况下，是八卦）的基础上形成的。[3] 95

存在两个层面的功能障碍：尽管新公共管理原则逐渐导致了文化、媒体和体育部与非部门公共机构之间不清晰且有时紧张的关系，但这些原则并没有得到恰当运用；目标驱动文化没有产生任何有用的信息。部门似乎也没有很好地工作。同行评审发现了一种“筒仓心态”（silo mentality），这种心态将部长们与部门管委会高层分开，将管委会与其他工作人员分开，也将部门与应当合作的机构分开。[4]

因此，这种本应传递现代文化政策的管理主义乌托邦的工具，最终呈现出的样子是淡色的、无定形的，并像变形虫的名字一样身不由己地不断分裂。文化、媒体和体育部的缺陷对于视其为衣食父母的机构而言具有重大影响。从理论上讲，政府的政策必须根据臂长原则去执行，但正如类似情况所显示的那样，2004 年对博物馆图书馆和档案馆委员会的评审，以及 2005 年对艺术委员会的评审表明，文化、媒体和体育部所采用的制度性工具并不能运作得更好。

1997 年，艺术委员会开始被质疑存在的目的是什么。资深艺术记者西蒙·泰特（Simon Tait）写道：“艺术委员会正在自由落体……它过于官僚化、不专注、令人费解，在收入和资本筹集方面责任不清晰，受困于日益萎缩的补贴，疲惫不堪。”[5]剧作家大卫·黑尔（David Hare）将委员会描述为一种“僵化的尴尬存在，充斥着自身的官僚主
96 义，让那些贫穷且不走运的剧院对它的管理文化产生了恐惧，它们不得不把更多的时间花在填写表格和筹集资金的愚蠢行为上，而不是把实实在在的戏剧作品搬上舞台”。[6]

艺术委员会主席戈里爵士（Lord Gowrie）1998 年不愉快的离任，成为一个重新开始的机会。第一次，这一职位得到广泛宣传，猎头参与其中，并且整个流程遵循 1995 年推行的“诺兰规则”，减少了任人唯亲，提升了公职任命的透明度。尽管如此，职位任命还是落在了布莱尔商圈成员格里·鲁宾逊身上。鲁宾逊和戈里两人恰好都是爱尔兰人，但鲁宾逊是木匠的儿子，出身与诗人和世袭贵族戈里不可同日而语。鲁宾逊是一名特许会计师，通过收购大都会集团的合同餐饮业发家，并且继续收购了格拉纳达电视广播公司，该电视广播公司接着又兼并了伦敦周末电视台，从而在实际上结束了英国独立电视网络旧有的地区结构——这也是他将在艺术委员会重复的一次演习。新工党对于管理现代化的承诺，在一位高速公路服务经理取代一位贵族诗人的过程中得到了完美表达。

尽管艺术爱好者得知鲁宾逊爱好画画时可能有所安慰，但鲁宾逊是一个无情的成本削减者。2003 年，他制作了一部电视连续剧，叫作《我会告诉他们谁是老板》（*I'll Show Them Who's Boss*）。在艺术委员会他需要的是：“当我来到这里的时候，我在大楼里听到的最令人激动的声音是电梯里自动化的声音。”[7]他认为，“艺术委员会一片混乱，政府想把它理清楚”。[8] 1998 年 1 月得到任命之后，鲁宾逊的第一个行动就是确保曾负责北方艺术的彼得·休伊特（Peter Hewitt）担任首席执行官。休伊特在过去五年里一直在提兹卫生局担任公司事务主任，磨

炼官僚技能，并相应地形成了自己的表达方式。艺术委员会是“一个让人非常不舒服的机构”。[9]

鲁宾逊决心让艺术委员会像企业一样运营，他把自己和休伊特描绘成两个屠宰多头怪物的杀手：“我和彼得发现，一种卡夫卡式的官
僚作风正在渗透从政府艺术委员会到地区艺术委员会的整个体制。这 97
种官僚作风沉迷于过度管控，缺乏针对目的或结果的数据采集，充斥着各种荒谬的绩效指标和重点偏离了艺术本身的资助计划。”[10]

但事实证明，这个怪物很难杀死。尽管鲁宾逊将无偿理事会成员减少到了 10 人，并承诺将位于大彼得街的办公室的员工从 322 名缩减到 150 名，每年节省 200 万英镑运营成本，但这一点被证明更难实现。正如少数族群监测委员会也发现的那样，伦敦的中央行动可能会受到地区文化迟钝的阻碍。

在英格兰，艺术委员会的“全国性”职权范围使它忐忑不安地承担了 10 个地区艺术委员会，包括伦敦委员会的责任。这些地区委员会水平各异，每个地方都有不同的做法。因此，全国共有超过 100 个不同的资助计划处于运作，许多机构同时得到艺术委员会和当地地区艺术委员会的资助。但即使艺术委员会将地区艺术委员会核心收入的 97. 3% 留给它们，强烈的地方认同感也使它们本能地怀疑伦敦。地区艺术委员会也是地方政府的合作伙伴，双方共同维护整个体制所依赖的当地文化设施。然而，在彼得 · 休伊特看来，这个体制导致了“职能重复，政策不一致，程序复杂。政策的两极化使地区只关心社会背景下的艺术，国家则只关心艺术的卓越性。内部运作存在争议，预算流程僵化。”[11]

鲁宾逊和休伊特最初的解决办法是将所有 7 所“全国性”艺术机构以及巡回宣传的责任转交给地区艺术委员会。但这种明显的中央权

力下放并没有带来预期的成本节约。由于职责增加，地区艺术委员会创造出与艺术委员会所裁职位同等数量的职位。对2000—2001年度账目的外部分析表明，自1998—1999年以来，总部工作人员的人数确实已经下降到200人，但裁员费用为140万英镑，招聘机构工作人员的
98 费用为500万英镑。同时，地区艺术委员会工作人员总数增长到了451人，净减少11人。与此同时，位于大彼得街的艺术委员会办公室的工作人员工资上涨了55%，并且对地区薪酬产生连锁效应，使整个系统的工资上涨了26%。彼得·休伊特的薪水，不包括退休金，从1998年的7.85万英镑上涨到2001年的14.1万英镑——但这仍然低于艺术委员会新掌门人金·埃文斯的薪水，他于1999年从英国广播公司加入时的年薪是14.5万英镑。[12]

由于综合系统的总运营成本从在1997—1998年度的3,100万英镑升至2000—2001年度的3,600万英镑，鲁宾逊转变了他的立场。通过废除地区艺术委员会，他现在每年可以节省800万至1,000万英镑：分散将被集中化取代。这是一个简单的师法企业的主张。国家艺术委员会与地区艺术委员会将变成一个单一机构，恢复到20世纪40年代和50年代初曾经存在的模式。唯一的问题是，地区艺术委员会在2001年3月14日之前对此一无所知，14日当天，10位主席和理事被鲁宾逊告知，要在4月30日之前将他们的员工、资产和债务转移到国家艺术委员会。鲁宾逊告诉他们这是不容商榷的，并且他从克里斯·史密斯那里得到了一份支持他的书信。在温和的艺术行政管理系统内，这种做法感觉像是一次敌意性的收购，甚至是政变。五天后，文化、媒体和体育部宣布对鲁宾逊艺术委员会主席的任命延长至2004年。

但鲁宾逊并没有体谅地区艺术委员会的机构自尊或者地方主义的主张。地区艺术委员会是自治慈善机构，与文化、媒体和体育部没有

直接联系。鲁宾逊的鲁莽行动违反了内阁办公室关于公共部门工作人员转移的规定，也违反了程序磋商规范，因为压根就没有磋商过。分发下去的要求移交的文件《新英格兰艺术委员会：改革大纲》（*The New Arts Council of England*：*A Prospectus for Change*），地区艺术委员会拒绝执行。

令人惊讶的是，鲁宾逊和休伊特认为他们可以应付这种情况。毕竟，休伊特曾担任过最自信的地区艺术委员会之一的负责人。如今，在没有任何通知的情况下，地区艺术委员会就被告知要关闭。它们将被“各种顾问机构，包括强大的地区顾问委员会”取代，但全国艺术 99
委员会成员包括主席在内继续只有 10 个人，还包括“相当多的艺术家”，同时伦敦将掌握最终话语权。[13]

地方的这种沉默甚至令克里斯·史密斯也感到震惊，他的支持显得比鲁宾逊的主张更加模棱两可。史密斯在给鲁宾逊的第二封信中重申了他的愿望，即地区参与应当是诚挚的，并提醒说地区理事可能成为中心的代表而不是他们地区的代言人。以前，这些人是独立的首席执行官，要向当地的委员会汇报，但现在他们将向国家艺术委员会的首席执行官汇报。为了与政府区域发展机构确定的地区相匹配，区域数量也将减少到 9 个，东南部和西南部办事处之间的地区被划分到南部艺术委员会所辖区域。

面对愤怒而坚决的反对，鲁宾逊不得不放弃截至 2001 年 4 月 30 日为期 6 周的最后期限，一场漫长的谈判开始了。信心动摇的休伊特被派往各地区进行忏悔朝圣，当地工作人员用敌意迎接了他。但事实就像鲁宾逊在 2000 年 5 月的一次地区艺术委员会主席会议上直言不讳地解释的那样，如果他们不同意建立一个单一的系统，国家艺术委员会就会直接停止对他们的资助。鲁宾逊和休伊特未能伏击地区艺术委员会，两人只得聘请了一个由老谋深算的艺术委员会前副理事理查德·普尔福德（Richard Pulford）领导的顾问团队。普尔福德具备他们二人所缺少的必要的政治劝说技巧。10 页《改革大纲》改头换面，变成一份新的公文，这就是经历了一系列幕后交涉于 7 月份发布的长达 34 页的《为了艺术一起工作》。这份公文的标题表明，鲁宾逊和休伊特已被迫采取了一种更加合作的方式。

舆论一片反对之声。针对《大纲》的 1, 120 份回复中，负面回复与正面回复的数量比为 10：1。艺术机构对这份修改版提案的反对和支持意见的比率接近 3：1。伦敦艺术委员会理事苏·罗伯逊（Sue Ro-
100 bertson）在抗议过程中辞职，他将当时的氛围比作《哈姆雷特》中令人厌恶的世界："一个充满权术、结构和等级的小而狭隘的世界。一个事物失去原本面目且语言已失去意义的世界。在这里，新即是旧，节省即是成本，咨询意味着想法被捏造。"[14]

然而，《为了艺术一起工作》已经做出了巨大让步。根据最初的建议，艺术从业人员、地方政府各部门和其他志愿者等有关方面只起到顾问的作用。现在地区艺术委员会——相当于以前的地区艺术理事会——在地区政策上将拥有强有力的发言权，各委员会的主席将全部成为国家艺术委员会成员。鲁宾逊首选的决策单位——不超过 10 人——不得不扩展到 15 人，此外，地区委员会现在成为全国委员会的多数席位。

地区委员会理事也将加入国家行动的高级管理层，同时控制所在地区的一切活动，甚至连巡回宣传都不再是中央政府的责任。尽管对已经实现的方式仍然存有很大的不满，但是到 2002 年 3 月，所有地区艺术委员会都接受创建一个单一机构的提议，并且在 4 月——比鲁宾逊要求的时间晚了一年——开始转移它们的员工和资产。

重组费用为750万英镑。自2003—2004年度起计划每年的节省经费在800万到1,000万英镑之间，后来这个金额变成了较为温和的560万英镑，预计2005—2006年度将升至670万英镑。但这些数字受到质疑。总部员工数量并没有下降到80人左右，截至2004年4月，总部员工人数反而增至226人，全部职员数量升至707人。尽管艺术委员会的职员工资与公务员工资一致，但地区艺术委员会职员的工资比照了（较低的）地方政府雇员的工资水平——他们现在要求全国同酬。自1997年以来，工作人员薪金总体上涨了66%，包括彼得·休伊特93%的涨幅。

在一年多的时间里，地区艺术委员会和国家艺术委员会的全体工作人员几乎把精力全部放在内部事务而不是艺术事务，一番周折之后，鲁宾逊终于实现了创建单一机构的目标，标志就是将115项资助计划 101
减到了5项。他也终于摆脱了那些一直让他反感的无报酬的艺术形式顾问小组。但地区艺术委员会有权继续批准其所在地区的预算和其他资助决定，并且在国家委员会占多数席位。由伦敦发起的敌意收购最终成为各地区的反向并购——正如后来事实证明的那样，这种并购导致中央比以往任何时候都要弱势。但到那时，鲁宾逊已经离任了。

“新”艺术委员会于2003年4月正式开始办公。为了庆祝新的身份，英格兰艺术委员会决定采用一个新的名字，并聘请设计团队创建一个新的标志。“the”和“of”这两个字被去掉，新的名字“Arts Council England”——通常被讽刺地称为ACE——被放在一个圆圈内。删除这两个字的成本是7万英镑。格里·鲁宾逊的继任者、克里斯托弗·福雷林主席，喜欢将新的圆形设计比作“咖啡杯留下的污点”。[15]

艺术资助体系的所有复杂性加在一起，与博物馆部门相比都算简单的。我们甚至说不出英国有多少家博物馆，尽管乐观估计是 2,500 家，但其中大约一半的访问人数每年不到 1 万人。这里是一幅国家和地方机构用权力编织了 200 多年的精致织锦。“国家级”博物馆被定义为那些由政府直接资助的博物馆，其中 12 家由文化、媒体和体育部资助，6 家由国防部提供资助，国防部还资助另外 40 家军团博物馆。13 家大学博物馆通过大学资助机构——艺术与人文研究委员会获得资助。

由文化、媒体和体育部直接资助的博物馆严守自己非部门公共机构的身份，这一身份给了馆长直通政府部长的路径，但他们也通过国家博物馆馆长会议（National Museum Directors' Conference，NMDC）进行合作。这个会议可能是一个强大的游说工具。2001 年 1 月，在与克里斯·史密斯的较量中，会议赢得了一个小但重要的胜利，史密斯被
102 迫撤回了一个提案，这一提案的内容是，在博物馆馆长尚未由首相任命的情况下，国家博物馆应该就馆长任命人选向文化、媒体和体育部进行“咨询”。独立受托人董事会也不准备接受政府干预，唯有国家博物馆馆长会议愿意接受所有博物馆，包括国家级和地区级博物馆，都应该通过一个单一机构获得资助的建议。

虽然有些国家级博物馆在地方有基地，但它们在伦敦的存在可以强化自身的支配地位。[16]一旦它们都接受免费入场的原则，就可以作为新工党旗舰政策的一部分巩固自己的地位，从而可以逐渐增加特殊展览、公司赞助、私人捐赠、贸易和餐饮等方面的收入。

这种扩张需要博物馆在文化和管理上进行变革。尼古拉斯·塞罗塔成功地将泰特美术馆过于拥挤的收藏品在位于米尔班克的原馆——更名为泰特英国美术馆——与泰特现代美术馆之间进行了划分，同时对两个场馆都保持着牢固的控制。塞罗塔虽然外表保守，但具有强大

的说服力，他的政治手腕使他可以同当代艺术家与政府部长保持友好关系，同时从捐赠人和商业赞助方那里筹集巨额资金。他并不满足于泰特现代美术馆的开业和泰特英国美术馆的翻修，而是在泰晤士河畔继续推进第二阶段的工程，打算将泰特现代美术馆的接待能力提高 60%。

大英博物馆发现自己的变革更加困难。它获得的拨款的实际价值大幅下降，并且一直没有实行现代化运营，导致赤字扩大。1996 年，大英博物馆被发现竟然没有聘用一名有资质的会计。一个金额达9,000万英镑的彩票基金项目被用于大中庭建筑物的整修和安装玻璃，由诺曼·福斯特（Norman Foster）进行设计，项目要求充分发挥工作人员的管理能力，在 2000 年开放时，运营成本增加了。为了对大英博物馆施加一些严格要求，文化、媒体和体育部于 1999 年 4 月支持任命苏珊娜·塔弗恩（Suzanna Taverne）——一位从未有过博物馆领域经验的银行家和管理顾问——担任执行董事。她被赋予与饱学但老派的罗伯特·安德森博士（Dr Robert Anderson）董事同样高的级别。这是第一次在一个大型博物馆尝试这样的双人执政的管理方式。

结果并不成功。塔弗恩着手进行现代化管理，同时削减员工和成 103
本，并且她放出消息，2002 年安德森退休的时候，她很乐意接替他成为董事。但她在明白自己不会得到那份工作之后，于 2001 年 9 月辞职。塔弗恩临走时甩下一句话，矛头指向“负责照管文物的神圣的全体策展人……他们传递着博物馆这个机构的圣火。”[17]

安德森的继任者是英国国家美术馆馆长、年轻而富有魅力的尼尔·麦格雷戈（Neil MacGregor）。麦格雷戈是一个善于沟通的人，他为了他所领导的机构的利益而无情地运用了自己的个人魅力；他逐渐恢复了博物馆的士气和声誉，但也不得不继续减少员工数量，因为赤字有可能升至600多万英镑。情况直到2004年综合支出审查报告出来之后才有所改善，这一报告使博物馆资金每年增加了近4,000万英镑。

由于博物馆系统没有一个中枢机构，政府面临的挑战不在于如何集中力量，而在于如何建立一个框架，使其能够以一种有效的方式运营。除了国家级博物馆之外，还有各种令人眼花缭乱的规模范围和治理形式。在英格兰，地方政府直接资助和管理了41%的博物馆，这些博物馆是整个体系的骨干，它们主要是创建于19世纪的大型市级博物馆，但也包括许多小规模的镇级博物馆和分馆。大约39%的博物馆由独立的信托基金经营，其中大部分是在20世纪80年代博物馆繁荣时期建立的。还有7%是武装部队博物馆，5%属于大学博物馆。虽然代表个人和机构的专业机构博物馆协会为这个领域提供了一个论坛，但是每一种类型的博物馆都倾向于与同类型的博物馆交流，因而很难达到一种全国性视野。区域性组织是由伦敦以外的七个地区博物馆委员会组成的，这一自治会员机构向所有类型的博物馆开放，最初设立的
104 像区域艺术协会这样的碎片组织曾走在地区艺术委员会前面。博物馆委员会作为本地区的代表，同时作为资金和专业知识的渠道，使它们的董事成了有影响力的参与者。

博物馆图书馆和档案馆委员会本来应该使这个领域具有一致性，但由于国家博物馆保留自身独立性的要求而受到阻碍，并且不同的机构有着不同的历史、文化和实际情况，委员会在调和这些不同时也受到了阻碍。区域博物馆和图书馆主管部门的运营方式与如何资助之间存在根本区别，而档案馆只有一个基本的区域结构。[18]

马修·埃文斯凭借其出版人的天赋，在担任机构负责人之初就将机构重新命名为“Re：source”，并向独立博物馆协会发表了具有挑战

性的演讲。他毫不避讳自己没有博物馆管理的经验，同时指出在过去三个月里有 80% 的人没有参观过博物馆或者美术馆，并对博物馆工作人员固守自己过时的行业筒仓表达了不乐观的态度。博物馆协会副会长莫里斯·戴维斯（Maurice Davies）回应说："这个领域正在呼吁来自这个新机构的清晰、简明、连贯的指导和领导。"[19]它不会得到的。

2000 年，文化、媒体和体育部的一项审查发现，地区博物馆的危机越来越严重，预算减少，观众萎缩。克里斯·史密斯组建了由埃文斯担任组长的新工作小组，成员包括尼古拉斯·塞罗塔和尼尔·麦格雷戈。新工作小组证实，地区博物馆士气低落，学术研究和专业知识正在丢失，进行新的收购也越来越困难。这传达的信息很简单："地区在文化上富裕但在经济上贫困。"[20]

工作小组给出的回应是新的重大投资。投资将通过一个网络模型来实施，方式是在每个地区确定一家主要博物馆，这家博物馆将形成一个"枢纽"，与两三家较小的博物馆展开合作。与此同时，地区博物馆委员会将成为新的区域机构的基础，为博物馆、图书馆和档案馆提供发展和培训。如果改革过时的管理和治理结构、投资培训和新技术以及改变博物馆内部文化等方面的所有建议都得到遵循的话，随着 105
最优做法在整个领域的传播，地区博物馆将会改变。

建立和维护这个网络所需的资金将由博物馆图书馆和档案馆委员会负责管理，这意味着中央政府将首次为地区博物馆的成本做出重大贡献。政府应该这样做的一部分原因是，自 20 世纪 40 年代以来政府就一直通过国家艺术委员会为地区艺术提供资助；但是撰写这份报告的时间正是政府关于地区主义的呼声最响亮的时候，并且设立地方自治机构的计划符合其地区主义的意图。自 2002 年开始到 2006—2007 年度的五年内，花费成本预计为 2.67 亿英镑。工作小组的报告起了一个乐观的标题——《地区文艺复兴》(*Renaissance in the Regions*)。

政府接受了这份报告,但文化、媒体和体育部制造了一些困难。五年预计投资2.67亿英镑缩减到三年预计投资1.67亿英镑,但2004年4月当该计划如期开始时,只有7,000万英镑可供使用,以致这项计划没有在全部九个地区开启而只能全额投资三个地区。项目组希望通过"快赢"的方式给财政部留下深刻印象,证明这项计划发挥了作用,对这三个区的投资被视为第一阶段枢纽。其他地区分配的资金较少,直到2005年4月才开始运作。这一次,该计划的资金不足并不是财政部决策的结果,而是反映了负责文化、媒体和体育部的新任国务大臣的一种优先选择。

2001年大选之后,克里斯·史密斯被布莱尔的忠实拥护者泰莎·乔韦尔(Tessa Jowell)取代。乔韦尔曾经是一名精神病学社会工作者,自身拥有着强烈的使命感。带着真挚但有时具有压倒性的满满诚意,她可以用足够的说服力让本不愿意的布莱尔心甘情愿地去申办奥运会。特别是,乔韦尔不会拒绝将"地区艺术复兴"专项资金转移到该部门钟爱的社会项目——"文化在线"和"创意合作"项目上。东米德兰兹博物馆服务处前主任阿德里安·巴比奇(Adrian Babbidge)抗议说,为了满足更直接的内阁的热情而将驱动地区博物馆现代化的计划置之
106 一旁:"这样做存在一个很大的风险,就是让"文艺复兴"转变成另一项短期议案,这将无法改变地区博物馆的结构和治理,从而由胜转败。"[21]

2003年2月,英格兰艺术委员会首席执行官彼得·休伊特以一种"大胆的冒险"邀请艺术界加入英格兰艺术委员会。[22]鉴于2002年之后的创伤,委员会准备用一份宣言《艺术抱负2003—2006》取代之前所

有的政策声明。这份宣言承诺，一个现代而有活力的艺术委员会将“在信任的基础上寻求与艺术机构的新型关系”。[23]在2002年综合支出审查之后，英格兰艺术委员会赢得了政府资助的进一步增加，并且随着国家彩票基金的资金大量脱离了资本项目，委员会准备将自己重塑为一个发展机构。

英格兰艺术委员会大约75%的资金将投入到1,300家定期受资助机构（Regularly Funded Organizations，RFOs），其余的则用于支持个人或机构的一次性项目、旅游和资本项目，以及一种“稳定化”计划——这一计划本质上是拯救英国皇家莎士比亚剧团和英国国家歌剧院等已经陷入困境的机构的一种手段。《艺术抱负》响应了政府议程，宣称：“作为一个组织，我们将关注发展。我们将用艺术的改造力量来解决健康、犯罪、教育和社会包容问题。”[24]

格里·鲁宾逊于2004年1月辞去了艺术委员会主席职务。他的继任者不可能像他接手戈里爵士的工作一样风格如此不同。克里斯托弗·福雷林于2001年被授予爵士勋位，是一名受过良好教育的知识分子，他对流行文化有着浓厚兴趣，是吸血鬼电影和意大利西部片专家。他于1972年开始在皇家艺术学院任教，1979年成为首位文化史教授，1996年被任命为校长和副教务长。他是一名艺术业内人士，长期在艺术委员会担任专门委员。他于1983年加入视觉艺术咨询专家组，在成 107
为设计委员会主席之前，于1987—2000年间担任艺术委员会成员。他也是维多利亚和阿尔伯特博物馆的受托人，并且肩负着许多其他公共责任，比如他一直是千禧穹顶信仰区的“教父”。他亲切、机智，是一名从杰出人物那里接管的远非贵族艺术机构的典型成员。

但是这并不能保证成功。他在2009年离开艺术委员会之后指出，在历任委员会主席的官方肖像中，约翰·梅纳德·凯恩斯是唯一一幅微笑的肖像，因为凯恩斯死前未曾主持过一次委员会会议。[25]

麻烦始于 2004 年综合支出审查。《艺术抱负》宣布的最终目标曾经是资金的进一步大幅增加。[26]这将不再是最终目标。两年一次的部门间竞争已经成为一种熟悉的仪式，竞争对手已经学会了尽早开始招标流程。

2004 年，国家博物馆馆长会议率先为改善博物馆领域的资金状况而共同努力，并决定展开工具主义的游戏。馆长会议联合博物馆图书馆和档案馆委员会、大型地方权威博物馆团体（Group for Large Local Authority Museums，GLLAM）和独立博物馆协会（Association of Independent Museums，AIM），共同发布了一份《博物馆宣言》，并制定了一个每年向该领域另外投资 1.15 亿英镑的经济和社会方案报告，作为对宣言的支持。虽然说一切进展顺利，但艺术委员会只不过制作了一本乏味的小册子，《抱负化为行动》（*Ambitions into Action*）。

然而，到了 6 月，泰莎·乔韦尔逐渐开始设法处理各项预期，种种信号表明此轮开支的结果不会很慷慨。直到 7 月，在部门拨款宣布前一周，福雷林才公布了英格兰艺术委员会为补偿通货膨胀而另外增加 2,000 万英镑的投标额。福雷林指出，2005 年将是一个选举年，他对《舞台》杂志表示，这“不是艺术界生气的一个好时机”。[27]

财政部似乎不看《舞台》杂志。大多数政府部门的平均增长率为
108 4.2%，文化、媒体和体育部的增幅却仅有 2.3%，从 2004—2005 年度的 14 亿英镑上调至 2006—2007 年度的 16 亿英镑。虽然文化、媒体和体育部总体拨款中的这部分拨款直到 12 月份才最终确定，但首相戈登·布朗明确宣称，博物馆领域做得很好。大学博物馆将能够降低门票收费，并有充足的资金将“艺术复兴”项目扩展到全部九个地区。最终的结果是博物馆和图书馆领域的资金增加了 4.4%，艺术领域增

加了3.8%。

福雷林愤怒地做出反应，他发布了一篇新闻稿，解释这个为期三年的协议如何削减了3,000万英镑的资金。按照惯例，第一年的资金已经宣布作为前面一个三年期的最后一笔资助金，增加到4.105亿英镑——这是它实际上获得的最大金额的资金，但这笔资金将被冻结至2008年4月。一旦考虑通货膨胀因素，这就成了一种资金削减。这与艺术委员会在结果宣布前几周的预期不相符，但最令福雷林恼怒的是博物馆领域的相对成功。他抱怨这是一种“轮流坐庄”：“这不是建设我们文化的方式，而是艺术和博物馆在政府啄食秩序中陷入地位之争。”[28]

这激怒了乔韦尔，她抱怨说她已经被“高级竞选顾问们扮成怪相了”[29]——对于一名新工党政府成员来说，这是一个令人惊讶的说法。她利用戈登·布朗的重复计算的技巧，指责艺术委员会撒谎，并争辩说资金增加了4,500万英镑，但忽略不提资金增加这一点三年前已经宣布过了。她推断说，艺术不一定受损，因为通货膨胀的成本会被行政管理效率吸收。非同寻常的是，游说团体全国艺术运动（the National Campaign fov the Arts）出来支持乔韦尔，认为冻结预算旨在迫使艺术委员会削减自身的官僚成本，这是它在之前的开支审查之后未能按照约定去做的事情。进一步削减成本是不必要的。[30]

事实证明是这样的。过去的投资不足、行政节流以及艺术捐赠资金减少这三种因素综合在一起，意味着2005年3月大部分定期受资助机构得到了2.75%的资金增长。但这种情况让福雷林感到痛心，他在 109
2005年2月皇家艺术协会的一次演讲中回到了这个话题。他为艺术委员会辩护称，它“同时也是一个资助机构，一个发展机构，一个竞选组织，一个测绘单位，一个孵化器和智库。它不像一些人认为的只是一只信箱或一台提款机。”[31]

福雷林以艺术委员会的独立专业主义对抗被公务员接管的威胁，如同淡黄色变形虫试图维护自身对后代的权威一样。为了证明这一点，他引用了文化国务大臣随每份更新的资助协议给艺术委员会主席发去的例行信函。2000年克里斯·史密斯给格里·鲁宾逊的信函有三页，而2004年乔韦尔给福雷林的信函长达七页，信中强调，政府出于各种优先考虑，限制性地将资金用于创意伙伴关系等项目，并要求更高的行政效率，因此艺术委员会反过来不得不从其所资助的“第二层级”机构提出要求：

> 将所有这些综合在一起，再加上文化、媒体和体育部已经在发展一种要复制我们结构的令人惊恐的趋势，几乎没有疑问的是，艺术委员会正日益被视为文化、媒体和体育部的一个延伸，被视为政府的一部分。换句话说，在政府眼里，国家大剧院是行政部门的一种延伸，即第二层级的延伸。当这种情况发生时，臂长实际上已经变得非常短，几乎是米洛的维纳斯断臂的长度。[32]

福雷林有一个章程公平的观点，认为文化、媒体和体育部与英格兰艺术委员会之间的亲子关系正在恶化。但艺术委员会与自己孩子的关系也有问题。这在2005年7月变得很清晰，在对博物馆图书馆和档案馆委员会进行试验之后，轮到艺术委员会成为同行评审的主角。这次同行评审由国家大剧院调至上议院的吉尼斯塔·麦金托什率领。调查结果在10月份就已完成，但一直没有公开，直到圣诞节前的最后一
110 周才悄悄发布在艺术委员会的网站上。

艺术委员会有理由不关注这份报告。麦金托什指出，由于各种原

因，英格兰艺术委员会已经以各种方式被“扩编、缩编、外包和重组，并且常常被视为永远困扰艺术家和艺术机构问题的解决方案和问题来源”。[33]该报告赞成保留一个臂长机构，但严重质疑艺术委员会与文化、媒体和体育部的关系的有效性。信任出现破裂：由于担心艺术委员会无法实现其目标，文化、媒体和体育部建立了自己的平行管理体系。要改善关系，艺术委员会就必须恢复自己的信誉——而此时同行评审发现了另一个问题。艺术委员会已经失去了与支持者的联系。艺术界正逐渐失去对艺术委员会的信任，尤其是对委员会官员的专业权威的信任。[34]

评审过于谨慎以致无法提供具体证据，其中存在的问题是众所周知的。当指挥家西蒙·拉特尔（Simon Rattle）于 2001 年离开伯明翰市交响乐团去接管柏林爱乐乐团时，他从受艺术委员会资助的惯常的谨慎中解脱了：“艺术委员会真不害臊，懂得极少，相当业余，每隔几年就出现又一批没有专业知识和历史知识的人，对这种人你得解释每件事，它是从哪里来又为什么在那里，他们根本不听也不在乎。真为他们感到羞耻！”[35]

麦金托什发现，艺术委员会工作人员缺乏在艺术机构工作的最新经验。他们缺乏知识上的火力，无法传达机构的价值，不愿意采集和使用数据，整个机构沟通不畅。解散艺术咨询专家组的决定意味着缺乏与艺术界的联系。这个问题变得与委员会成员一样糟糕。成员没有得到简要介绍，甚至连工作人员都弄不清楚他们在决策过程中的作用。
尽管重组成一个单一机构看起来已经发挥作用，但“一些利益相关者 111
以及工作人员反映，英格兰艺术委员会看起来仍然非常等级化并且由流程主导”。[36]最重要的是，对于全国委员会而言，必须发挥清晰且连贯的作用。在花了六年时间进行扩编、缩编、外包和重组之后，英格兰艺术委员会应该重新审视整个过程。

艺术委员会的阵痛与博物馆图书馆和档案馆委员会同样功能失调的演变有着相似之处。委员会的创立是为了给一个拥挤且竞争的领域带来秩序，但它缺乏物质和组织资源来达成这一目的。委员会每年获得的资金从未达到1亿英镑，其资金覆盖率从未达到地方当局的水平，也从未达到遗产彩票基金资助的资本项目的水平。尽管“艺术复兴”项目占博物馆图书馆和档案馆委员会资助的70%，但被给了极低的优先级别。

机构存在的问题由于首席执行官惊人的更换速度而加剧：第一任签了为期五年的合同从文化、媒体和体育部加入，但两年后就离开了。他的职位临时由他的副手克里斯·巴特（Chris Batt）担任，这位前地方当局图书管理员最初是作为一名IT专业人员加入的，他的代职工作持续到2002年9月保守党人士、威尔士国家博物馆前馆长安娜·索霍尔（Anna Southall）就任。她在主持第一次高层会议时宣称，她来这里的目的是对博物馆图书馆和档案馆委员会进行清理或者将它关闭，但到了次年春天，她也离开了，忠诚但谨慎的巴特再次临时接管。

在搜寻执行官人选又一次无果之后，巴特于2003年12月被最终任命为首席执行官；他立即放弃了Re：source这个名字，采用了更简单的MLA。文化、媒体和体育部于2004年7月决定轮到该机构接受同行评审，此时就是巴特在负责的。这次的“原型评审”证实，博物馆图书馆和档案馆委员会经历了难产，并且外界对其合法性仍有疑虑。[37]该报告强调，博物馆图书馆和档案馆委员会与文化、媒体和体育部之间在“领土”边界关系方面的困难，与艺术委员会所经历的那些情况类似。它也未能与本应帮助执行其项目的地区机构开展有效合作。董事会软弱无能，对艺术委员会工作人员不足之处的许多批评也适用于 112
博物馆图书馆和档案馆委员会。

然而，主要的挑战还是协调委员会负责的三个领域。为此，博物馆图书馆和档案馆委员会开始了将七个现有的地区博物馆委员会和七个图书馆委员会合并为九个地区机构的进程。这些机构大约三分之一的资金是通过“地区艺术复兴”项目获得的，而这个项目拥有自己的地区委员会，这使得事情更加复杂。地方的抵制，特别是伦敦地区的抵制，导致直到2006年才完成对地区机构模式的建立。

在这一点上，这些机构与地区艺术委员会非常相似，因为它们是独立机构，但与博物馆图书馆和档案馆委员会存在政策和资金关系。2006年4月，“博物馆图书馆和档案馆委员会伙伴关系”正式启动，九个新机构的主席受邀加入博物馆图书馆和档案馆委员会的董事会。与鲁宾逊试图将地区艺术委员会国有化相比，这是一个不那么激进的举措，但是要想让所有机构在一个单一框架内进行合作，中央委员会也冒着得票数被这些地区超过的风险。结果情况一片混乱，每个地区机构的做法各不相同，中央委员会奋力地保持控制。

巴特于2007年夏天提早退休，由更加有趣的罗伊·克莱尔（Roy Clare）接任。克莱尔年纪很小时便加入了海军，并升任海军上将，他于2000年成为国家海事博物馆馆长运用在海军学习到的领导技能管理海事博物馆。在与博物馆董事会新任主席、航运巨头斯特林勋爵（Lord Sterling）吵翻之后，克莱克辞职，用首席执行官的职位换得了在博物馆图书馆和档案馆委员会董事会的席位。现在博物馆图书馆和档案馆委员会距离同行评审已经过去三年，但仍未建立起权威。在评论克莱尔的任命时，《博物馆杂志》编辑沙龙·希尔（Sharon Heal）

对博物馆图书馆和档案馆委员会是否符合目的提出了疑问："有一种强烈的感觉，尽管这个机构代表博物馆做了艰苦的工作，但它仍然陷入官僚主义泥潭，并且缺乏信心。"[38]

* * *

113 彼得·休伊特仍然因为乔韦尔的文化部长戴维·拉米（David Lammy）对自己的公开攻击感到刺痛，拉米严厉指责他未能在艺术委员会与政府、艺术界和公众之间达成一种民主协议。[39] 2006年7月，休伊特宣布了一项新举措。艺术委员会在追随自2002年以来一直流行的"公共价值"潮流的同时，开始探索人们理解和重视艺术的方式。休伊特承认，艺术委员会未能将自己写入政府或国家的核心脚本。[40]因此，原本应当与公众展开的一种公开对话却从未发生过。

在努力改善对外关系的同时，艺术委员会的内部关系随着总部重组进程的启动而进一步恶化。为了节约180万英镑的成本，33个岗位的员工将不得不离开。每个人都被迫重新申请工作，7个部门中有6个部门的负责人离开，其中包括艺术部负责人金·埃文斯以及观光部、戏剧部、文学部、视觉艺术部和舞蹈部的主任，还有他们的一些副手，这意味着这些领域更多的专业知识丢失了。休伊特还宣布，他将于2008年离职。新型管理结构的创建占据了2006年的大部分时间；当此项工作完成时，福雷林承认："我没有意识到这些变化会如此巨大。这可能像是一场大清洗。是的，艺术委员会现在是一个气氛非常紧张、士气非常低落的地方。"[41]

艺术委员会还是有一件幸运的事：预期2006年进行的"综合支出审查"一直推迟到2007年，所以重组工作可以进行下去而不必分心。

另一方面，由于开支决定是以三年为周期进行的，所以审查延后意味着艺术委员会不知道自己 2008 年 4 月以后的资金情况；艺术机构也不知道各自的资金情况。通常财政部在 7 月份宣布，但是 2007 年 7 月是戈登·布朗接任首相的时间，于是开支方案直到 10 月才公布。

考虑到经济前景趋于暗淡，预料最终结果对于文化、媒体和体育部来说不会慷慨。然而，艺术委员会认为这是一次停止资助部分定期受资助机构，同时资助另一些机构的机会。经过两轮内部重组后，艺 114
术委员会想要证明自己可以带头重塑整个受资助机构的投资组合。[42]因此在 2007 年，委员会致力于开展“投资战略”。计划启动的基础是对资金予以削减或者最好是停止。

该计划于 2007 年 1 月获得通过，地区办事处的执行董事们直到 5 月份才提交了各自地区的赢家和输家名单。只有 10 家年收入超过 500 万英镑的机构将由全国委员会办公室来处理。艺术委员会在 5 月份写信给所有机构，提醒大家可能出现的资金削减，但在一般条件下，很少有人通知。整个过程在极其保密的情况下进行。即使知道一个机构即将失去资助，在该机构与艺术委员会进行的年度审查会议上也没人提及此事，委员会后来承认，这引起了“极大的愤怒和忧虑”。[43]这不是《艺术抱负》宣称的“与艺术机构之间新的成熟关系”。即使那些做得好的机构也“没有得到信任和尊重”。[44]

秘密扩大至艺术委员会自己的成员，考虑到媒体透露的信息会使他们产生恐惧，所以尽可能地对他们保密。担任地区委员会主席的英格兰艺术委员会成员知道他们所在的地区正在发生什么，但是“艺术家”成员对于正在酝酿的事情一无所知。计划流程一直拖拖拉拉持续到 10 月 6 日，也就是艺术委员会的资金解决方案最终宣布的那一天。

让大家吃惊的是，艺术委员会获得的资金增长了 5,000 万英镑，相当于高出通货膨胀率 2.7%。至少一些计划要削减资金的机构将不再需要削减。但艺术委员会决心无论如何要继续前进。12 月 12 日，信函陆续送达大大小小 990 家艺术机构的办公室；但是看起来像是有意进行了新闻管理，并没有发表一般公告，所以完全的变革程度之后才渐渐被人们知道。

这未能阻止在艺术界和新闻界爆发的轰动。尽管 81 家新机构得到
115 了资助，另外 41 家机构的资助获得大幅增长，但 194 家机构将失去全部或部分资助，其中包括伦敦莫扎特演奏院、伦敦城交响乐团、奇森海尔舞蹈团、伯明翰歌剧院、伦敦布什剧院、德比剧院、布里斯托尔皇家维多利亚剧院、吉尔福德伊冯娜·阿诺德剧院以及埃克塞特诺斯科特剧院。被取消或削减资助的机构允许有四周时间——其间跨越了诞节——提出申诉。

事情已经以秘密的并且在某些情况下信息不足的方式发展，导致艺术委员会面临着不断高涨的愤怒浪潮。《星期日泰晤士报》刊登了一篇有分量的社论，支持受到资金削减威胁的全国学生戏剧节，此戏剧节自 1956 年成立以来就一直得到该报刊的资助。2008 年 1 月 9 日，彼得·休伊特在青年维克剧院出席了由演员工会组织的一次愤怒会议，在场 500 名喝倒彩的从业者对艺术委员会投出了不信任投票。休伊特一定知道，自己的任期在月底就会结束。

2 月 1 日，休伊特的继任者艾伦·戴维宣布了国家艺术委员会的最终决定。17 家机构成功申诉，这意味着 185 家机构将被停止资助，27 家机构的资助会被削减。新增了 81 家受资助机构，最终新的艺术投资组合包含了 888 家机构。艺术委员会实现了以较少资金取得更佳效果的目标，但声誉损失严重。在过去五年里一直担任文化、媒体和体育部文化主任的戴维——因此也是艺术委员会的案件官员——再次

邀请吉尼斯塔·麦金托什提供服务。麦金托什对投资战略流程的审查结果与戴维自己的副标题为《经验和教训》的审查结果一同发布。麦金托什对于流程控制方式导致的英格兰艺术委员会的威信丧失以及声誉损害做了清晰说明。[45]

最具破坏性的结论是，格里·鲁宾逊认为他正在逐渐创建的“单一机构”尚未形成。地区委员会的主席们知道他们地区将要发生的事情，管理委员会的九名地区执行董事知道他们在每个地区想要什么，但是“这种地区自治是问题的一部分”。[46]地区决策缓慢，没有一个地区了解全国概况。本应持有独立观点的全国委员会的“艺术家”成员 116
“似乎已经被有效地剥夺了权利，因为在关键时刻，他们无法从任何渠道获得详细信息。”[47]

尽管鲁宾逊已经设法完成了英格兰艺术委员会的每一件事，但该机构仍然有一个“基于十个独立决策机构的过于复杂的结构”。[48]作为新任首席执行官，戴维将迎来——2009 年 2 月接任福雷林之后——新任主席利兹·福根，他必须再次努力解决中央与外围的长期紧张局势，说服地区接受国家委员会的领导，并恢复委员会的威信。

到了 2008 年，博物馆图书馆和档案馆委员会也深陷困境，其内部问题由于融资环境的变化而加剧。2006 年，它与文化、媒体和体育部的资金协议承诺将其大部分业务从伦敦转移出去以节省资金；2007 年的综合支出审查报告中还有一个更坏的消息：“地区艺术复兴”项目的资金不足以平衡所有博物馆中心的资金，而且博物馆图书馆和档案馆委员会自己的资金也将被削减。总部被告知要削减 25% 的行政费用。2008 年 2 月，博物馆图书馆和档案馆委员会董事会同意在 2009 年 3 月之前关闭所有地区机构（伦敦除外）——比艺术委员会并入地区艺术委员会更激烈的一项举措。核心服务部门将迁至伯明翰，伦敦办事处和董事会将缩编。2009 年，新的地区性结构由三名“参与董事”领导，而伦敦以外的八个地区各有一名在家工作的经理。按照命令执行的罗伊·克莱尔对《博物馆杂志》表示：“我们将首次拥有一个综合性组织和执行委员会，围绕一个有序的中央核心运作。”[49]

根据克莱尔的说法，博物馆图书馆和档案馆委员会已经显得“更精简、更合适并且更敏捷”。[50]但它是否符合目标呢？最近一次痛苦而沮丧的重组就发生在对旗舰项目“地区艺术复兴”的审查过程中。这
117 次审查由城市大学文化政策和管理教授萨拉·塞尔伍德（Sara Selwood）领导，他也是博物馆图书馆和档案馆委员会前董事会成员。自“地区艺术复兴”项目启动以来，政府已经投入了 3 亿英镑，直到 2008 年才决定对项目组的工作进行审查。

塞尔伍德的审查暴露了该项目运行得有多糟糕。从一开始，泰莎·乔韦尔优先开展教育工作和增强社会凝聚力的举动就偏离了该项目推动地区博物馆结构现代化的目标。尽管该项目支出占博物馆图书馆和档案馆委员会总支出的 70%，但参与项目的工作人员不到委员会总人数的 10%。该项目的经理没有在执董会任职的足够资历，对项目的职责也在不同部门之间摇摆。这或许也解释了为何截至 2007 年 3 月，该项目已经累积了 750 万英镑的支出结余，并将其匆忙分散到下一个财政年度。另外还有 480 万英镑的支出结余干脆在 2010 年还给了文化、媒体和体育部。

博物馆图书馆和档案馆委员会从来没有明确具有成效的措施，甚至没有制定一个前瞻性的计划以回应具有创始性的“地区艺术复兴”报告。档案资料不齐备，前瞻计划或项目年度审查缺失，这些都导致项目进展缓慢。虽然项目带来的资金有时间限制，并且依附于一系列

具体行动，如劳动力多元化等，但受益人开始将其视为核心资金。在这一方面，中心博物馆并不孤单。审查报告指出，博物馆图书馆和档案馆委员会“自身在利用‘艺术复兴’项目为现有项目及跨领域项目提供资金方面的机会主义”。[51]中心博物馆失去了对博物馆图书馆和档案馆委员会的信任，并且对与地区机构的关系感到困惑，这种情况被认为将发展至整个部门。“艺术复兴”项目曾帮助扼制了英国地方博物馆的衰落，使它们的士气得以提高，参观人数得以增加，但博物馆图书馆和档案馆委员会其实已经转胜为败。

塞尔伍德的审查报告没有被广泛传阅。报告虽然提出了改进建议，但产生的主要影响是在 2010 年联合政府上台时决定了博物馆图书馆和
档案馆委员会的命运。在对自身责任没有任何明显想法的情况下，新 118
政府便宣布立刻撤销博物馆图书馆和档案馆委员会。

负责实现政府目标的三个主要机构——文化、媒体和体育部，艺术委员会，特别是博物馆图书馆和档案馆委员会——的制度缺陷令人惊讶，任何目标都没有达成。艺术委员会 2008 年遭受的危机，以及由此导致的博物馆图书馆和档案馆委员会的消失，是领导不力的结果，但同时也表明与政府部门保持臂长关系的困难。政府部门必须应对社会和经济议程，但这一议程并不适用于艺术的创意独立性。这也显示出伦敦与拥有自身强大的地方认同和文化资源的地区之间的内在紧张关系，这种紧张关系由于一个坚决的集权政府而加剧。

中央与周边之间的紧张关系并不是一个规模问题。新工党授予苏格兰和威尔士的自治权力是中央权力的一种分散，但威尔士艺术委员会和苏格兰艺术委员会的命运说明了国家政府倾向于集权的趋势。在权力下放之前，苏格兰艺术委员会和威尔士艺术委员会是独立于伦敦

政府和英格兰艺术委员会的，它们在技术上属于英格兰艺术委员会小组委员会。随着苏格兰议会和威尔士议会的到来，双方都发现自己正在为自己的存在而奋斗。威尔士艺术委员会主席杰兰特·塔尔凡·戴维斯（Geraint Talfan Davies）因为设法阻止威尔士艺术委员会被加的夫公务员吸收，结果失去了主席职位。[52]

苏格兰艺术委员会也同样面临接管：五家“国家级”表演艺术机构由苏格兰行政部门主管，此外，在与苏格兰银幕合并之后，苏格兰艺术委员会于2010年被改造成创意苏格兰（Creative Scotland）。这个新机构很快发现自己与苏格兰艺术界存在分歧，第一任首席执行官在创意苏格兰正式成立仅六个月后便辞职了。

119 具有讽刺意味的是，戴维斯作为一名威尔士文化民族主义者，在职业生涯中抵制“英国生活和政府各个方面的集权化趋势，尤其是文化力量向伦敦和东南部的转移”，[53]后来却因为曾经为之奋斗的威尔士政府的集权化冲动而受到伤害。关于政府的真实意图，没有比这个例子更清晰的了。新工党放弃了地方政府理念，而地方主义修辞由于地方当局在1997—2010年间继续被架空而自相矛盾。

继新工党之后上台的联合政府执政时期，地方主义修辞被短暂地重新使用，但中央政府施行的金融紧缩政策意味着地方当局作为文化提供者的能力受到更严重的限制，从而导致整个国家的文化基础设施被削弱。截至2013年，英格兰和威尔士地方政府艺术部门的支出已经降至1.34亿英镑。[54]资助文化的意愿完全变成了地方政府与中央政府之间的一个交易筹码，就像纽卡斯尔、谢菲尔德、萨默塞特和威斯敏斯特那样，这一状况导致了对艺术的附带性破坏。

新工党采用的维护对地方政府的控制的主要手段之一，如同第一和第二层级公共机构一样，是利用资助协议来制定目标——这些目标本身就令人侧目，同时还扭曲了那些被强迫执行这些举措的机构的行为。艺术领域公共资金的大幅增加是值得欢迎的，但是创造文化的各个机构作为文化政策制定机构的对立方，更加需要挑战制定这一政策的方式。

第五章　“带着目标去地狱” 121

我们知道什么是成本，但不知道它们的价值。

托尼·朱德特，《生病的土地》（Tony Judt，*Ill Fares the Land*，2010）

2003 年，作为获得爱丁堡市议会每年拨款的一个条件，爱丁堡国际音乐节被要求达成 78 个业绩目标。这些目标将被评定为“已达成”或“未达成”，音乐节将根据所达目标的比率获得一个评分。每一个目标都具有相同的权重。除了音乐节的具体目标之外，大多数目标是爱丁堡议会自己的政策目标，但其中有一个目标是“举办一个有 185 场活动的爱丁堡音乐节”，还有一个目标是“避免传单投递”。在组织音乐节而不破坏街道的同时，爱丁堡音乐节终于获得下一年的资金。

到了 2003 年，各项目标变成一项。对于文化部门来说，他们是新工党工具主义的一个象征：他们迫使艺术家和文化机构为了并非出于自己的选择而经受磨难，去追求那些不是由自己制定的目标。更糟糕的是，人们对用来衡量目标是否达成的手段几乎不抱信心。然而，经历了保守党吝啬的十年，新工党对艺术算是慷慨的。如果工具主义是
误入歧途的，文化部门不仅要指出这一点，而且要找到一种更好的方 122
法来证明政府所支持事情的合理性。针对文化政策的争论总是反复围

绕“访问量”与“卓越”、民粹主义与精英主义、艺术的内在价值与艺术带来的工具性利益进行。关于目标的争议是针对文化价值本身的更深层次争论的一部分。

于2007年短暂接替泰萨·乔韦尔担任文化国务大臣的詹姆斯·珀内尔（James Purnell）评论说，新工党政府最初“传播公共服务的目标就像一个孩子在一块蛋糕上撒了数百数千个目标”。[1] 2000年3月，反对党自由民主党发表了一份报告，称新工党至少已经设立了8,636项目标，文化、媒体和体育部负责其中的1,117项。这些目标中包括国家海事博物馆承诺三年多的时间要减少300令博物馆用复印纸。[2]

正如第三章所指出的那样，1998年综合支出审查（CSR）引入了政府部门必须达成财政部认可的目标的原则。在2000年、2002年、2004年和2007年连续的综合支出审查过程中，有些目标达成后就取消了，有些则加以修改，而有时全新的目标又被设立，所以很难确切知道在任何一段时间内究竟有多少设定目标。财政部根据“标题绩效目标”讲话，但跨部门目标以及关涉不止一个衡量指标的综合目标的存在，让人说不清到底有多少个“标题绩效目标”。自由民主党将文化、媒体和体育部1998年与财政部签订的协议中的目标从21项扩大至1,117项，增加了文化、媒体和体育部资助机构所签的33份资助协议的细节。2000年，“公共服务协议”扩大到地方政府，意味着绩效目标的数量几乎变得数不尽。

珀内尔所说的“数百数千”在文化、媒体和体育部那里是显而易见的。2000年，该部门制定了2001—2004年度的四个“战略优先”、
123 六个主要目标和六项具体目标。2003—2006年度，它又要完成四个战略优先和四项具体目标（后来又增加了第五个具体目标——宣传奥运

会），加上 17 个“指标”，不管是新的还是正在进行中的。2005—2008 年度，被要求达成四项具体目标和 23 个指标。为了追踪目标是否达成，文化、媒体和体育部于 2005 年发起“参与”调查——与艺术委员会、博物馆图书馆和档案馆以及体育委员会联合开展的一项调查，在这项调查中，广泛样本的英国成年人问答了参与文化和体育活动的问题。

2007 年 7 月后，戈登·布朗成为首相，整个框架发生了变化：自 2008 年 4 月起，整个政府机构签订了 30 项跨部门公共服务协议，不同部门负责履行一些协议的同时也协助其他协议的履行。文化、媒体和体育部只负责履行《公共服务协议 22》这一项协议，涵盖奥运会、体育教育和学校运动，同时协助履行另外 6 项协议：这些将提高经济生产力，改善儿童和青年的健康和福利，增加走上成功之路的儿童和青年数量，消除不利因素，增加住房供给，建立更具凝聚力、更有自主权和更加积极的社区。没有关于真实性、美丽或崇高的力量的内容。2008—2011 年度，它有四个部门战略目标：“机遇”“卓越”“经济影响”和奥运会，以及一个“物有所值”计划。格申（Gershon）于 2003 年公共行政审查之后发起了增效节支政策，这一计划随之产生。

这些数值目标在应用于教育或国民健康服务等领域时，都是可以通过考察或等待时间衡量的，这些目标似乎的确提高了标准——尽管 2005—2009 年斯塔福德医院病患死亡等丑闻表明，当达成目标变得比满足实际需要更重要时，事情会发生多严重的错误。实际上，这个体系显然不如条款所要求的精确度那么严格。如同对文化、媒体和体育部首个《公共服务协议 21》中的目标的分析所清晰显示的那样，具体的数值目标数量远不及仅仅要做某些事情的承诺，而且不必在一定时间内做到。当下议院公共行政特别委员会于 2003 年审查目标时，收到 124

了财政首席大臣保罗·博阿腾（Paul Boateng）的一份备忘录，备忘录显示，1998 年综合支出审查确立的 252 项主要目标中，只有 194 项得到“评估”，其中 148 项目标已经达成，另有 20 项部分达成。

未达标没有任何处罚，如同博阿腾所证实的那样：“目的是要集中精力，让人们更好地合作。”[3]文化、媒体和体育部似乎已经领会到这句暗示，它最初的第 14 项具体目标表明，对非部门公共机构的资助应该“以产出、效率、获取、质量提高、收入产生或私人部门资助等量化改进为条件”，但这些条件并没有被严格执行。2003 年为监督结果而设立的“独立监察机构”QUEST 被静静地麻醉了。

随着 QUEST 的消亡，其志在以文化举措成果的方式产生一致性的抱负得以衡量。在文化领域强加目标的问题是缺乏评估成绩的一致方法。收集参观博物馆或参加体育活动的数据是一个可行方案，即使这些数字未必是，用一个当时的流行词来说，“可靠的”。2007 年，对文化、媒体和体育部博物馆绩效指标框架进行的评审揭示了关于绩效指标的解释中普遍存在的不确定性。术语含糊不清，而指标的变化显示报告缺乏连贯性。[4]更难以实现的是，如何定性评估这些定量数字的真实含义。计算“产出”的数量是可能的，但对“结果”——所列举行为的效果——的衡量要难得多。

2002 年，艺术委员会发表了一份研究报告《衡量艺术的经济和社会影响》，同时调查了为这些结果的影响建立证据的可行性方案。报告承认，“影响”这个词很难定义。这份报告从迈尔斯考夫 1988 年的《艺术的经济意义》开始，研究了这之后的每一次重要评估，尽管报
125 告列出了许多可能有用的方法，却无法在这些方法中发现任何一致性。报告以当前方法中的一连串缺陷结束，指出

> 缺乏概念清晰度以及对社会和经济影响的狭义的概念化，小样本的使用，依赖于没有有关影响的确凿证据的自我报告，过分依赖于那些呈现艺术和创意产业部分图景的官方统计数据，缺乏方法论上的透明度，特别是有关抽样的框架和方法、样本代表性、调查响应率、适用权重的程序、乘数和推断结果、有关研究原则、评估程序和评估标准及影响评估的一个共同框架的缺乏；对艺术项目带来的积极结果进行的简单而幼稚的解释，而此种解释没有承认与不断变化的个人和社区的感知和行为、技能、社交网络、经济地位和生活质量等相关联的往往很复杂的问题；并通过对生命周期的不同阶段的产品的影响，或不同发展阶段的文化经济进行不公平的比较来推断结论和建议。在有些情况下，缺乏基准数据。[5]

萨拉·塞尔伍德在《文化趋势》杂志发表了一篇题为《数据收集的策略》的文章，猛烈抨击了整个“以证据为基础的”方案。塞尔伍德关于博物馆图书馆和档案馆委员会的羞辱性的报告在前一章曾被引用，而她在这篇抨击文章里揭露了神话背后的现实：“数据收集和分析似乎与指导策略无关。资助决策似乎是基于期望而不是‘证据’，而且无论修辞、宣传与证据之间的模糊关系都表明，文化领域‘以证据为基础的政策’的实施还有一段路要走。”[6]

在逐个批评了估算艺术的经济意义的方法之后，塞尔伍德转向新工党采用的社会议程。她阅读了关于文化项目的社会影响的文献，认 126
为许多提交的“证据”是无效的。文化机构是强烈反对收集这些数据的；并且当数据被收集时，它们是没有证据证明的，收集方法也存在缺陷，而且方案的时间太有限，以至无法证明任何效果。塞尔伍德在这个问题上给出的论断是，在收集和分析证据都得到改善之前，“可能存在争议的是文化领域收集的许多数据是伪造的”。[7]

在不断升级的反对文化、媒体和体育部所采取的方法的声浪中，塞尔伍德是一个有影响力的声音。这些反对声既来自文化左翼也来自文化右翼；并且有时候很难说是左翼还是右翼，比如自由主义思想研究所，该组织是从美国革命共产党的《活着的马克思主义》（*Living Marxism*）的余晖中发展起来的。这一党派的几名成员撰写了《文化秃鹰：英国艺术政策在损害艺术吗?》（*Cultural Vultures: Is UK Arts Policy Damaging the Arts ?*），2006 年由中右翼智库“政策交流”出版，该智库是由未来的保守党教育部长迈克尔·戈夫（Michael Gove）创立的。标题中的问号是多余的。这本小册子由穆尼拉·米尔扎（Munira Mirza）编辑，他后来很快成了鲍里斯·约翰逊（Boris Johnson）的文化顾问。

如此多的关于艺术的社会和经济影响的数据需要收集，并且收集这些数据的目的仅仅一刀切地与所涉及机构认为的核心目的有关。巴比肯艺术中心执行董事约翰·图萨在 1999 年提出了反对工具主义的经典论据：

> 莫扎特之所以成为莫扎特，是因为他的音乐，而不是因为他在萨尔茨堡创造了一个旅游业，也不是因为以他命名了巧克力甜品和萨尔茨堡库格尔小杏仁饼。毕加索之所以重要，是因为他教给一个世纪看物体的新方法，而不是因为他在毕尔巴鄂古根海姆博物馆的绘画正在振兴一个险些被遗弃的西班牙北部港口。梵高之所以被重视，是因为他的图像和颜色的痛苦或强度，

> 而不是因为他让向日葵和木制椅子受欢迎。试图对艺术进行评估时，绝对的品质是最重要的；所有其他因素都是有趣、有用但次要的。[8] 127

甚至那些负责执行政府议程的人也感到不舒服：“任何一位评论员都认为我们像社会工程师那样只对艺术感兴趣”，[9]艺术委员会主席格里·鲁宾逊在2000年自卫性地进行了辩解。第二年，博物馆图书馆和档案馆委员会主席马修·埃文斯一如既往地继续抨击，抗议政府与受资助机构之间的关系“过于粗暴并且有过多的微观管理……对问责的要求催生了众多不断变化的目标、措施和检查。这个领域存在严重的过度管制，同时正在抑制它本应以此著称的创意和创新，这不是非常讽刺吗？”[10]

幸运的是，新一代领导者证明了他们拥有创意和创新，他们利用增加的彩票资金和收入资金来重修建筑物，或在有些情况下创建新的机构。尼古拉斯·塞罗塔建立了泰特美术馆和泰特现代美术馆；朱莉娅·佩顿-琼斯（Julia Peyton-Jones）正在将翻新的蛇形画廊（Serpentine Gallery）打造成当代艺术的一个重要空间；重建的皇家宫廷剧院（Royal Court Theatre）在伊恩·里克森（Ian Rickson）的领导下于2000年开业，里克森继承了前任斯蒂芬·达尔德里（Stephen Daldry）的事业；萨德勒矿泉剧院（Sadler's Wells）于1998年重建，在项目总监阿利斯泰尔·斯波尔丁（Alistair Spalding）的领导下逐步赢得其舞蹈中心的新声誉，斯波尔丁于2004年成为首席执行官；托尼·霍尔（Tony Hall）和安东尼奥·帕潘诺（Antonio Pappano）正在恢复皇家歌剧院的声誉；尼尔·麦格雷戈（Neil MacGregor）已经从英国国家美术馆迁至大英博物馆。2000年，安东尼·萨金特（Anthony

Sargent）于2004年受命领导团队继续开放圣盖茨黑德音乐厅（the Sage，Gateshead）。1999年至2002年的一段危机导致皇家莎士比亚剧团放弃了位于伦敦巴比肯的发祥地，并几乎破产，此次危机之后，剧团开始了由迈克尔·博伊德（Michael Boyd）担任艺术总监、维基·海伍德（Vikki Heywood）担任执行总监的新阶段。各地区博物馆正受
128 益于“地区艺术复兴”计划；艺术委员会于2000年启动了一项计划，每年向地区剧院额外注资2,500万英镑。

彩票基金项目在实现全国性扩张的同时，也暴露了改善各级领导班子的需要。2002年，富有的资助人维维恩·杜菲尔德夫人（Dame Vivien Duffield）（在1997年至2000年整个危机阶段一直在皇家歌剧院董事会任职）对克洛尔·杜菲尔德（Clore Duffield）基金会资助的一些项目的管理方式感到失望，于是决定投资培养未来的文化领导者。“克洛尔领导力计划”（Cloreleader ship Prog ramme）于2003年启动，前文化国务大臣克里斯·史密斯担任首届负责人。该计划由基金会提供核心资助，由艺术委员会及博物馆图书馆和档案馆委员会等资助机构资助个人研究员，于2004年开始，每年要从整个文化领域挑选20至30名有前途的人员。虽然数量不多，但每年连续招收的人员开始打破艺术形式之间的制度壁垒，有助于对文化部门重拾信心。

对更优质的培训需求在2006年得到进一步认识，戈登·布朗宣布，作为财政部“投资于节约”计划（Invest to Save）的一部分，以改善公共服务的提供为目标，初步投资1,200万英镑，用于改善文化部门的管理和领导能力。这笔资金绕过文化、媒体和体育部，投向了艺术委员会及其合作伙伴博物馆图书馆和档案馆委员会，以及该部门的技能委员会——创意和文化技能委员会。克洛尔领导力计划是短期课程的重要提供者。[11]

2003 年初，两个国家级机构领导层的变动创造了一个机会，借此表明这一领域要为自己站起来的新愿望。前财政部官员艾德里安·埃利斯（Adrian Ellis）现在正在经营 AEA 咨询公司，一家专门为文化机构进行战略规划的国际化企业，埃利斯同时为国家美术馆新任总监查尔斯·索马里兹·史密斯（Charles Saumarez Smith）和国家剧院新任 129
总监尼古拉斯·海蒂内尔（Nicholas Hytner）担任顾问。激进的海蒂内尔与思想更保守的索马里兹·史密斯都批评文化、媒体和体育部工具主义的、目标驱动的制度。索马里兹·史密斯总结了对传统制度的普遍抱怨，认为政治家已经“对文化可能有价值是因为自身的缘故，而不仅仅是因为它对教育或城市振兴或文化旅游或休闲经济所做的事情变得漠不关心或明确抵触”。[12] 埃利斯认为，只要他的客户让人们了解他们的观点，就可以帮助他们打开新的局面。海蒂内尔第一个公开了自己的观点，他在一篇刊登于《观察者》的文章中表达了自己的观点，文章的标题为《带着目标去地狱》。标题是由一位副主编加上去的，虽具误导性但很有效果。海蒂内尔提到的唯一目标是“国家课程的令人窒息的要求”；他真正反对的是政府的工具主义：

> 证明纯粹作为一种社会工程学的表演艺术的合理性，与仅通过它们改善收支平衡的能力来判断其合理性，具有同样的限制性。有一种感情用事的观点认为值得花钱去剧院，因为它会引导一些弱势青少年去看《罗密欧与朱丽叶》而不是抢劫老妇人。好吧，可能会那样；但不得不说，你可以看完《罗密欧与朱丽叶》，然后仍然在回家的路上抢劫一位老妇人。艺术和良好行为之间没有直接联系。希特勒喜爱贝多芬。[13]

文章引起了许多艺术界人士的共鸣，尤其文化大臣约翰·霍尔登（John Holden）开始在德莫斯智库与同事讨论需要找到一种表达艺术价值的新方式。经协商决定，由 AEA 咨询公司与德莫斯智库公司组织国家大剧院和国家美术馆举办一次联合会议，以“珍视文化”（Valuing Culture）为主题，由克洛尔·杜菲尔德基金会和杰伍德基金会提供资金。

这次会议将于 2003 年 6 月 17 日在国家大剧院附属演播厅举行，但随着邀请函开始发往超过 100 位表演艺术团、博物馆和美术馆的总监以及学者和艺术记者，出现了意想不到的发展。主办方认为，文化
130 领域应该为自己发声，所以决定不邀请来自艺术委员会或文化、媒体和体育部的捐赠者。但是如果他们有机会获得 2000 年文化、媒体和体育部的同行评审秘密报告“淡黄色变形虫”，他们就会发现是文化、媒体和体育部自己找到了令人侧目的目标，并且向财政部的申诉未获成功。

现在，2003 年，新任文化国务大臣泰莎·乔韦尔想再尝试一次。她希望达到这样一种状态，使文化、媒体和体育部不再受财政部的经济需要的困扰，也不再与教育部展开竞争。乔韦尔获悉了珍视文化会议的消息，同年 4 月，会议组织者被邀请与她的特别顾问比尔·布什进行了一次会面。国务大臣的立场得到了解释，泰莎·乔韦尔被适时邀请在会议上发言。

会议以一位部长为代价换得了两位部长出席的结果。同年 3 月，伊拉克战争开始，接着罗宾·库克（Robin Cook）第一个辞职，克莱尔·肖特（Clare Short）也随后辞职，布莱尔不得不改组内阁。在同年 6 月的进一步改组中，曾于上一年 10 月辞去教育国务大臣职务的埃斯特尔·莫里斯（Estelle Morris）成为负责艺术的部长。莫里斯就任

新职位的第一天是6月17日，并且日记中清晰地记录着，她陪同乔韦尔参加了会议。会议的主题对她来说有一个特别的趣味：她早前从教育部辞职的原因之一是她的部门未能达成全部目标。

乔韦尔在坚持政府拥有制定政策的权力的同时，在演讲中也承认，文化、媒体和教育部“在我们力求建立对公共投资的职责方面太过功利且缺乏想象力”。需要一种新的政治话语，给人们用不仅限于工具性的术语谈论文化的信心。[14]

埃斯特尔·莫里斯在会议上没有发言，但她在教育方面的经历使她在当年晚些时候的切尔滕纳姆文学节（Cheltenham Literature Festival）上发表了一次讲话，讲话的目的明显是向财政部传递一个信号：

> 目标绩效指标、附加值、证据基础都是我们开发的语言的一
> 部分，以证明我们在宣传、取得进展、显示回报并证明所使用公
> 共资金合理性方面的能力……我知道艺术和文化对健康、教育、 131
> 减少犯罪、稳固的社区、经济和国家的福祉做出了贡献，但我并
> 不总是知道如何评价或描述它。[15]

剩下的就是自由派克里斯·史密斯，他以克洛尔领导力计划负责人的身份在会议上发言，总结了文化领域对工具主义的反对。艺术“天生具有令我们感动、激动并提高我们生活质量的能力，这不需要证明”。但是，他继续说道：“我必须承认，在政府之外谈论这一点比在政府内部谈论要更容易。”[16]

泰莎·乔维尔除了在珍视文化会议上进行发言，还带来一份非同

寻常的文件——《政府与文化的价值》。这份文件由文化、媒体和体育部于 2004 年 5 月发表，尽管文件受到唐宁街 10 号的核查，但至少对于政府政策而言它应该是被误解的，它被宣称为“一篇个人论文”。乔韦尔在文章的结尾提出了一个关键问题：“在超越目标的过程中，我们如何才能最好地捕捉文化的价值?”[17]对于一位在职部长来说，乔韦尔有着不同寻常的坦率，她承认政治家对待艺术的态度令人感到尴尬，“仅仅从其他某些方面对文化投资的情况予以解释，在有些情况下甚或为此道歉。在政治和公共话语中，在对文化本身实际做了什么进行调查、质疑和庆祝的时候，我们回避了这些更加棘手的问题。”[18]

乔韦尔试图将高雅文化与大众文化之间通常的区别重新定义为复杂与简单、娱乐与参与之间的差异，但他对文化内在价值的解释，仍坚定地以将艺术视为不以权力或地位为条件的更高雅、更普世的价值这一传统观念为基础。每个人都应该渴望“通过偶然接触或耐心学习”去体验“伟大艺术的力量带来的超然快感。”[19]她的论证随后沿着熟悉的思路展开：高雅艺术的公共补贴是合理的，因为它将
132 确保这样的改革经验不仅限于精英群体。乔韦尔以这种间接方式有效利用了关于文化资助的两种标准论点：它有一种如同“个人资源的深层背景”的道德价值;[20]不应该局限于少数人；并且，由于市场失败——“公共补贴导致了市场可能无法容忍的情况”[21]——，政府有责任介入。

可以想见，乔韦尔对于“获取与卓越”这一难题的答案是，应当有一条获取卓越的路径。尽管乔韦尔谨慎避免高雅艺术与民粹主义的表述，并且避开了认为有一个人们应该渴望欣赏的艺术作品的固定标准的观点，但关于资助艺术的理由，她还是回到了与艺术委员会第一任主席约翰·梅纳德·凯恩斯 1945 年提出的相同观点。艺术是由具有

特殊技能的人创造的某种东西，他们设定了自己关于卓越的标准；为了达到这一点，需要支持他们，需要鼓励观众去欣赏这种卓越，并通过补贴实现卓越的路径来达成。而对于乔韦尔所有超越工具主义的尝试来说，文化的目的仍然是帮助政府“将我们的社会转变成一个拥有正义、才能和抱负的地方，个人可以在其中实现真正的潜能”。[22]

乔韦尔对目标的粗劣性的批评被解释为“为了艺术而回归艺术”，[23]但显而易见的是，在她看来，文化证明了政府抱有社会目的所给予的支持是合理的，这种社会目的超越个人的经验和表达，而她的政策就是依据这种观点制定的。乔韦尔在文章中承认遇到了困难，她认为目标是一种钝器，但思路并没有改变。她的部门在珍视文化会议召开前几周发布的2003—2006 年度“战略计划”及其目标没有任何变化，她仍然致力于她和新工党认定的艺术的社会使命。

关于文化价值的争论，是关于如何表达政府本身价值的更广泛争论的一部分。经过 20 多年的新自由主义和“新公共管理”时期，关于市场的意识形态已经极为彻底地渗入公共话语，政府的唯一目的似乎就是经济利益：政府成功的唯一衡量标准就是“增长”。然而，政 133
府不是企业，无论它们多么希望能像企业那样行事。政府所做的一些事情，比如确保公民社会的和平，不能从金钱的角度来表达。它们具有的价值远远超出了它们为任何个人所提供的东西，而且这种价值实际上只能在集体层面才能产生，因为个人偏好太多时候与普遍利益相抵触。因此，可以确定两个关键原则：存在不受制于市场的公共物品，因为它们不能被买卖，同时也存在类似于公共价值这样的东西，它表达了无法从绝对的市场角度加以衡量的价值。

大多数当代公共价值理论是对哈佛大学肯尼迪政治学院教授马

克·H. 穆尔（Mark H. Moore）的一种回应。1995 年，穆尔出版了《创造公共价值：政府的战略价值》（*Creating Public Value*：*Strategic Value in Government*），他在书中探讨了公共服务经理如何在他们所提供的服务中附加价值，正如商业企业的管理者在他们销售的商品和服务中附加了价值——公共管理者创造的价值除外，那不是股东的私人利润，而是整个社会的公共价值。

直到 2001 年，穆尔的理论对于英国人而言还主要是学术上的兴趣，当时担任内阁办公室前瞻性战略小组负责人的杰夫·穆尔根（Geoff Mulgan）委托他的两名员工对这一理论进行研究。时机非常重要，因为对现在不太新的“新公共管理”原则的抵制不断高涨，新工党在履行它承诺的公共服务改革过程中遇到了困难。人们似乎没有注意到某些服务已经有所改进。穆尔根团队于 2002 年 10 月发表了一篇讨论文章，题为《创造公共价值：公共服务改革的分析框架》。如同副标题所示，这是一个思考性的问题，也就是乔韦尔的文章要问的，如何超越目标去捕捉政府的价值。文章认为，公共价值“提供了一种比新公共管理文献中常规使用的测量方式更广泛的方式，包含了结果、
134 用以提供测量方式以及信任与合法性的手段。它解决了公平、道德以及责任等问题。”[24]“新公共管理”原则无法理解或管理诸如信任、一种更加微妙的思维方式合法性及公平等难以测量的结果。

公共价值由公众自己定义这一观点是一种更加微妙的思维方式，意味着不仅仅将民众看作政府绩效目标的惰性对象。公民参与创造公共价值的方式不仅表现为愿意为公共服务纳税，也表现为接受政府的监管权力。他们通过自愿履行公民义务而创造价值。这个理论为公共机构的市场模式提供了一条向前发展的道路，并且强调个体公民的积

极作用，没有回到过去那种单一的、官僚的想法，将政府仅仅视为向被动人口供应商品和服务的提供者。

2007 年 1 月，英国广播公司需要为皇家宪章的续期提供新的论据，于是迅速抓住了公共价值在修辞上的可能性。此时的英国广播公司，由于伊拉克战争的报道以及赫顿围绕政府科学家大卫·凯利（David Kelly）之死进行的情况调查，处于极端的政治压力之下。由于新工党的胁迫，它也面临媒体对手的不满，对手之一新闻国际怨恨它的统治地位及其在线上等新渠道扩张的野心。在工作奠基石的建议下，英国广播公司于 2004 年 6 月发表了《建立公共价值》，不仅仅从公共服务广播公司的职能，而且还从公共价值的创造者的角度，将公司作为案例进行分析：

> 虽然商业广播公司的目标是创造股东价值，英国广播公司却完全是为了创造公共价值。英国广播公司通过同时为个体和公民提供服务来创造公共价值。对于个体民众而言，英国广播公司的目标是提供一系列可以提供信息、教育和娱乐并让民众喜爱的节目。对于作为公民的民众而言，英国广播公司寻求提供超越个人
> 价值的附加利益。它的目标是通过为英国民主、文化和生活品质 135
> 所做的贡献，为更广泛的社会福祉尽绵薄之力。[25]

英国广播公司的游说团体并没有忘记在这份关于机构公共价值的简洁表达之上，添加对创意产业的经济贡献的说明。

英国广播公司在与政府就宪章续期和许可费用小幅增长的谈判中脱颖而出，但这是以治理方面的重大变革为代价的。管理与整体政策

的责任被分开，原来的执行董事会转变成一个单独的英国广播公司信托基金，该基金通过保证英国广播公司的独立性来代表公众利益，并确保英国广播公司的执行董事也为公共利益行事。

这种尴尬的安排避免了将英国广播公司置于根据《2003 年通讯法案》设立的广播监管机构通信办公室（OFCOM）的直接监督之下，尽管公司仍然遵守通信办公室的广播法规。信托基金决定，在同意英国广播公司执行董事提出的诸如使用高清广播以及开设苏格兰凯尔特语电视广播等主要提议之前，将对这些提议进行公共价值评估。评估要看提议对市场和英国广播公司竞争者的影响，并在质量、受众范围和公共服务广播价值方面检测其潜在的公共价值。

愤世嫉俗者认为英国广播公司的公共价值论证只不过是在宪章续期前的一个表视性策略，当公共价值这一术语成为英国广播公司政策话语的一部分时，他们不知所措了——但这并没有减少英国广播公司受到的来自政府的政治压力，或来自商业竞争对手的敌意。从长远来看，英国广播公司执行董事会与英国广播公司信托基金之间的责任分工被证明是难以控制的，甚至信托基金第二任主席、保守党大佬彭定康（Chris Patten）都难以弥合它们之间的隔阂，并于 2014 年 5 月辞职。

对乔韦尔提出的问题——“在超越目标的过程中，我们如何最好
136 地捕捉文化的价值?”——的第一个直接回答来自德莫斯智库公司。作为“珍视文化”会议的一个结果，遗产彩票基金委托德莫斯智库公司的一个团队对资助项目成果评估方式进行分析。德莫斯智库采纳了公共价值论据，但建议遗产彩票基金使用更具体的术语：“文化价值”。该团队借鉴了马克·穆尔和澳大利亚文化经济学家戴维·思罗

斯比（David Throsby）的研究成果，提出要理解遗产彩票基金的工作价值，只有给予项目的工具价值——它们带来的可衡量的经济和社会效益——及其内在价值同等权重，这种内在价值由它们提供的审美体验以及人们在其中发现的历史、社会、象征和精神意义构成。[26]

遗产彩票基金会采用了这些原则作为评估业绩的手段，[27]霍尔顿则继续发表了一系列独立的德莫斯智库公司的册页，将文化价值的理念发展为一个适用于所有文化活动形式的概念框架。[28]他完全接受政府与文化活动产生的社会和经济利益存在利害关系的观点，尽管如此，他认为文化的内在价值先于工具价值产生，因为为了能够产生社会结果或经济结果，它必须首先使自己受到重视。为了解释这种关系如何发挥作用，霍尔顿提出了第三个术语，“制度价值”，作为一种表达公共价值的方式，这种制度价值由文化机构制作可以让观众普遍观赏的艺术和遗产而产生。

霍尔顿强调，文化价值是其各个组成部分的总和：不同的机构会集中于框架内的不同要素。一个社区艺术团体将负责社会使命；一家实验舞蹈公司将重点发展审美实践；一家博物馆将强调教育活动。同样，艺术家与支持他们的机构、观众以及需要资助艺术的理由的政界人士，会强调文化的内在、制度和工具的方面，但三者之间只有达到适当的平衡才可以维持资助体制的合法性。

“2006 年左右，如果一个人在文化部门活动，他会突然感到公共
价值似乎无处不在”，对公共价值辩论持怀疑态度的作者们如此写 137
道。[29] 2004 年，杰伍德基金会启动了一项研究和讨论项目——“使命、模式、资金”（Mission，Models，Money），以促进艺术机构之间具有更大的韧性并更加自给自足。遗产彩票基金会使用了包含内在价值、工具性价值和制度性价值在内的模式，来塑造一项国际会议议程。[30]英

格兰遗产基金会也同样构建了关于遗产保护的新的政策指南。[31]国家信托基金委托国际管理咨询公司 Accenture 将公司的“公共服务价值模式”这一已经应用于警务和学校的模式，适用于国家信托财产。[32]工作奠基石汇总了一份令人印象深刻的赞助者名单，以支持对公共价值的广泛探索，名单包括文化、媒体和体育部、内政部、英国广播公司、伦敦警察厅、通信管理局、国家卫生服务研究所和皇家歌剧院等。[33]

所有这些独立努力面临的障碍是，在政府思维没有改革的情况下，“物有所值”永远是王牌的公共价值。布莱尔内阁办公室提出的观点被布朗的财政部忽略，其中《绿皮书》里有关决策的规则仍保持不变。（文化、媒体和体育部有自己的白色模仿版《白皮书》。[34]）2003 年，政府在调色板上增添了一个新的色彩，《紫皮书：政策评估与分析指导说明》（*The Magenta Book*：*Guidance Notes for Policy Evaluation and Analysis*）规定了匹配的经济学方法用于评估政策决定的结果是否已经实现。

《绿皮书》要求货币价值应归因于任何提议政策的所有潜在影响，因为进行分析的第一步是“以货币方式将一项建议尽可能多的成本和利益进行量化，包括那些市场没有提供令人满意的经济价值的类目”。[35]因此，尽管承认一个项目的某些方面，诸如社会效益或环境效益，或是良好设计的影响等方面，可能难以定价，但对于关键问题“效益大于成本吗?”必须以财政的方式进行回答。同样，“机会成本”，即不做某些事情或者做某些不同的事情的成本，必须以“最有价值的替代用途的价
138 值”来体现。[36]认为政府可能因为这曾是一个好主意而希望做某些事情的想法，以新自由主义的方式被掩盖，这种方式就是将政府决定视为一个完美而理性的市场之内所做的经济选择。

《绿皮书》承认，确定实际价格并不总是可能的，但答案是假装有一个市场，通过一种被称作价值评估的过程来创造一个指标价格

(proxy price)。这意味着将通过消费者行为来推断价格，或者要求他们陈述可能愿意支付多少来测试公民为某些东西付费的意愿。公众通过诸如房价等体现对当地环境质量的感知的指标价格，或者通过他们准备旅行的距离以及用于参观景点的时间和成本，来显示他们的喜好。所谓偏好可以通过询问人们愿意为一项服务付多少费用来加以确定，例如免费使用的公共图书馆。

支付意愿（willingness to pay，WTP）——及其反面，接受意愿(willingness to accept，WTA)，即对于一项服务被撤回人们期望得到多少补偿——形成了新自由主义假设，这一假设认为，人们对自己的选择完全了解，并且总是做出理性的选择。实际上，这些方法是市场研究的形式。这对文化政策可能是一种不好的指导，因为市场研究可以将讨论化简为一次公民投票，而这仅仅是一种个人意见的聚合，而非民主参与的对话。创意是涉及风险的，而公众发现难以对未知事物发表意见。

工作奠基石提出的解决方案是，将文化服务提供者与公众之间的关系视为一个更加复杂的“提炼公众偏好”的过程——从专业角度理解问题的那些人与公众之间的一种对话，这些人被期待服务于公众利益。但无论是英国遗产委员会的建筑历史学家和规划顾问，还是艺术委员会的资助决策者和专家，仍需要一个理由来证明，他们的作用不仅仅是应对，还是指导文化需求。

*　*　*

当艺术委员会于 2006 年开始调查自己的公共价值时，就面临这样 139
一个困境。艺术委员会选择强调公共价值是解释公共服务机构行为的一种新的方式，而不是衡量绩效的一个尺度。调查开始之前出版的文献评论并没有提及 Accenture 公司提出的绩效-衡量-驱动的观点，也没有提及德莫斯智库公司和遗产彩票基金会关于文化价值的研究，对于一个文化机构而言，这是令人惊讶的。该评论倾向于工作奠基石的态度，将公共价值视为一个机构通过协商和参与回应公众需求的证据。

对于这一点有一个很好的理由。舆论远非同质化的，并且专家或许认为“公众”并不总是知道自己要什么。对于一个机构而言，为了能够声称自己正在理解相互冲突的意见，重要的是，自己的专家仍然坐在驾驶座上。为了避免调查太过民主而导致的任何风险，艺术委员会的文献评论声称：“公共管理者将仍须做出艰难决定，并利用自己的专业知识，担当一个关于什么构成了公共价值的对立观点之间的仲裁者。”[37]如果艺术委员会可以确立为关于什么构成了公共价值的对立观点的仲裁者，它将能够从政治家那里拿回主动权，并再次与他们保持臂长距离。

2006 年 10 月，艺术委员会启动了一次精心筹备的咨询，称为“艺术辩论”，花费了 25 万英镑，内容包括研讨会、讨论组、访谈、“开放空间”会议、网络讨论以及书面投稿和在线投稿，共产生了 1,700 份各类反馈。“公众”由挑选出来的 200 人代表，他们在年龄、性别、民族和社会经济背景方面尽可能地代表全体人口。这次活动表明，参与者中有四分之一几乎完全漠视艺术。艺术委员会似乎惊讶地发现，一些人感觉自己被排除在别人所欣赏的东西之外，而另一些人“积极地‘反艺术’是因为缺乏艺术参与实际上是他们身份构成的一部分”。[38]可以这样认为，人们是自己将自己排除在外。

140 “公众”投稿——评论家认为样本太小，不具有统计学意义[39]——与 80 位艺术家和艺术经理以及 30 家“利益相关”机构的投稿不相上下，这些机构包括地方政府、慈善机构、商业赞助者、信托基金和基金会等。这些被挑选的投稿已经尽可能具有代表性，但是，不管投稿人的地位如何，他们都不大可能认为资助艺术是浪费时间，即使有些人热衷于批评艺术委员会本身。

整个活动过程中，重点在于定性研究，而不是定量研究，既然这是一次“辩论”，组织者在设定议程之后，不仅要坐下来聆听，还要积极参与调查过程。调查结论并不令人惊讶：“在艺术辩论过程中出现的最后一个关键共识是广泛支持公共资助艺术的原则。艺术被认为是重要的和有价值的，因而是对纳税人的钱的适当使用。”[40]当参与者得知英国艺术委员每周花掉一个家庭39便士，而国民保健制度每周花掉一个家庭约80英镑时，他们看起来对此印象深刻。

辩论令这个问题得到了一次彻底的探究；但是，尽管人们表达的个人观点可能已经非常翔实，但由于公开辩论是在一个普遍性的水平之上进行的，所以很难看出它对英格兰艺术委员会的实际工作可能产生什么影响。报告以一个温和愉快的音符结束，声称“艺术辩论正在帮助艺术委员会成为一个更加外向的、倾听的、反应迅速的机构”，并且承诺将继续进行这种重要对话。[41]

话虽这么说，艺术委员会却已经准备在极其保密的条件下，对那些它正如此坚定地与之对话的机构进行一次清洗。同年12月，艺术委员会在“艺术论辩”中真正在做的事情变得广为人知，2008年1月，彼得·休伊特在杨维克剧院（Young Vic）与艺术从业者发生了一次愤怒的对话。在调查开始时，艺术委员会就确定了“公共价值的三个重要来源：高质量的服务、成果和信任”，后来又补充说，“即使达到成果和服务目标，信任水平的下降也可能破坏提升公共价值的能力。”[42]2007年，艺术委员会自己的公共价值测试失败。 141

关于公共价值的讨论虽然看起来“无处不在”，但改变政策本身需要的不仅仅是小册子、报告和会议，还譬如，部长的改变。2007年6月26日，布莱尔担任首相十年后下台，戈登·布朗终于得以入主垂涎已久的首相府。这意味着泰莎·乔韦尔任文化国务大臣的时代结束了，她被留任内阁办公室奥林匹克部长。接替她的詹姆斯·珀内尔曾于2005—2006年间在文化、媒体和体育部短暂任职，担任第一任负责创意产业和旅游业的副国务大臣。

珀内尔是个聪明的年轻人，20世纪90年代中期，他于1997年组建了业余足球队，用“恶魔之眼”（Demon Eyes）这个名字作为对萨奇设计的保守党选举海报中将布莱尔描述成撒旦的一种嘲讽式回应。这支业余足球队中有至少四位未来的内阁部长［戴维·米利班德（David Miliband）、埃德·鲍尔斯（Ed Balls）、安迪·伯纳姆（Andy Burnham）和珀内尔］，这反映了新工党的冲击部队所采取的典型的年轻放浪的风格，用平常的称兄道弟掩盖凶猛的野心。珀内尔毕业于牛津大学巴利奥尔研究生院，是布莱尔的前研究员。1994年，他加入公共政策研究院，并在这里为通信管理局的草创做出了贡献，之后他被调往英国广播公司任公司策划总监。1997年，珀内尔作为文化政策顾问进驻唐宁街，2001年成为议会议员。显然，他一直在思考不断升级的针对目标的抗议浪潮，因为他在任职期间宣布了实现政策转变的决心。7月6日，在国家肖像展览馆的一次演讲中，珀内尔承认了自己的过失：

> 在1997年，迫使艺术界在某些地方做方向性转变的目标可能是必要的。但现在，我们面临着崇拜它们的风险。在没有变革的情况下，我们就冒险认为文化像是一种过时的、反应迟钝的公共

> 服务，而不是一种现代的、精密的活动网络，拥有各项资助，与全球受众之间有着精密而复杂的关系。在没有变革的情况下，当我们想要一个转变的方法时，我们就会创造一个过于技术化的 142
> 方法。[43]

因此，在不放松政府对增加访客的期望的同时，珀内尔提出要对民众得以获取的内容给予新的关注。

他在一个揭示性的比喻中将文化政策描述为“一座金字塔——以参与作为基础，教育作为上升通道，卓越作为顶峰”。[44]对于这种文化模式，人们或许比较熟悉T. S. 艾略特《关于文化定义的注释》（T. S. Eliot，*Notes on the Definition of Culture*，1948）的读本，文化是一种等级制度，在教育文化资本的帮助下，人们沿着这个等级制度爬上了“卓越”的巅峰。为了指明这条道路，珀内尔声称已经请爱丁堡国际音乐节前总监布莱恩·麦克马斯特爵士（Sir Brian McMaster）和艺术委员会的一位成员，给他提供关于“实现卓越的前提条件，以及我的部门如何以一种理性的、非官僚主义的方式予以推进”的建议。[45]

2007年1月，麦克马斯特的路线图递交至首脑层，标题是《支持艺术的卓越：从衡量到判断》，文件于2008年1月发布，正值艺术委员会因2007年12月的资助决定引起轩然大波。更为明智的做法是将这份报告为标志的政策转变为暂停这一进程的借口，但艺术委员会仍继续推进。珀内尔在对报告的介绍中，珀内尔清楚地表明他想要变革：

> 这次审查将标志着我们在如何看待和谈论这个国家的艺术方面的一次真正转变。这个时代已经到来，它将从历史的精英主义

> 的意义上收回“卓越”这个词，并且将认识到最好的艺术和文化是为了每个人的；它有改变生活的力量，不分阶级、教育和种族。也是时候信任我们的艺术家和机构，让他们去做他们最擅长的事情——创造他们所能做到的最卓越的作品——，并努力寻找令人兴奋的新事物，而不是安全舒适的东西。为此，我们必须将艺术家和文化机构从过时的结构和繁重的目标中解放出来，这些目标可以作为打破创意瓶颈的里程碑。[46]

143 当乔韦尔还仅仅为目标担扰的时候，珀内尔已经准备好谴责他公然所称的“目标崇拜”。[47]但是对于“获取”和“卓越”之间的关系，两人的立场并没有什么不同。首先要让“每个人”有可能去享受第二步。但“卓越”是一个空洞的范畴，除非拿一件事与另一件事相比较，从而判断出更好或更差，否则就没有意义。一种价值等级制度不管被应用于什么方面，都是暗含在字里行间的。一份试图改变艺术讨论方式的文件可能已经被期待用以解决这个问题，但麦克马斯特的报告完全避免了这个问题。它的副标题“从衡量到判断”暗示着文化机构成就的具体证据（因为与目标相关联而受到污染的证据）将被另一个有着细微差别的模棱两可的类别，即“品质”所取代。

因此工具主义链将被打破，艺术家将自由地表达自己——前提是他们是“卓越的”。然而，当麦克马斯特给出卓越的定义时，他似乎并没有意识到，从转变效果的角度描述卓越，工具主义依然在发挥作用：“我所听到的关于卓越的最佳定义是，当一种体验影响并改变一个人的时候，文化的卓越性就产生了。”[48]

可以推断，强调一种文化体验对一个人的影响，是意图与作为政府目标对象总体的社会利益或经济利益区分开来。文化作为一种价值观的观点是共同性的，它有助于界定一个社区，而不是支持一种狭隘的个人主义。即使在定义不充分的情况下，卓越的原因和理由仍然是艺术的变革力量。许多艺术表演或艺术作品本身就具有价值，这种价值是以其“体验如何影响和改变一个人”的方式来表达的。不言而喻，这种改变会更好。

一旦理解了麦克马斯特将艺术的目的视为个人的道德转型，他的其余观点就有了落脚点。负责判断卓越的那些人起到一种监护作用。他提及的“一部优秀的戏剧、管弦乐或歌剧作品可以帮助一个人理解 144
这个世界”[49]——博物馆或艺术画廊也可以如此——背叛了他传统的、高雅艺术的品位，其中包括先锋艺术的作用：“有人认为文化并不总是需要创新才能成为卓越的，但如果真的要与我们的社会相关，它绝对必须创新。创新被理解为引入某些新事物，因为旧的方法和体系是不够的。创新因此成为寻求卓越的一个组成部分。”[50]因此，他在适当的方框中打上勾，认为卓越成就包含了“创新、冒险、多元化和国际化”。[51]

麦克马斯特的报告远远没有将“卓越”这个词从其“历史的、精英主义的意味”中收回来，而是像珀内尔那样，将文化管理牢牢地交还到专家手中。麦克马斯特建议的文化机构工作评估的新框架与旧有的框架非常相似。“判断”主要掌握在艺术家和从业者手中，由“对他们的判断有信心的资助人”提供支持。[52]资助者只应资助市场做不了的东西，而且很难想象，资助者会故意为平庸的东西提供资助，“不应将资金用于不卓越或者不具备实现卓越的潜力的东西”。[53]建议优先考虑多元化并投资于文化教育，这表明社会工具主义并没有被抛弃。

尽管几乎每一段都出现了“卓越”，但其辩证的另一面“获取”并没有出现。对于获取，麦克马斯特用“参与”作为替代。显然，艺术委员会最近的公共价值调查发现，有些人被艺术排除在外，这一发现令人震惊。麦克马斯特关于卓越本质的论点的循环性，在他的回答中显示了出来："艺术不是为了每个人这一观念必须正面解决，因为卓越的艺术从定义上来说是为了每个人并且绝对与每个人相关的。"[54]这个未经检验的假设将得到工具性的执行："必须严格要求从业者与观众进行互动。"[55]

最终，麦克马斯特报告的重要性并不体现在可疑的论据中，而是
145 体现在其传达的信息中，它实际上"让目标见了鬼"。这是值得欢迎的，但正如"珍视文化"的辩论所明确表达的那样，真正需要的是找到将公共资助合理的工具目标与艺术和遗产的内在利益结合起来的方式。那个方式还没有找到。莱恩基金会董事蒂姆·乔斯（Tim Joss）为《使命、模式、资金》撰写了一篇文章，继麦克马斯特的报告之后很快发布，文章认为，政府需要一个资助文化的理由。关于公众对艺术的评价是什么，仍然没有答案：

> 只要政府被要求投资艺术，缺乏足够的答案就会困扰艺术和文化政策的制定者。我们回到了艺术的内在和工具性利益的错误极端，回到了艺术界试图追溯性地提供证据以参与最新的社会政策或经济政策议程的问题。[56]

* * *

麦克马斯特的报告错过了机遇，而珀内尔对文化、媒体和体育部的激进想法的时间是短暂的。报告于 2008 年 1 月出版，几天后，麦克马斯特被调往工作和养老金部。2009 年 6 月，他挑战领导层的企图没

有成功，从政府辞职，并称自己不能再支持戈登·布朗。2010 年，他离开议会，最终回归英国广播公司。“魔鬼之眼”足球队另一名队员安迪·伯纳姆（Andy Burnham）接管了文化、媒体和体育部，他在 2001 年进入议会之前曾担任克里斯·史密斯的顾问，而伯纳姆也在 2009 年 6 月被本·布拉德肖（Ben Bradshaw）取代，后者一直任职到新工党次年败选。

2008 年 4 月，文化、媒体和体育部在“内阁办公室能力评审”之后进行了重组。它在这一新的同行评审形式涉及的 12 个部门中排在第 10 位：“有一种看法认为，文化、媒体和体育部的作用过于像是财政部与受资助机构之间的一个资助‘邮箱’。在与其他政府部门接触过程中，它被认为联系不够密切或没有施展充分的影响力。”[57]

这一次的评审是根据“淡黄色变形虫”里的评定标准进行的。不 146
同艺术形式的各个分部门被废除，因为这影响到艺术委员会的自身结构而令委员会对微观管理方式感到极为烦恼，各部门被重组为媒体、体育与休闲、文化三个部门——因此文化部门更小，并且更注重“理解”它所负责的文化领域。这种理解部分是基于更成熟的研究，因为 2005 年设立的“参与”调查积累了许多材料。

文化、媒体和体育部的重组与艺术委员会的重大变动同时发生。2008 年 1 月，首席执行官彼得·休伊特退休，艾伦·戴维接任。这里一个猎手变成了偷猎者。作为一名职业公务员，艾伦·戴维曾是国家遗产部国家彩票的原创设计师之一，后来又回到文化、媒体和体育部，于 2001—2003 年间担任艺术部门负责人，之后成为艺术委员会 2005 年同行评审时期的文化总监。他来到艺术委员会的第一周便忙于消除近期各项决议造成的损害，并于 2 月 1 日首次公开亮相时宣布了 2008—2011 年度资金分配的最终结果。艺术部门最近一次为这一混乱局面公开进行道歉是在 11 月的一次演讲中："我们认为我们正在做出支持卓越并提升国家艺术影响力的决定……我们为此采取的方式是，按照我们的整体想法进行，与其他部门展开合作。"[58]

戴维必须恢复艺术委员会的权威，回应麦克马斯特的报告，同时防止奥运会需求进一步抢占资金，尽管与此同时，他也在准备一场"文化的奥林匹克"并最终确定了 2008—2011 年度艺术委员会战略计划。他面临的最紧迫的问题是不得不渡过另一次重组，也是 2000 年以来的第四次重组。2007 年的资金安排给了艺术委员会额外的 2,000 万英镑，但代价是 2011 年 3 月底之前要节省 15% 的行政费用。由于英格兰艺术委员会的营运费用中 50% 是工资开支，因此更多的工作岗位将被撤裁。

147 这次重组是打破地区办事处权力困境的一次机会，这种困境是戴维的前任造成的。戴维加入了那些曾认为英格兰艺术委员会将真正成为一个机构的人的行列，[59]并且近乎实现了这个目标。地区办事处和咨询委员会分由四个地区执行董事领导。根据中央权力的主张，全国办事处更名为"总办事处"，但它的编制与地区办事处的编制同时被瘦身。伦敦在资金方面总是得到不成比例的偏爱，它重新获得了 20 世纪 50 年代曾经拥有的决策霸权地位。这个做法会令艺术委员听起来像一个建筑协会，它产生了意想不到的结果，根据这个结果体现的象征性姿态，负责与受资助机构打交道的工作人员改名为"关系经理"。

戴维小心地对麦克马斯特的报告做出平淡回应："报告一旦被官僚化，麦克马斯特就死了。而如果把它当作白皮书来对待，就必须对其中的每一句话加以分析并使之成为一个计划。"[60]麦克马斯特的大多数实用性建议都被忽略了，但"卓越"和"接触"这样的新语言在设计机构新的使命声明中是有用的。这是为了解决戴维所谓的"历史上未解决的根植于我们基因的紧张关系”[61]，包括伦敦与地区之间的紧张关系，以及凯恩斯的“最佳”理念与拓宽获取之间的紧张关系。英格兰艺术委员会声称要借鉴前一年的艺术辩论——虽然 2008 年 3 月出版了一份总结性文件《人们想从艺术中获得什么》，[62]但从未使用过“公共价值”这一术语——，并于 2008 年 9 月推出新的宏大理念：“为了每个人的伟大艺术”。

这句话的声调突降并不能掩盖戴维开始推行的重大变革。除了重组和缩编整个机构之外，戴维还尝试通过招聘“艺术评估员”与艺术界重新建立联系，请评估员为委员会资助的组织和项目付费撰写报告。以前的定期资助机构体系默认某些机构会永远得到资助，这一点将予以改革。委员会将获得“全国机构组织”体系的新身份，为此每个现有的定期受资助者，包括国家大剧院、皇家歌剧院以及有抱负的机构， 148
都必须每三年申请一次。[63]

戴维推动变革的力量在 2009 年 2 月得到加强，当时的委员会主席克里斯托弗·福雷林退休，由来自遗产彩票基金会的丽兹·福根（Liz Forgan）接任。福根带来了她在遗产彩票基金会所持有的信心和权威。2009 年 10 月，她展示了自己强硬的一面：反对任命前《标准晚报》（*Evening Standard*）编辑韦罗妮卡·沃德雷伊（Veronica Wadley）担任伦敦艺术委员会主席。在《标准晚报》方面，沃德雷伊曾经支持鲍里斯·约翰逊（Boris John）于 2008 年的选举中打败肯·利文斯通担任市长；由于历史原因，这一任命是宪法准许由市长指定的，不过要得到文化国务大臣的批准。新任国务大臣本·布拉德肖支持福根，他认为沃德雷伊不是这一职务的最佳人选。约翰逊表示，他将重新运行被布拉德肖冻结的选用流程，于是沃德雷伊不得不一直等到 2010 年保守党上台。在等待期间，布拉德肖警告说，保守党如果赢得大选，就准备解雇福根的艺术委员会主席职务。2012 年，福根如期被解雇。

2010 年 11 月，戴维的宏大设计——一个为期十年的战略框架《实现为了每个人的伟大艺术》终于完成，这是经过数次协商达成的一致意见。丽兹·福根的介绍为解释卓越做了一次积极的尝试：

> 每个人对于卓越是什么都会有自己的理解。但对于我们来说，它只是人们能够做到的最勇敢、最原始、最创新、最完美实现的作品——无论是艺术的创作过程、艺术表演、艺术交流还是对观众的影响。我们可以在古典作品或者在野生无政府状态中发现它，也可以在典雅的剧院或铁路拱门中发现它，它可以容易获得或者模糊不清，可以面向一小群观众或者数百万观众。

149 未来，艺术委员会将由五个目标来定义：

一、人才和艺术的卓越欣欣向荣且值得庆贺；

二、更多的人体验艺术并得到艺术的启迪；

三、艺术是可持续的、有弹性的和创新的；

四、艺术部门的领导层与员工队伍多样化并具备高水平的职业技能；

五、每个孩子和年轻人都有机会体验丰富的艺术。[64]

得益于珀内尔委托麦克马斯特所做的报告，由前文化、媒体和体育部官员领导的艺术委员会已经摆脱了目标的暴政，正逐步实施自己的目标。经过长期的磋商以及随后全国机构组合的公开申请流程的透明处理，2007 年大打折扣的信任已经开始恢复。

可能因为这些变化的结果不如人们所担心的那么激烈，于 2012 年

4 月开始的新体系下的成功投标结果宣布时，尽管提出申请的 1,333 家机构中有一半一无所获，包括 206 家之前受定期资助的机构，但并没有出现普遍抗议。艺术委员会的“申请人指南”显示出一个重大的制度上和语言上的变化。艺术机构不再由艺术委员会帮助实现它们的抱负；它们要帮助艺术委员会实现它的目标，它们被告知“你必须证明你至少为我们的两个目标做出了贡献”。在“你打算如何使用我们的资金来实现我们的目标和优先项目”这句话里，使用的所有格“我们的”，表明纯粹的艺术制造者已经成为专家的制度目标的工具。[65]

最后一个变化是，《实现为了每个人的伟大艺术》投入到一个与 2008 年这一进程开始时截然不同的世界。艾伦·戴维在文件中声称，“2010 年这个财政年对于艺术而言是一个黄金年”，[66]但在综合支出审查两周之后，人们发现文化、媒体和体育部 2011 年的预算削减了 24%，并导致艺术委员会自身的预算削减了 30%。创意英伦的黄金时代将变成一个更低级且更糟糕的金属时代。

第六章　铅时代 151

我曾经有一个真正的信念，艺术是一种比金钱更强大的货币——这是一个艺术家拥有的浪漫感受。但你开始偷偷感觉到金钱更强大。

达米安·赫斯特，《观察者》，2006 年 2 月 19 日

2007 年 6 月，达米安·赫斯特展示了一件比《某些活人头脑中的死亡在物理上的不可能性》更大胆的作品，就是让他成名的那头鲨鱼。他的交易商杰·乔普林（Jay Jopling）的画廊“白色立方”位于圣詹姆斯。参观者由电梯送入一个黑暗的房间，在那里，在非常安全的条件下，他们可以短时间参观《为了上帝之爱》（*For The Love of God*），一只聚光灯照射下的 18 世纪晚期男性头骨的铂金铸件，上面镶有 8,601 颗钻石。作品无论是主题（死亡，赫斯特的一个长期主题）还是概念（他承认一个阿兹特克人的头骨放在大英博物馆里的影响）都不是特别具有原创性，但价格是在世艺术家作品中最高的：5,000 万英镑。此次名为《超越信仰》（*Beyond Belief*）的展览也展出了钻石粉镶嵌的丝网图像版本，每件 1 万英镑。

这件作品的大胆不仅在于物件——一幅谈论奢华与死亡的戒世静物画——的闪闪发光的力量，还在于正在进行的这场关于价值概念的

152 游戏。价格一部分包括伦敦珠宝商宾利和斯金纳制作工艺的费用。制作成本估计在1,500万英镑；材料本身就标志着顶级财富。但这是将媚俗变为艺术的要价。这是一次挑衅，是向富人发出的邀请，就为了显示他们在新工党上台以来的长久繁荣时期变得多么富有。

与此相应的是，赫斯特头骨作品的销售——这个形象比他起的任何标题都有力——笼罩在神秘之中。8月底，人们以商业性的语言而非艺术鉴赏的语言宣布，一群“投资人”已经支付了5,000万英镑。据报道，这些投资人包括赫斯特自己，据说他拥有24%的股份。作品是否真的卖了以及卖给谁，都没关系。沃尔特·本雅明（Walter Benjamin）曾在1936年提出，在机械复制的时代，艺术已经失去了光环。赫斯特再次证明艺术已经获得了一个新光环：金钱的光环。

如果财经记者拉里·埃利奥特（Larry Elliott）和丹·阿特金森（Dan Atkinson）的书不是在展览开幕之前出版，他们可能会引用《为了上帝之爱》作为他们所谓的“胡说八道的英国”的一个实例：“我们数钱并且胡说八道”。[1]在布莱尔首相下台的决定广为人知之后完成的著作《幻想岛：意识到难以置信的经济、政治和社会幻想这一布莱尔遗产》，是在戈登·布朗于2007年7月接任布莱尔之前出版的，正如标题所暗示的那样，这本书是一种没好气的评价。接下来发生的种种困难可能会使布莱尔时代看起来像一个黄金时代，但英国的繁荣在很大程度上是虚幻的，它建立在由首相推动的一系列幻想之上，这位首相“可能是现代英国政治史上最耀眼的选举赢家，但……他身后留下了一个深陷债务和破产泥潭的梦幻世界”。[2]

他们以令人瞩目的预见性发出警告，金融危机迫在眉睫。人们普遍抱有一种幻想，认为经济能够扛住公共债务和私人债务的积压。戈登·布朗不断改变财务周期的标记贴，以免借贷看起来过多，同时沿用保守党的财政策略，即私人金融计划，积极将未来债务用于医院和 153
其他公共设施。尽管公共部门遭遇了目标、审计和检查的阻碍，但私人部门似乎可以自由奔跑，同时鼓励个人债务泡沫。

阿特金森和埃利奥特对即将上任首相的克制和警惕的特质予以鼓励，而戈登·布朗表现出这一特质仅仅是为了避免立即举行大选的风险。2007 年 9 月，挥霍无度的抵押贷款机构北岩银行（Northern Rock）将不断加剧的国际银行业危机带回英国，一年以后纽约雷曼兄弟的倒闭将危机推向了高潮。一个微妙的时间点，2008 年 9 月 15 日，即雷曼兄弟倒闭的那一天，达米安·赫斯特在伦敦苏富比拍卖行展出了 223 件作品。明星作品《金牛犊》（*The Golden Calf*）是一只泡在福尔马林中的白色犍牛，有牛蹄、牛角和一只坚实的 18 克拉重的黄金光环。幸运的是，纽约时间比伦敦晚五个小时：再晚一天，这笔 1.11 亿英镑的交易就无法达成。上帝因为以色列人制造金牛犊而惩罚了他们；赫斯特因为他的金牛获得了 920 万英镑。

赫斯特拍卖的重要意义不仅在于完美的时机。由于视觉艺术发展为 21 世纪的主流文化形式，国际艺术市场成为传统上买卖当代艺术的交易商与苏富比和佳士得拍卖行之间的一个战场。拍卖行不再满足于在伦敦和纽约举办的上流社会的隆重正式的拍卖，逐渐将交易扩展到私人拍卖领域。赫斯特凭借使他成为艺术界明星的自负，决定绕开自己在伦敦和纽约的交易商杰·乔普林和拉里·戈戈西安（Larry Gagosian），将作品直接交给苏富比拍卖行，要求他们在拍卖中向有利于他的方向出价。

苏富比和佳士得在全球拍卖中占有高达90%的交易额，形成双头垄断。2000年，两家公司在欧洲和美国解决诉讼的时候，没有人表现得非常担心，显然双方之间已经串通好设置委托人费。苏富比美国公司董事长阿尔弗雷德·陶布曼（Alfred Taubman）被判处一年监禁，而佳士得因与当局合作逃脱了刑罚。1998年，法国收藏家弗朗索瓦·皮诺（Francois Pinault）以10亿美元买下佳士得，并入自己由古驰和圣罗兰等奢侈品牌组成的资产，因此佳士得仍为私人所有；2005年，陶布曼卖出了苏富比的股份，后者成为一家上市公司。

154

根据艺术经济学家唐·汤普森（Don Thompson）的说法，赫斯特拍卖时世界当代艺术品拍卖的估价约为一年180亿美元。[3]随着1990年日本艺术市场的崩溃，艺术市场整体上情绪低落，但于2001年又再次起飞，特别是在伦敦，泰特现代美术馆的开业以及年轻英国艺术家（YBAs）计划的成功树立了新的信心。1986年，伦敦金融城在扩大金融服务、对冲基金和商品交易商之后放松了管制——加上对生活在英国的富有外国人有利的税收制度——，这意味着50多个知名伦敦艺术品交易商有了新客户，迎来了加戈西安（Gagosian）、豪泽和沃思（Hauser and Wirth）以及斯普鲁思·马杰（Sprüth Magers）等国际画廊的加入。

交易商对苏富比和佳士得进入私人拍卖领域的举措展开了反击，支持扩大国际艺术博览会的数量。2003年，首届弗雷兹艺术博览会成功举办，这个博览会由《弗雷兹》（*frieze*）艺术杂志创始人组织，顺应了1991年开始兴起并不断上升的对当代艺术的兴趣的潮流，确立了伦敦在艺术博览会上的重要地位。交易商、收藏家和追随者的国际大篷车现在从香港开到迪拜、威尼斯、巴塞尔、马斯特里赫特、伦敦、纽约和迈阿密。2005 年共举办了 68 个艺术博览会；2011 年举办了 189 个。2012 年，弗雷兹在纽约举办了第二届弗雷兹艺术博览会，并且在伦敦举办了一场“大师”博览会。

2011 年 12 月，曾经协助整个业务运转的查尔斯·萨奇（Charles Saatchi）抨击了艺术圈的“卑劣”：

> 作为一个艺术买家，这些日子全面而无可争议地是低俗的。
> 它是富有的欧洲社会名流、对冲基金投资人和来自美国汉普顿的
> 富豪的消遣；是赶时髦的寡头和油画寡头的消遣；也是意淫般自 155
> 负的艺术交易商的消遣。他们在威尼斯的超级游艇上为了今年壮
> 观的双年展而偎依在一起。威尼斯现在已经牢牢固定在这个新的
> 艺术世界的日历上，此外，在圣诞节的圣巴特和 8 月的圣特罗佩，
> 令人目眩神迷的社交活动和时尚派对一个接着一个。在这样一门
> 被视为有教养、优雅当然也极其富有的重要交易中，艺术证书是
> 不容忽视的。[4]

萨奇同样富有，而且在 2011 年他还享受着第三任妻子、著名美食节目主持人奈杰拉·罗森（Nigella Lawson）有教养的优雅。萨奇曾掌控着伦敦的当代艺术圈——他唯一有影响力的竞争对手泰特美术馆馆长尼古拉斯·塞罗卡，不屑承认他们之间存在任何竞争——，现在却只能在一个拥挤的领域运作。他试图发起一个继“年轻的英国艺术”之后的接续运动，即“新神经现实主义”（New Neurotic Realism），结果一无所获。2003 年，他将自己的画廊从边界路搬到了国会大厦对面的前伦敦议会总部，在泰特现代美术馆上游制造了一个竞争对手；但他与达米安·赫斯特撕破了脸，后者否认他与自己的作品回顾展有关系。伦

敦郡政厅的安排与日本地主之间陷入了花费巨大的法律纠纷，2008年，萨奇在约克公爵在切尔西的前军营重新开放。将收藏“捐给”国家的努力失败了。但萨奇有一个观点：“超级艺术品交易商的成功建立于艺术现在对超级富豪的控制这一神秘力量之上。这些新收藏家当中有一些已经通过艺术品交易商的商业活动而成为亿万富翁，这使他们唯有感激之情。”[5]

然而，更多地从历史角度来看，萨奇可能已经发现，对于百万富翁而言，艺术的神秘力量显示了自共产主义崩溃和“冷战”结束以来艺术的角色转变。共产主义的崩溃催生了新型的俄罗斯收藏家，以罗曼·阿布拉莫维奇（Roman Abramovitch）及其合伙人达沙·朱科娃（Dasha Zhukova）为代表——2007年5月，苏富比将卢布添加在了拍
156 卖期间实时价格兑换电子展示屏上——，中国经济体制的资本化以及印度和亚洲经济的兴起也开辟了新市场并创造了新买家。卡塔尔、阿布扎比、沙迦和迪拜投资新博物馆的决定进一步增加了需求，并推高了价格。

国际企业现在以自己的艺术收藏为荣；像瑞银（UBS）和德意志银行（Deutsche Bank）这样的银行都在收藏艺术品、赞助展览和艺术博览会。纽约古根海姆博物馆在毕尔巴鄂的分馆自1997年开业以来，已经将自己变成一家国际企业，将品牌作为一种文化合作形式进行交易。艺术不再是西方自由的自治象征，而是像艺术史学家朱利安·斯塔拉布拉斯（Julian Stallabrass）所说的那样，成为全球化胜利的一个标志：

> 正如全球资本主义在1989年之后从手下败将的外衣后面走出来一样，它的迅速转变揭示出它是一种不可阻挡的掠夺性制度，

> 它或许也可以成为艺术界的制度。在控诉冷战的过程中作为一种工具的艺术结束了，这就清楚地表明艺术在发展中已经具有新的作用：其核心功能是作为新自由主义价值的一名宣传员。[6]

市场的跨国界、跨货币的自由发挥体现在艺术贸易中，除了毒品交易和贩卖人口之外，艺术贸易是世界上受监管最少的商业活动之一。要成为这个商品的交易员，无须持有资格证书，约束着其他业务形式的多数规则似乎也不适用，除了强调保密性以外。这本身就是一个影子银行系统。复杂的所有权交易，例如赫斯特的头骨作品、定价、内幕交易、操纵市场以及使用避税天堂和离岸账户等，都作为平常之事被接受。除了可以受制于出口管制的古代绘画大师作品之外，艺术品很容易移动，可以用任何货币进行交易，成为洗钱的理想工具。

这并不意味着所有形式的艺术都必然是一个好的投资。保险、保
管、储存和安保的成本很高；交易商砍价，拍卖公司从买卖双方收取 157
佣金；还有资本利得和增值税之外的复杂因素。最糟糕的是，整个市场取决于时尚的奇思妙想以及需求与供给之间的微妙平衡。甚至连赫斯特在伦敦与原交易商闹翻之后，紧接着也发现2008年11月他在苏富比纽约公司的拍卖并没有那么顺利。

在大规模生产和消费的时代，赫斯特像美国的杰夫·昆斯（Jeff Koons）和日本的村上隆（Takashi Murakami）一样，建立了一种工业化的艺术制造模式，在签名作品的创作过程中指导助手团队去完成。品牌名称和高识别度的产品，诸如赫斯特的斑点、昆斯的闪闪发光的气球、村上的活泼风格以及可爱又淘气的卡通人物，将名人效应与可获取性融入最终的文化商品。自2008年以来，尽管经济衰退，精英蓝筹艺术家依然维持了他们的价格——或者让他们的价格保持住了。少

数百万富翁艺术家与其他4万名生活在伦敦的艺术家之间的距离，反映了英国富有精英与其他人口之间日益扩大的差距，后者的生活水平已经停滞或下降。

经济地理学家大卫·哈维曾借用马克思《政治经济学批判大纲》(*Grundrise*)中的一句话，提出了“虚拟金融资本”的概念，艺术已经成为这一概念的终极实例。[7]哈维在分析2008年以来的金融危机时认为，为了使全球资本主义经济能够满足不可阻挡的增长需求，必须对新生产利润进行稳定的再投资，并开发新市场，从而避免资本的过度积累。然而，到了21世纪初，尤其是在中国加入世界市场之后，全球化意味着新的扩张机会已经几乎不存在了，无论在亚洲还是西方，压低工资都抑制了需求。

结果产生了剩余资本的过度积累与维持增长的消费缺乏之间的不平衡。针对这一结果的解决方案是以信贷形式提供“虚拟资本”以刺激生产，因此美国次级抵押贷款市场的发展产生了全球危机，贫穷的
158 买家与投机的开发商都依赖于过度债务。尽管为了投资而借贷是合乎逻辑的，但不投资于生产而投资于股票和债券、期货、衍生产品和产权等，成为一种强烈的诱惑，为此价值由竞争性需求产生并且受市场情绪支配。利润成了空气。

几乎没有物质价值的艺术是标志性的资本资产。它的价值不在于已经为它支付了多少钱，而在于未来人们可能为它支付多少钱。具有悠久历史的大师作品及其延伸出的所有独特的文化对象，其价值是锁定的，因为不可能再有完全相同的作品，供给是有限的。凭借在没有监管的市场中进行交易的所有优势，艺术成为吸收剩余资本的一种理想手段，如事实发生的那样带来了展示和获得社会地位的机会。

这就解释了为何2008年以后，艺术市场尽管出现了低迷并且交易

量下降，但在2009年底又再度上涨。拍卖会上成交的20件最昂贵的作品中，有11件是在2008—2012年之间被拍下的。虽然中档作品的价格定得较低，但爱德华·芒奇（Edvard Munch）、罗奇柯（Rochko）、让-迈克尔·巴斯奎亚特（Jean-Michel Basquiat）、伊夫斯·克莱因（Yves Klein）以及沃霍尔（Warhol）（必须注意，所有这些人都已过世）的作品领先飞涨起来。2012年6月的巴塞尔艺术博览会上，交易势头强劲，《艺术报》因此问道“艺术市场能在水上漫步多久?”[8]答案似乎是：无限期。

2013年1月，“美国艺术策略”（ArtTactic US）和“欧洲市场信心”（European Market Confidence）的调查显示，对战后高端市场和当代艺术市场的信心已经提升了25%，2012年11月，纽约的交易记录比之前2008年的峰值又增长了15%。由于利率极低，并且其他形式的资本投资不再产生充足的利润，富人的资本盈余似乎已经无他处可去。

国际艺术市场摆脱了世界其他经济体，西方国家政府因而面临着信贷泡沫破裂的严峻现实。布莱尔在泰特现代美术馆发表“黄金时代”的演讲一年以后，他的继任者正在努力防止国际银行体系崩溃，159
阻止经济衰退转向萧条。戈登·布朗于2007年10月进行的“综合支出审查”对文化、媒体和体育部已经是相对慷慨的，该部门综合支出三年里总体增长了6.6%，到2010—2011年度增至16亿英镑，此外还包括200万英镑的资本基金。

然而，到了2009年1月，珀内尔在文化、媒体和体育部的继任者安迪·伯恩汉姆警告说，金融危机可能致使目前的三年期支出方案遭削减。艺术委员会方面，艾伦·戴维警告说，由于经济衰退，公司捐赠、企业赞助、地方政府资助以及来自信托公司和基金会的收入都会缩水，这是一场“完美风暴”。2009 年 4 月，阿里斯泰尔·达林（Alistair Darling）将文化、媒体和体育部 2010—2011 年度的资金分配预算削减了 2,000 万英镑，这不过是第一步，按计划到 2012—2013 年度，文化、媒体和体育部的资金分配将削减至 1.68 亿英镑——这还是假设工党仍将执政的情况。各文化机构检查了自己的资金储备状况，冻结了招募，准备应对即将到来的更多削减。

艺术委员会对经济衰退以及 2010—2011 年度资助金削减 400 万英镑的回应是，抢占彩票现金余额，创建一个 4,000 万英镑的紧急“维持”基金，用于补贴那些因企业资助和其他收入来源枯竭而面临困境的机构。这个基金针对的是大型机构，最低资助额为 7.5 万英镑，最高为 300 万英镑，有人对这种堵塞赤字而不是战略配置的方式抱有怨言。但它阻止了大规模的灾难——一笔 120 万英镑的额外拨款使伦敦当代艺术学院摆脱了即将关闭的困境。截至 2010 年 4 月，英格兰艺术委员会的运营成本下降了 15%，它还额外获得了 650 万英镑的资助可供支配。

财政部继续寻求削减开支，取消了英国电影协会在南岸的 4,500 万英镑的建筑项目，并推迟向（2013 年 12 月最终开放的）巨石阵游客中心拨款 2,500 万英镑。工党在 2010 年 3 月的最后一笔预算中，要求文化、媒体和体育部根据“节约效益”削减 6,000 万英镑，作为整
160 个政府机构的 11 亿英镑削减计划的一部分。

接下来的这个月，大选开始了。就在 5 月 6 日投票日前五天，陷入困境的戈登·布朗在彼得·曼德尔森的陪同下现身，布朗要在桑德兰国家玻璃中心工党成员的一次闭门会议上发布党的文化宣言。他本来是要做出承诺，今后的几十年时间“对于艺术和那些热爱艺术的人

来说，将是如同过去十年一样的黄金时代”。[9]但是一名诘问者插进话来，大声斥责布朗几天前被人偷听到将一名向他提出移民问题的女士评价为“偏执的女人”。这名诘问者被绑出去了——是他而不是艺术宣言得到了媒体报道。这份宣言列举了新工党的诸多成就，但几乎没有提出新的建议。上台 13 年之后，这台曾经运转顺畅的政党机器没有拿出比《创意英伦》更加原创的宣言标题。新工党的点子已经用光了。

《创意英伦》宣称却没有实现的一项成就或许是，新工党已经迫使保守党重视文化。金融危机发生在右派手中，他们希望采用一种截然不同的模式，完全免除文化资助。“政策交流”的小册子《文化秃鹫》与 2006 年成立的“新文化论坛”的观点相比是积极良性的：“关于艺术发展的中央政策的想法将是一种可恶的想法，无论是在个人自由方面，还是在承认英国公民对艺术价值诸多争议性愿景方面。”[10]

在题为《艺术委员会：想办法关了它》（*The Art Council*：*Managed to Death*）的报告中，记者马克·西德韦尔（Marc Sidwell）呼吁废除文化、媒体和体育部以及艺术委员会，并将它们的职责移交给地区艺术委员会。这份报告晒出了那些困扰英格兰艺术委员会的丑闻，但艺术委员会指出报告研究存在不实之处，因而不予理会。同样持新自由主义观点的亚当·史密斯研究所跟进了上述建议，并认为每个公民都应该直接获得一张年度代金券——如果目前的补贴水平保持不变的话，价值 11 英镑——，用于“获得批准的艺术生产者”，而不是 161
为文化的生产者提供资助。[11]至于由谁来批准生产者，研究所并没有给予解释。

保守党的决策者私下都感受到了亚当·史密斯研究所对所谓文化

管理浪费成本的恐惧，并且明白金融危机可以为缩小政府规模提供掩护，但他们意识到，需要重新定位自己，避免再成为“讨厌的政党”，因此在公开场合避开了此类激进想法。2005 年 12 月，戴维·卡梅伦一当上工党领袖，就竭尽全力地寻求文化部门的支持。

2006 年 11 月，卡梅伦任命埃德·韦泽（Ed Vaizey）这位 2005 年就已经进入议会的私人朋友担任影子内阁的文化部长。韦泽是《星期日泰晤士报》前艺术评论人玛丽娜·韦泽（Marina Vaizey）的儿子，对这个领域非常了解。他的目标之一就是要确保“万一保守党在星期三获胜，星期五在冷汗中醒来的艺术界人士能少一点”。[12]

2007 年 7 月，韦泽的老板、右派人士雨果·斯怀尔（Hugo Swire）提出，应该放弃免费开放国家级博物馆的做法，结果丢掉了影子内阁文化国务大臣的职位。他的替代者是卡梅伦的另一位朋友、牛津大学的同窗、40 岁的杰里米·亨特（Jeremy Hunt）。亨特具有出色的规避丑闻的能力，是影子内阁中的几位百万富翁之一。在发生了斯怀尔的事情之后，亨特小心翼翼地展示出一副对艺术友善的面孔。

2007 年 10 月，亨特递交了一份由韦泽委托约翰·图萨爵士任主席的独立委员会制作的报告——《一个新的艺术景观》（*A New Landscape for the Arts*），旨在帮助保守党制定文化政策。报告建议，应该将体育从文化、媒体和体育部的职权范围中删除，该部门应该直接资助旗舰级艺术机构和国家级博物馆，艺术委员会则应该专注于地区艺术机构。

亨特并没有采纳这些建议，但他注意到了人们对彩票资金被分流用于资助奥运会的牢骚。当亨特于 2009 年 6 月推出正式的保守党文化
162 战略时，不仅承诺免费开放国家级博物馆，还提议将国家彩票筹集的资金恢复为分配至原来的四大慈善事业，他声称，新工党为了政治目

的已经转移了35亿英镑。这成为2010年“艺术的未来与保守党政府”文件中的一项选举承诺，这份篇幅为两页的文件许诺为艺术提供连贯且持续的资助，撤除考核目标，同时建立捐赠基金，向文化混合经济增加第四支柱。[13]

由于迫切地想要向艺术界做出保证，真正对文化感兴趣的保守党影子议员乔治·奥斯本（George Osborne）在泰特现代美术馆发表了一次演讲，赞扬了艺术对社会的贡献，并声称他的党对文化领域有着至深的承诺。杰里米·亨特谈到将为一个新的黄金时代奠定基础，戴维·卡梅伦告诉《太阳报》：“我们的文化是首屈一指的。”[14]但由于英国的经济困难依然存在，只有自由民主党在进入选举时承诺，要将文化方面的开支维持在相同水平。

选举结果尚无定论，保守党-自由民主党联盟经过讨价还价达成协议，协议包含12个关于“文化、奥林匹克、媒体和体育”的要点：5个涉及体育，3个涉及媒体，还有2个涉及保守党已经承诺的彩票基金改革；免费参观国家级博物馆将予以保留，公共场地的现场音乐表演将更加容易。文化、媒体和体育部不再有联合伙伴关系：全部的4个部长职位都去了保守党那里，亨特任国务大臣，维泽任负责文化、宣传和创意产业的部长。

亨特在5月19日的第一次演讲中引用了俄罗斯诗人奥斯普·曼德尔斯坦（Osip Mandelstam），称赞皇家宫廷剧院出品的耶兹巴特沃斯（Jez Butterworth）的戏剧《耶路撒冷》（*Jerusalem*），并向艺术界保证文化不会被单独挑出来作为一项软性目标：“在观看《耶路撒冷》时，我并没有考虑创意出口或杠杆投资。我是在享受艺术的卓越。为了艺术而艺术。这是我作为文化国务大臣的起点。”[15]

163 五天以后，他将文化、媒体和体育部的预算削减了 8,800 万英镑。非部门公共机构 2010—2011 年度的资助减少了 3%，但是令英格兰艺术委员会主席利兹·福根的公共机构感到失望的是，英格兰艺术委员会这一年度的资助金被削减了 4%，共减少了 1,100 万英镑。稍微给了一点甜头是允许使用委员会 1,840 万英镑储备金里的一些资金。这意味着定期受资助机构仅削减了 0.5%，但这只是开始。

10 月份，联盟第一次综合支出审查将文化、媒体和体育部 2014—2015 年度的预算减少了 4 亿英镑。这意味着英格兰艺术委员会减少了 29.6%，从 2010—2011 年度的 4.49 亿英镑降至 2014—2015 年度的 3.5 亿英镑。亨特附加了特殊条件："一线"艺术机构的预算将只减少 15%，并且命令文化、媒体和体育部将管理费用减半，要求英格兰艺术委员会在刚刚完成的预算削减之上，同时将管理费用减半。由于来不及提出适当的看法，艺术委员会回应将在 2011—2012 年度基础上全面削减受资助机构 6.9% 的预算。英格兰艺术委员会还缩减了文化领导力项目等"战略性"活动，并决定在 2012 年之前停止为创意伙伴关系机构"文化、创意与教育"以及旨在促进商业赞助的机构"艺术与企业"提供资助。

英国遗产委员会更是遭受重创。联合政府的第一个想法是询问委员会的历史遗产是否可以在某种程度上出售或赠与。[16]它的预算被削减了 32%，国家级博物馆和美术馆仅削减了 15%。然而，地方政府运营的博物馆就没有这么幸运了。中央政府削减了 29% 的地方政府拨款——截至 2015 年 4 月为 62.5 亿英镑——，将包括图书馆在内的所有地方文化支出都发布在网站上，但文化、媒体和体育部拒绝加入。

不过，文化、媒体和体育部升起了它承诺的"半官方机构的篝火"，热情地参与了 400 多家公共机构的废除或合并。解散博物馆图书馆和档案馆委员会的决议已经宣布，但直到 2011 年才达成一致意见，委员会对图书馆和博物馆的职权，包括现在被削减的“地区艺术复兴”计划的资金，将由艺术委员会接管。虽然艺术委员会被告知要削减成本，但仍不得不另外雇用 53 名工作人员。[17]档案管理的职权由位 164
于克佑区的国家档案馆接管。与博物馆图书馆和档案馆委员会不同，电影委员会的运转一直是成功的，但它是新工党创立的，于是未经协商就决定将它与英国电影协会合并，后者受皇家宪章的保护。建筑与建筑环境委员会与同样受保护的设计委员会合并。新工党的第四个创建，国家科学、技术与艺术基金会（NESTA），被允许保留接受的捐赠，成为一家独立慈善机构。

2010 年 10 月，泰特美术馆馆长尼古拉斯·塞罗塔谴责联合政府的政策是“对艺术的一次闪电战”，这次闪电战引发了自 1940 年政府资助开始以来艺术和遗产领域的最大危机。[18]联合政府针对所有抗议的回答都是，每个人必须同甘受苦；但是如果拆除新工党的文化框架的目的是为了省钱，那么强行推动这些变革并不是达成这一目的最具成本效益的方式。2011 年 3 月，下院文化委员会的一份报告对缺乏计划性的情况提出了严厉批评。这一批评得到了国家审计署的支持，审计署批评了强加于非部门公共机构的这种无差别的高税率档次所得额拉平的做法，这一做法最终可能导致更高的成本。政府既没有对关闭与合并进行成本/收益分析，也没有对未来储蓄进行预估。文化、媒体和体育部又一次“无法实现物有所值”。[19]

或许是为了从日益增长的危机感中分散注意力，随着经济衰退的加剧，艺术观众表现出显著的韧性。西区剧院门票销量和博物馆参观量激增。彩票的销售增长，文化领域也从中间接获益。但是经济并没有对联合政府的紧缩措施给予回应。随着政府借款上升，进一步削减预算成为必然。2012 年底，政府决定将文化、媒体和体育部 2013—2014 年度和 2014—2015 年度的预算进一步削减 1, 160 万英镑。由于该部门元气大伤，无法再承受丝毫削减，最终预算方案削减了 1%，2% 的削减方案随后直接转嫁给国家级博物馆和其他非部门公共机构。艺术委员会削减了国家机构和博物馆 2013—2014 年度预算共计 390 万英镑，削减了 2014—2015 年度预算共计 770 万英镑。当联合政府宣布 2013 年将进一步展开为期一年的综合支出审查时，忧郁情绪更加严重，综合支出审查将覆盖大部分财政年度——2015—2016 财年度大部分时期，届时审查责任会落在新一届议会或者是新一届政府身上。

无论亨特和维泽私下对于经济状况导致政府减少文化资助的机会有什么想法，他们对稳步恶化的形势都有两种答案，一种是务实的，一种是意识形态的。

距离出售奥林匹克资产，即土地和建筑物仍有数年（如果有这些资产的话），政府仍将偿还英格兰艺术委员会和遗产彩票基金从自己的彩票资金拿出来支持奥运会项目的 6. 44 亿英镑，将分销商之间股份的原始划分近似恢复成四大慈善事业，是对那些抗议削减预算的人的部分回答。大彩票基金的份额降到 40%，而艺术、遗产和体育的份额上升到 20%。彩票征税方式的一个变化是预计每年将有额外的 5, 000 万英镑用于分销。

事实证明，2012—2013 年度是彩票销售的一个繁荣年：70 亿英镑的销售为慈善事业带来了 20 亿英镑资金，其中 3. 9 亿英镑可以用于艺术、遗产和体育中的任何一个；但彩票销售随后又回落了。机会游戏并不能成为一个可靠的资金来源，尽管艺术委员会越来越将彩票基金作为资金来源，但利用彩票基金取代核心资金具有违反 2006 年国家彩票法案规定的额外性原则的风险。这表明彩票资金在法律上是独立的，并且是对于政府资助的补充，而艺术委员会及其资助机构获得的政府资助正在慢慢消失，急剧减少，并且进一步被通货膨胀侵蚀。

亨特和维泽在意识形态上的解决方案源于撒切尔执政时期：一旦政府退后，缺口将由商业赞助和私人慈善事业来填补。然而，在即将成为现代社会最严重的经济衰退时期，期待私人和企业爆发慷慨解囊的热情是有悖常理的。根据卡梅伦所有关于“大社会”（Big Society）
的谈话，慈善机构无论是代表自己行事还是由国家支付，都被期望为 166
公共领域承担更多的责任。联合政府第一年注册的慈善机构数量下降了1,600家。2008—2009年度，个人慈善捐款下降近10亿英镑。2010—2011年度，慈善捐赠总额达到了110亿英镑，其中只有1%流向了艺术。次年，2011—2012年度的慈善捐赠总额为93亿英镑，经通货膨胀调整后，这个数字意味着20%的下降。按照政府和地方当局双方签订的合同提供服务的慈善机构，也认为预算削减导致了收入缩水。全国自愿组织委员会的一份报告指出，文化、媒体和体育部本身计划在2010—2011年度和2014—2015年度之间削减用于社区和志愿部门的1.043亿英镑的开支。[20]

更具讽刺意味的是，为了鼓励企业赞助而成立的机构——企业赞助艺术协会，后来更名为“艺术与企业”——自己也倒闭了。20世纪80年代，撒切尔政府直接资助“艺术与企业”以在匹配资助计划中使用公共资金，以期最大限度地利用商业赞助，但后来这一机构被归入艺术委员会。匹配资助计划于2008年终止，据称，当时共花费9,000万英镑的公共资金吸引了10亿英镑的企业赞助。“艺术与企业”的资助从700万英镑减少到400万英镑；它不得不放弃对筹资者的培训计划，并将精力集中于艺术部门和私有部门之间的经纪关系。“艺术与企业”不是一个“一线”机构，于是成了联合政府削减艺术委员会资助的首个目标，到2012年4月，政府完全停止了对它的资助。长期担任首席执行官的科林·特维迪（Colin Tweedy）不算在内，工作人员从100人缩减到20人，该机构归入威尔士亲王的慈善机构“社区企业”。

“艺术与企业”继续监控文化领域的私人投资，将私人投资分为个人捐赠、信托公司和基金会投资，以及所谓的“企业投资”，即商业赞助和企业捐赠的一种结合。这个消息并不好：2009—2010年度私人投资总额为6.58亿英镑，下降了3%，其中企业投资下降了12%。2010—2011年度，企业投资额进一步下降了7%，2011—2012年度仅上升了0.2%。信托公司和基金会的收入有所回升，私人对艺术的捐赠也有微弱增长，但2011—2012年度私人投资总额6.625亿英镑仅比2009—2010年度高出250万英镑，考虑到通货膨胀，这意味着私有部门在资助艺术方面的贡献至多也就持平。与新自由主义理论的预测相反，它并没有填补公共资金方面的突出差距。

杰里米·亨特没有被令人沮丧的经济形势吓倒，2010年12月，亨特宣布2011年将是“企业慈善年”，并且概述了一个使用国家彩票及文化、媒体和体育部的资金鼓励私人捐赠的计划。乔治·奥斯本（George Osborne）大臣（他曾在“艺术与企业”理事会任职）通过为那些将资产的10%或以上捐赠给慈善机构的人减少遗产税，而在2011年预算中提供了一些帮助。他还对那些将艺术作品或其他文化物品捐赠给公共收藏的人给予“终生捐赠”（lifetime giving）税收减免。这是“替代遗产税”（acceptance-in-lieu）计划的一种延伸，这一税收计划是为已故捐赠者的捐赠设立的，用以抵扣财产的税收价值；但每年只有3,000万英镑可用于这两个计划。负责运营这两项计划是博物馆图书馆和档案馆委员会解散之后艺术委员会不得不承担的另一项任务。

然而，在奥斯本2012年的预算中，这些微弱的改善都被掩盖了，当时为了回应针对企业和个人逃税的强烈抗议，奥斯本在没有征询文化、媒体和体育部意见的情况下，宣布设定5万英镑或者收入的25%作为任何一年个人税收的减免上限。这不仅是对诚实捐赠者的冒犯，暗示他们只是为了逃税才捐赠，因而使他们感到愤恨，而且还打乱了他们慎重的税务规划。艺术委员会警告说，艺术机构定期获得的8,000万英镑捐款将无法保证。大臣不得不作再次考虑。

“企业慈善年”开始六个月后，政府终于宣布将如何鼓励这一慈善行为。这表明联合政府面对自己喜爱的计划，并不比新工党更反感 168
抢占彩票资金。1亿英镑的“催化剂”基金分别由艺术委员会的5,000万英镑彩票资金、遗产彩票资金的2,000万英镑以及文化、媒体和体育部的3,000万英镑构成，在三年内发放。其中一些资金将用于培训筹款活动，探索新的慈善事业，并奖励为匹配资金成功付出的努力，但有5,500万英镑的基础基金用来鼓励更多有经验的机构扩大或创立捐赠基金。

该计划将按比例支付匹配的款项，因为各机构均以各自的方式实现自己设定的目标。“艺术与企业”一位前研究负责人讽刺地指出，催化剂计划再次利用了两项取消资助的机构的计划——培训筹款计划和匹配资金计划。他还指出，匹配资金计划并不像它看上去那样是一个好的方案。它偏爱大机构而不是小机构，没有真正产生新的资金，并且监管费用昂贵。[21]

然而，刺激私人投资的主要问题是，绝大多数资金集中在伦敦（催化剂捐赠计划的一半是为了设立于伦敦的机构）。2011—2012年度，令人意想不到的是，90%的私人艺术捐赠发生在伦敦，只有0.9%在东北部地区。与此同时，67.8%的企业投资在伦敦，只有

2.7%在东北部地区。

联合政府的运动没有打动尼古拉斯·海特纳（Nicholas Hytner），他计划筹集5,000万英镑翻新国家大剧院的努力，由于财政大臣宣布的慈善捐款税收减免上限而泡了汤。亨特最近接任文化国务大臣时，玛丽亚·米勒（Maria Miller）毫无帮助地建议，艺术需要在报价中变得更好，亨特火冒三丈，将慈善政策作为一种烟幕废除了："对于大英博物馆、泰特现代美术馆和国家大剧院来说很容易。我们在伦敦，我们得到了丰厚补贴，因为慈善捐款跟随公共资金。所以，我想揭发这种一厢情愿的想法。政府在鼓励慈善事业方面几乎没做任何事
169 情……这真的全是空谈。"[22]这么想的不只海特纳一个人。根据贸易杂志《艺术产业》（*Arts Industry*）2012年1月的一篇评论，2011企业慈善年已经"消失无踪"。

像往常一样，亨特丝毫不尴尬地现身了。他的政治顾问亚当·史密斯被揭露，在他的老板考虑默多克针对英国天空广播公司完全控制权的竞标时，他与一家新闻公司的说客进行了不合规定的私下交流，亨特再次幸免于由此产生的声誉动摇。（由于电话黑客丑闻的影响以及紧接着于2011年7月启动的对莱韦森的调查，此次竞标被放弃。）史密斯成了替罪羊，而亨特在奥运会成功举办之后于2012年9月晋升到卫生部。

亨特一上任就显示出他作为新自由主义成本切割工的真正光芒，而他的继任者玛丽亚·米勒几乎没什么出彩的地方。作为2005年当选的一名前广告执行官，米勒在这一职位上展现的主要成就似乎是改善了内阁的性别平衡。她作为妇女和平等事务部长的职责就是忠诚地指导同性婚姻立法，在面临右翼反对时推动议会通过。文化、媒体和体

育部的职责现在又落在她身上。她许多时间都花在处理莱韦森调查失败以及政府未能提出新闻监管体系改革方案的问题上。对英国广播公司信托基金运作担忧的加剧也分散了她的部分精力。

对米勒的任命并没有激发人们对文化部门的信心。文化、媒体和体育部已经搬离了位于财政部后面的可可苏普尔街的办公室，由于它失去了一个独立政府部门应有的办公人员、专业知识和机构记忆，有人建议彻底废除这个部门。2013 年 4 月，米勒在大英博物馆向受邀的文化界领军人物发表了一次演讲，力求通过回归 20 世纪 80 年代保守党的修辞，“重构”文化在国民生活中所扮演角色的论据。“当时代艰难、资金紧张的时候，我们的注意力必须集中于文化的经济影响。”[23]

米勒的听众从痛苦的经历中知道了财政部对艺术的经济影响的此 170
类主张所做出的惯常回应，他们并没有被演讲打动，他们意识到，为了准备 2015—2016 年度综合支出审查报告，艺术委员会已经被告知要进一步削减 5%、10% 和 15%，树立典范。就连《每日邮报》的议会素描作家和戏剧评论家昆廷 · 莱茨（Quentin Letts）也欣喜地挑衅起自由主义艺术机构，发起针对女性的抨击：“我们从米勒太太那里得到的东西如此模糊，如此枯燥。她那像乳白色牛奶果冻一样虚无的部门一直在她所谓的领导之下。”[24]

面对这样的嘲笑，米勒意识到需要向文化部门证明自己，她在 6 月份的综合支出审查谈判中，极力维护自身立场。就在下院由反对派召集的关于艺术的辩论之前——五年内举行的第一场辩论——，其所在部门的最终方案便已宣布，结果比预期的更加慷慨：总预算削减 7%，其中博物馆和艺术委员会应减少 5%。方案的宣布打乱了反对派的计划；但是，以同情艺术闻名的财政大臣远不像米勒那样斗志昂扬，他不得不要求米勒提出一个比原先更稳固的方案。[25]米勒断言：“艺术在我这里是安全的”,[26]但它们不安全。2013 年 12 月，财政大臣将文化、媒体和体育部 2013—2014 年度的预算进一步削减了1,000万英镑，将 2014—2015 年度削减了 2,000 万英镑。2010—2011 年度与 2015—2016 年度，文化、媒体和体育部累计削减预算近 50%。

6 月份的综合支出方案已经决定了英格兰遗产委员会的命运。2015 年，它将被分割为两部分，一个是独立的慈善机构，要像企业一样运营历史财产，另一个是非部门公共机构执行部门——英格兰历史委员会，它将承担机构的法定职责和拨款责任。作为一种拉拢，它将获得 8,500 万英镑成立自己新的慈善机构，并用于支付积压的维修费用，尽管假定它还将从其他来源获取另外 8,300 万英镑。2023 年以后，将不再有其他政府资金，届时预计这所“国家文物收藏机构”能
171 够自己赚取运营费用。这不是国家信托的观点，当戴维·卡梅伦政府开始非正式地提供英格兰遗产委员会的财产时，国家信托认为需要数十亿英镑的资助金来证明接受这些财产的正确性。

在艺术委员会，令人敬畏的利兹·福根卸任主席，由总体上更够资格的前电视台执行官彼得·巴扎尔杰特爵士（Sir Peter Bazalgette）接替。巴扎尔杰特与亨特和维泽走得很近，曾建议他们加入反对党，他们二人则以文化、媒体和体育部顾问委员会非执行董事一职回报他，之后在 2012 年又以艺术委员会主席职务回报他。有人质疑，这位在充斥着偷窥和剥削的真人秀《老大哥》（*Big Brother*）的幕后表演者是否是扮演这样一个杰出角色的合适人选。巴扎尔杰特热情地予以回应，并努力让艺术界相信他是站在他们一边的。然而，由于 2013 年的支出取得了良好结果，他可以要求艺术委员会削减支出，这是那一时期的典型特征。这一切发生在 12 月份财政大臣进一步削减预算之前。

这意味着在 2015—2016 年度之前，艺术委员会的拨款自 2010—

2011 年度之后将下降三分之一。但最大的打击是对地方当局带来的。2013 年 12 月免去了进一步削减，但截至 2015—2016 年度，削减幅度累计为 35%。在这一次整体性预算削减当中，地方政府在文化方面的支出，包括图书馆和娱乐业，遭到最高比例的 1 亿英镑的削减。

艺术委员会与当地方政府之间试图彼此匹配资金的非正式约定被打破，从而使艺术委员会可以削减地区全国机构组合的支出，他们也不得不这样做。保守党控制的威斯敏斯特和萨默塞特县议会宣布完全停止艺术资助；工党控制的纽卡斯尔不得不采取类似的行动，将自身职权抽离出来交给一家独立信托公司，并将文化预算减半至 60 万英镑。尽管法定义务要求维持公共图书馆服务，地方当局的图书馆仍在陆续关闭或减少服务。2013 年 11 月，约瑟夫·朗特里基金会（Joseph Rowntree Foundation）的一份报告发出警告，到 2015 年，地方当局将退出一切服务，只提供最基本的社会服务。[27]这将意味着地方当局艺术 172
资助的终结。

2014 年 4 月，玛丽亚·米勒由于对议会开支的长期调查结果做出了傲慢回应，被认为道歉不足，于是内阁生涯戛然而止。其文化国务大臣一职由萨吉德·贾维德（Sajid Javid）担任，他成为担任这一职务的首位穆斯林。贾维德并不以热爱艺术著称，在 2010 年进入议会之前，他作为一名银行家赚了一笔私人财富。

自布莱尔的泰特现代美术馆演讲七年以来，黄金时代实实在在地变成了铅时代。由于公共资助和私人支持都集中投资城市里的较大型机构，尤其是在伦敦，为公众享受文化而建造的闪闪发光的新基础设施逐渐成为一种负担。联合政府采纳了文化领域的私人投资和慈善支持的建议，但它对经济危机的回应并不能为这一建议创造可以期待实现的条件，而且它忽视了艺术领域私人支持跟随公共投资的根深蒂固的模式。经济衰退为保守党削减政府开支的深切渴望提供了掩护。国家彩票基金仍然是一个虽不稳定但独立的资金来源，要求将它用于弥补不断扩大的政府资金缺口的呼声越来越高，因为这样能够进一步减少已被削弱的文化、媒体和体育部的责任。

自 20 世纪 80 年代保守党削减开支以来，艺术和文化遗产在国民生活中发挥的经济作用和社会作用已经大幅提升，而那些已经享受到黄金时代的好处的人尚未失去对艺术的强烈欲望。无论 2015 年的经济前景如何，在 1997 年，文化的未来就会成为一个以前从未出现的问题。对 2012 年幸福时期的回应已经确保了这一点。

第七章　奥运五环 173

我们希望……你将看到一条唯一的目标黄金线，这也是耶路撒冷的构想。

丹尼·博伊尔

激进的多元文化废话。

艾丹·佰利议员

2012年奥运会之后的一年，开幕式撰稿人弗兰克·科特雷尔·博伊斯（Frank Cottrell Boyce）回顾了他曾参与打造的那个热烈的7月的夜晚，即他所称的“暂时的乌托邦”。共有9亿电视观众，包括2,500万英国观众，观看了这个几乎令全球欢腾的事件的电视转播。这场仪式的导演，羞怯但坚定的导演丹尼·博伊尔（Danny Boyle），这位用女王做原型创造了一位电影明星的共和党人，被当作一个世俗圣人。开幕式和随后奥运赛事的成功都催生出一种短暂的欣喜。

一年之后，博伊斯更持怀疑态度：“有任何东西来自它的任何一点吗？东区更繁荣、更开放了吗？西汉姆会恰当地使用这个体育场吗？奥林匹克公园会发展成一个辉煌的公共空间吗？这个国家会更健康吗？如果不会，那有什么意义呢？”[1]当新工党决定申办奥运会的时候，就是 174

为了证明尽管千年穹顶惨败，他们仍可以办成一桩壮观的国际盛事。后来，随着伊拉克战争日益恶化，筹办奥运成为一种恢复英国声誉的方式。总之，在漫长的经济衰退期，正好需要这个热闹场面来分散人们的注意力。联合政府无法收回的承诺——即使它想过要收回——就是举办2012年伦敦奥运会。

自2003年以来，奥运会一直在集聚势头，它首先将垃圾堆放在东伦敦的广阔地带，又展开重建，不断累积资金，雇用人员，并且将批评的声音粉碎在官僚主义的车轮之下。无论经济形势如何，没有任何一个政府可以承担奥运会失败带来的国际耻辱的风险。93亿英镑的奥运预算中，仅仅是奥林匹克体育场四周的塑料“包裹物”就花掉了2,700万英镑。这笔费用的赞助商陶氏化学公司被发现与1984年印度博帕尔灾难之间存在关联，被视为一个有争议的选择。达米安·赫斯特悄悄退出了请他装饰这个包裹物的计划。

穹顶投下了一道长长的阴影。怀疑者回想起在奥运会进入申办阶段时仍未完工的温布利球场丑闻，同时也想起因为需要花费1亿英镑在皮克特锁建造体育场而退出主办2005年世界田径锦标赛的决定。正式的投标流程开始时，英国由于伊拉克战争的原因在国际上不受欢迎，被认为最有可能被选中的城市是巴黎；法国已经拒绝加入乔治·W.布什的“意愿联盟”。公众对于英国是否有能力完成花费如此巨大的项目深表怀疑，而且内阁对申办奥运的态度与对穹顶的态度一样，几乎不予支持。

泰莎·乔韦尔曾目睹了曼彻斯特2002年英联邦运动会的成功，于是她说服布莱尔做出另一项重大举动。2003年5月15日，她在下院宣布投标决定时，用经典的新工党术语说明了理由：“我们要利用体
175 育的力量，帮助解决我们国家面临的一些问题——健康、社会包容、

教育动机和打击犯罪。”[2]

文化也必须发挥作用。1948 年伦敦举办奥运会以后，艺术奖章的竞争力虽然已经下降，但任何奥运申办都强制性地含有一个文化项目，只要奥运运动员村开放，这个项目名义上就要运行起来。乔韦尔更加雄心勃勃：他们的想法是在北京奥运会结束至 2012 年期间举办为期四年的文化节，将预期效益扩展到整个英国的旅游业和企业。文化项目将成为抓住国际奥委会注意力的一把钩子。新工党将奥运会包装成属于“年轻人”的机会，将他们所知道的一切都放进了伦敦的宣传点中。

与穹顶一样，奥运会被证明是一个振兴项目，像穹顶瞄准了伦敦东部一个贫困和半废弃的地点一样，这次瞄准的是利亚河谷。投标文件指出，“奥运会的遗产，对于居住在那里的每个人的直接利益而言，将是整个社区的振兴”。[3]当时的伦敦市长肯・利文斯通对体育没有兴趣，但他看到了财政上的机会，于是准备以伦敦开发署的权限和资源支持项目。他也准备从伦敦市议会纳税人那里筹集额外的 6.25 亿英镑。

举办奥运会和残奥会的 20 亿英镑成本将由可口可乐和麦当劳等健康促进者资助的国际奥委会承担，但东道国必须负责场地、安保以及所有相关设施和赛事。2003 年，建设奥林匹克公园和其他设施的成本预计为 23.75 亿英镑，再加上 10 亿英镑用于“振兴”，预计还有 7 亿英镑来自私营部门。

2007 年 3 月制定的最终预算几乎翻了 3 倍，高达 93 亿英镑，大约为穹顶建造成本的 10 倍，议会一片哗然。最终预算中将有 62 亿英镑来自政府，9 亿英镑来自大伦敦当局和伦敦发展署，另外 22 亿来自彩 176
票资金——2005—2012 年间为慈善事业发行的彩票资金的 20%。文化肯定要为奥运会做贡献：全国各级艺术委员会联合提供 3.22 亿英镑，遗产彩票基金也提供相同金额。私营部门的预期贡献降至 1.65 亿英镑，这可能反映了从穹顶项目吸取的某些教训；但最重要的教训是要求 27.47 亿英镑未作承诺的巨额应急费用，其中 83% 被实际使用了。

因此，项目预算达到了 4.76 亿英镑，但还有其他成本：伦敦开发署花费 7.66 亿英镑购买土地；“遗产”计划花费 8.26 亿英镑，包括为奥运公园及其设施寻找买家及未来用途；政府部门计划投入 8,600 万英镑用于“交付”奥运。[4]

奥运会的初始预算如此之低的原因在于，政府特别是财政部中相信伦敦会能申办成功的人寥寥无几；最终成本如此之高的原因是，一次成功的奥运会申办使政府肩负起不惜一切代价偿还全部欠款的义务。国际奥委会还要求事先得到反对派的承诺。这次采取的策略与穹顶项目正相反：鲍里斯·约翰逊于 2008 年接替肯·利文斯通，但保留了利文斯通的奥运顾问尼尔·科尔曼（Neale Coleman）；联合政府于 2010 年接管了工党的工作，但即将成为联合政府奥林匹克部长的休·罗伯逊（Hugh Robertson），自国际奥委会宣布伦敦为主办城市以来，一直充分了解情况。

2005 年 7 月 6 日申办成功的消息引起的惊讶和兴奋，在第二天就被泼了冷水，当天一辆公共汽车和三列地铁遭遇袭击，连同 4 名自杀式炸弹手在内的 52 人在袭击中丧生。安保成本提升得更高了。

政府从穹顶项目学到了一件事情，就是不要对项目进行微观管理，至少得看起来置身事外。唐宁街的一名前顾问告诉政府研究所，专门
177 设立的奥运交付管理局（Olympic Delivery Authority，ODA）“将真正按照臂长原则运行。干预温布利和穹顶项目的经验使我们相信，部长们

不应该参与这些决定。”[5]

另一方面，由谁筹办奥运还不清楚。2009 年 1 月，艺术委员会主席克里斯托弗·福雷林在离职告别演说中抱怨“前门太多”，并补充说：“如果要把参与奥运会的所有机构进行首字母缩写，那就是‘eek comic-so logo mad’（咦，滑稽–如此标志很疯狂）。”[6]福雷林正在动用政治手腕，竭尽全力争取举办由艺术委员会运营的奥林匹克文化节(the Olympiad)。2008 年 11 月，艾伦·戴维抗议说：“我们已经在艺术界通过国家彩票的资金转移，为奥运会的成本做了足够多的贡献，我们无法再多给一分钱。这样做会损害我们以艺术品质创造文化奥林匹克的机会。”[7]

艺术委员会必须安于在一系列竞争机构中扮演合作伙伴这一角色。这个问题由于两位来自截然不同体制文化的主要客户的存在而变得复杂。国际奥委会是一家国际私营公司，被各国政府宠惯了，蔓延着一种腐败气息。在与英国奥林匹克协会及残奥会同行合作的同时，国际奥委会由奥运会和残奥会伦敦组委会提供服务，这个委员会由原来的申办委员会发展而来，并由前奥运会运动员——也是前保守党议员——2000 年获得了贵族勋章的塞巴斯蒂安·科（Sebastian Coe）担任主席。这也是一家私营公司，规模扩大到拥有 7,000 名雇员。它控制了赞助业务和门票销售，向来都是自筹资金，最终却从文化、媒体和体育部获得了 10 亿英镑。

平行的政府机构是奥运交付管理局，这个非部门公共机构也是一个规划管理部门，负责建设场地并提供安保和运输服务。奥运交付管理局由公务员和来自私人部门的专家组成，工作人员中有 10 人年薪在
15 万英镑以上，有些人比武装部队指挥官挣的多得多。泰莎·乔韦尔 178
在 2010 年之前一直担任首席部长；其政治职责从文化、媒体和体育部

的政府奥运行政官跃升至一个内阁小组委员会，该委员会最终成为奥运秘书处。奥运交付管理局正直的公务员习惯，与奥运会和残奥会伦敦组委会的缺乏透明度之间形成了紧张局面，特别是在将奥林匹克公园的控制权从一个机构交给另一个机构的时候。

这个领域还有其他参与者。除了市长办公室和伦敦发展署之外，还有奥运彩票分销机构，其成立的目的是转交由专门彩票产生的7.5亿英镑彩票资金；还有遗产信托基金，旨在资助年轻人参与体育和文化活动，这一机构不应与伦敦遗产发展公司（London Legacy Development Corporation）相混淆，后者是为了运营奥运结束后的奥林匹克公园而设立的。

奥林匹克公园是英国有史以来规模最大的开发项目：这是一片与格林尼治半岛污染一样严重的占地560英亩的场地，所在地区包括伦敦最贫穷的13个选区。在它旁边矗立着西欧最大的购物中心，开发项目计划在2030年之前建成1.1万套新住房——这一目标随后减少到6,800套。扎哈·哈迪德设计的奥林匹克游泳池和迈克尔·霍普金斯设计的自行车馆最终成为杰出的建筑物，但奥林匹克体育场在未来的所有权和改造成足球场的成本上留下了一个温布利式的难题。

正如安娜·明顿（Anna Minton）在《土地控制》（*Ground Control*, 2012）的研究中强有力地指出的那样，21世纪英国的振兴已经意味着私有化。这种振兴产生了欧文·哈瑟利在《英国新废墟指南》（*A Guide to the New Ruins of Great Britain*, 2010）和《一种新类型的荒凉》（*A New Kind of Bleak*, 2012）中描述的劣质建筑。以前共享的公共空间与通过开发创造的新公共空间已经受制于政府监控和私人剥削。公园也将不会例外。

奥运场地的选择源于1996年英国铁路的私有化，这一进程使斯特

拉特福数英亩铁路土地得到了利用。经过一系列土地交易，最终由澳
大利亚开发商联盛集团（Lend Lease）负责开发购物城——韦斯特菲
尔德斯特拉特福德城（Westfield Stratford City），购物城有 300 家商店、 179
50 家餐馆、3 家酒店和 17 家电影院。任何乘坐公共交通工具抵达奥林
匹克公园的人——游客至少占 70%——都必须通过这个商业门户，首
个内置爆炸物传感器的购物中心。

联盛集团本来也打算利用商业技能开发运动员村，使其拥有商业前景，但事实证明这一计划无法筹集资金，公共部门不得不额外投入 3.5 亿英镑，同时将公寓数量从 4,000 套减少到 2,800 套。奥运交付管理局已经为韦斯特菲尔德的开发提供了 2 亿英镑，用于入径道路的建设。2011 年，奥运会运动员村及毗邻土地出售给卡塔尔主权投资者，他们不太可能是慷慨的社会业主。伊丽莎白女王奥林匹克公园将不是一座皇家公园，而将由一家私人公司经营，以前的奥林匹克建筑物也在这座公园里。除了与公园边界相连的三个伦敦行政区之外，该地区由市长开发公司负责治理。

与穹顶项目一样，私营部门的应对能力不足，导致施工阶段无法提供投资。造成奥运会两个最严重失败的也是私人公司：负责门票销售的票务大师（Ticketmaster），和无力提供足够安保人员导致武装部队介入的 G4S。参与安保任务的士兵人数高达 1.82 万名，奥运会期间东伦敦的士兵比阿富汗的士兵还要多。私人公寓顶上放置的火箭电池、泰晤士河上的一艘军舰以及空中的欧洲战斗机，都让监控环境变得极为复杂。

几乎未被注意的 2006 年伦敦奥运会法案准许私人公司使用武力。该法案可以用来确保个人机构的私有化，阻止游客穿带有非奥运赞助品牌名称的衣服［维萨、麦当劳、可口可乐、松下、塞恩斯伯里

(Sainsbury)、陶氏化学、宝洁、阿托斯(Atos)]。甚至连语言都被私有化了:连用"2012"和"奥运会",以错误的方式使用"金""银""铜""伦敦"甚至"夏天",你都有可能遇到麻烦。

180 在奥林匹克公园上空,赫然耸现着阿尼什·卡普尔(Anish Kapoor)设计的安塞乐米塔尔轨道(ArcelorMittal Orbit),这是一座红色的钢铁骨架,看起来像是一座雷达塔穿过一个旋转滑梯,轨道高达115米,是英国最高的雕塑。伦敦开发署为此出资300万英镑,钢铁巨头拉克希米·米塔尔(Lakshmi Mittal)出资2,000万英镑。

奥运的私有化触角遍布伦敦,整座城市设有4,000辆黑色宝马专用VIP车道,以接待4万名奥运官员、赞助商、官僚和政要。专栏作家萨姆·利思(Sam Leith)在伦敦的《晚间标准报》发表文章,将此总结为"巨额公共资金被用于限制贸易、关闭言论自由、让华而不实之物遍布首都、在公共道路上建立双重体系,同时为一个自大的具有建制腐败历史的骗子联盟提供快乐"。[8]

利思并不是唯一的反对者。随着2006年成本开始令人震惊的上涨,对穹顶项目的崩溃有着个人记忆的西蒙·詹金斯认为:"如果这座城市上演的是一场伦敦奥运会,而不是国际奥委会的奥运会,那么这是一个具有合理性的理由。那个腐败的机构已经将一个历史悠久的竞技运动节庆变成了一场沙文主义浮夸的盛宴。"[9]詹金斯在接下来的六年里继续了他的竞选活动,尽管他最终承认,奥运会产生的结果是为经济提供了凯恩斯主义的推动力。[10]

哈克尼居民伊恩·辛克莱(Iain Sinclair)——小说家、散文家和心理地理学家——是最有雄辩力的反对者。将一个无政府、半遗弃、无产阶级和具有历史重要性的伦敦的一部分,转变成一个私有化的利润驱动的游乐场,这对于辛克莱这样的作家而言是一个理想主题,此前他遵循情境主义的理念——揭示城市秘密的随意漫步——，主要以小说的体裁创作了《顺流而下》（*Downriver*，1991）和半纪实小说《伦敦轨道》（*London Orbotal*，2002）等。其2011年出版的回忆录《幽灵牛奶：需要宏伟项目的时代》，愤怒而绝望地循环往复于以前的奥运场地与斯特拉特福的蓝色围栏隔离区：

> 下利亚河谷的生态破坏，失去的私家菜地，被遗弃的锁匠小 181
> 屋、原生灌木、野生动植物栖息地背后的私人果园，扰乱了伦敦大部分地区的平衡。这是一条泰晤士河与轨道高速公路之间的走廊。这是一个更广泛和更有力的民间记忆的支流。但它是导致大部分痛苦的语言的背叛：每一个声明都表达着相反的意思。“改善施工形象”。“创造一个人们想居住的地方”。推广者谈到了重建一个被彻底摧毁的荒野，强调了高空俯视一下的起重机密布的泥浆围场，对于拆毁蓝色篱笆围场内的一切而造成的混乱却避而不谈。对于巨额预算及偏执的安保措施，他们警告说这是为了应对恐怖主义威胁，这是他们将“宏伟项目”公园渗入为期17天的商业嬉戏的烟幕之下而挑起的一种威胁。[11]

这本书是向J. G. 巴拉德（J. G. Ballard）的小说的一种致敬，他的城市噩梦变成了现实，在共产主义和资本主义的压迫之间弯曲成形：“困境显现并且无处不在。我们见证、记录并记住。”[12]

令人普遍感到惊讶的是，奥林匹克公园提前完工了，并在预算之内。奥林匹克文化节——一个陌生的词和一个陌生的概念——则没有如此一帆顺利。最后的统计数据无疑令人印象深刻：为期四年的文化节的最终成本为1.266亿英镑；它举办了177,717次活动，包括表演、展览、广播、教育和培训。其间产生了5,370件新作品或委托作品，涉及40,464名艺术家。据统计，共产生4,340万人次的“公众参与体验”，其中3,740万人次是出席活动的观众或游客，590万人参与活动，包括45,597名志愿者。这些“体验”中，有3,850万人次是免费参与的。2012年伦敦电影节的最后12周与整整四年里的事件和活动一样多，也与达到巅峰的2008年利物浦的欧洲文化之都的活动一样多。

182 然而，奥林匹克文化节几乎是一场灾难。伦敦奥组委习惯以自己的方式做事，这让其他合作伙伴很恼火，在涉及文化因素时，这一习惯尤为明显。在国际奥委会、国家政府、体育当局和赞助商的利益竞争中，伴随着针对品牌、宣传、保密条款以及体育压倒一切的优先权的较量，文化总是在事后才被想起来。历届奥林匹克文化节很少有取得成功的，最近几年办得最好的是1992年在巴塞罗那和2000年在悉尼。

赞助需求给英国文化的混合经济带来了各种问题，大多数大型机构都有长期安排，这就切断了奥运赞助商的安排。一场旨在颂扬现代奥运创始人皮埃尔·德·顾拜旦（Pierre de Coubertin）的崇高理想的讲座，因为在南岸中心举办而产生了麻烦，因为南岸中心是由万事达银行赞助的，而国际奥委会是由维萨赞助的。残奥会的残疾艺术家和运动员不满意佩戴带有赞助商阿托斯名称的挂链，阿托斯正代表政府进行测试，以减少享有残疾人福利的人数。

交付奥运会的复杂结构意味着存在机构竞争、信任缺乏以及政治干预的可能性，特别是来自市长办公室的干预。2006年4月，泰莎·

乔韦尔宣布成立“文化和创意论坛”，为奥林匹克文化节提供建议，但是自 7 月份第一次会议之后，这个由 33 人组成的难以控制的艺术机构几乎没提出过任何建议。主要问题是，没有人能够确切说出奥林匹克文化节是什么。

最初的文化竞标是由南岸中心艺术总监祖德·凯莉（Jude Kelly）领导的委员会筹备的。伦敦奥组委成立时，凯莉担任文化和教育咨询委员会主席，与仪式、文化、教育和生活场所总监一起合作。这位总监就是比尔·莫里斯（Bill Morris），曾负责英国广播公司外部广播。莫里斯比“文化团队”半数以上的人享有更高的优先级别，没有一个具体的预算。作为顾问，凯莉只能尽其所能去讨论一个文化项目令人 183
鼓舞的可能性，但无法行使决策性的领导权。

2007 年 4 月，基思·卡恩（Keith Khan）请里奇·米克斯（Rich Mix）加入团队，以六位数的薪水任命他为文化负责人。但是文化团队没有预算，只能被动反应，无法积极主动地与可能的参与者一起按自己的方式工作。正如奥林匹克文化节自己的精妙观点：“早期阶段，不同的团队为文化和社区组织创造了各种不同的机会，但是单一管理结构的缺乏阻碍了单一愿景的发展和传递……公众为文化奥林匹克是什么产生了分歧。”[13]

最初的规划方法被描述为“开源”，结果成为“没有方向”的一种委婉说法，不同的机构通过发起自己的计划来填补空白。艺术委员会大大增加了对“户外艺术”的投资。2007 年，有 13 家主要致力于街头剧院工作的机构得到英国文化委员会 110 万英镑的支持；到了 2011 年，有 68 家机构获得了 1,480 万英镑。英国文化委员会为十几个公共艺术委员会组织了竞选，每个提供 50 万英镑资金，覆盖整个英国。由此产生的“艺术家带头”项目被证明是模糊的、异想天开或令人失望的，而利物浦委员会根本没有成形。

皇家莎士比亚剧团负责制作世界莎士比亚戏剧节，这项活动特色之一就是在伦敦环球剧场制作全部的莎士比亚戏剧，由38家不同的剧团演出，每家剧团都用自己的语言表演。博物馆被鼓励邀请年轻人以“世界的故事”为主题创作展览。“发现地方”是关于探索当地环境的项目；“电影国度”鼓励年轻的电影制作人；PRS音乐基金会发起“20×12新音乐”项目，委托制作20段12分钟的音乐作品。

最令人印象深刻的是培训与委托相结合的投资300万英镑的无限制项目。这就将奥林匹克文化节对失能和聋人艺术家的承诺，发展成
184 培养44名失能艺术家，以及为残奥会运动员和退役人员在残奥会开幕式和闭幕式上进行表演而进行技能培训的一个计划。该计划还提供2.5万—5万英镑的佣金，用于在该领域获得认可的创造者所制造的31种产品和活动。

为了给如此多的不同事件赋予某种身份，伦敦奥组委创造了“激励”标志——2012年奥运会标志的变形，这个标志通过省略奥运五环来避开赞助问题。大约有564个主要涉及体育的项目获准使用这一标志，但是正如奥林匹克文化节报告中承认的那样：“专用中央预算的缺失意味着，资助者的条件并不总是与文化奥林匹克的核心愿景相一致，并且在许多情况下，每一个新想法都需要专用资金筹集和资金申请。”[14]

为了解决这个问题，并且为了解决反对将彩票资金从艺术和遗产中分离出来的意见，2007年，遗产信托基金成立，基金会利用了千禧年委员会剩余的4,000万英镑的盘子，再加上大彩票基金和英国文化委员会的资金，以及文化、媒体和体育部支持“学校运动会”的资金。虽然遗产信托基金不被允许使用奥运五环，但它有权在全国范围

从地方赞助商和地方当局拉赞助。截至2013年清盘，它已经设法从这些资方筹集了5,560万英镑。2009年，奥运彩票经销商正式投入运营，英国文化协会后来也参与进来。

伦敦奥组委在组织奥林匹克文化节时产生的问题在2008年5月开始突显。当时基思·卡恩卸任伦敦奥组委文化负责人，没有任命替补人选。卡恩提议的“嘉年华”只是几个未能实现的想法之一，其中包括本应驶往北京进行奥运交接的一艘“朋友船”。2008年9月举行了首个一年一度为期三天的“开放周末”，这个项目是为了推广奥林匹克文化节活动，但进行得很平淡。2009年3月，《卫报》问道：“文化奥林匹克是一名跑步者吗？”文章引用了奥运交付管理局理事会成员尼古拉斯·塞罗塔的话：“初始投标项目是由组委会拼在一起的。有
的有腿，而有的，坦率地说，没有腿。伦敦奥组委是组织文化奥林匹 185
克的合适机构吗？董事会成员没人对文化感兴趣。这是一个为了运营一项体育活动而设立的机构，它并不清楚以这种组织方式如何能成功运营一项文化活动。”[15]

在这一点上，伦敦奥组委的文化预算是一个推测问题。总计4,000万英镑的拨款被用于最重要的开幕式和闭幕式，它们被分开处理，用于开发奥林匹克文化节的拨款据推测在800万英镑左右。比尔·莫里斯搪塞说:“在活动结束之前我们谁都不知道文化奥林匹克的预算是多少。”[16]

显然，如果要避免一场穹顶规模的灾难，就必须找到新的领导层。经过幕后高层的操纵，祖德·凯莉的咨询委员会重组为文化奥林匹克委员会。英国广播公司前执行官托尼·霍尔（Tony Hall）曾成功转入皇家歌剧院，并拥有必要的权威和外交手腕，他接任了委员会主席。委员会将那些作为主要参与者的机构汇聚在一起：英国广播公司总裁

马克·汤普森（Mark Thompson）；英国文化委员会的艾伦·戴维；皇家莎士比亚剧团的维基·海伍德（Vikki Heywood）；祖德·凯莉；尼古拉斯·塞罗塔；巴比肯执行董事尼古拉斯·肯扬（Nicholas Kenyon）；鲍里斯·约翰逊的文化顾问穆尼拉·米尔扎（Munira Mirza）；以及比尔·莫里斯。之后更多人加入进来。

霍尔以一种外交辞令轻描淡写地说，他希望这将结束“拖延”。[17]他的意思是，令人震惊的优柔寡断目前已经成为此项目的一个特征。他的任命正值来自奥运彩票经销商的预算提高了1,600万英镑。当年年底，这个新委员会成为伦敦奥组委的正式委员会，直接负责而不再仅仅起到咨询的作用，在霍尔加入伦敦奥组委主要董事会后，文化终于获得了适当的表现形式。文化团队从伦敦奥组委的文化、仪式和教育部门转到了品牌和营销部门，这有助于简化赞助问题。但《艺术产业》2009年11月的报道称，活动正式启动一年多以后，只有2%的国民知道奥林匹克文化节是什么。

186 当务之急是要找到某个能够将奥林匹克文化节当中相互纠缠的各股力量拉到一起的人，某个可以做出决定并愿意承担责任的人。尽管霍尔强调了这件事情的紧迫性，但直到2010年1月，艺术总监才得以任命——这件事的拖延是由伦敦奥组委的内部政治活动以及文化、媒体和体育部的官僚程序造成的。最终人选是鲁思·麦肯齐（Ruth Mackenzie），克里斯·史密斯的前顾问。麦肯齐曾负责运营奇切斯特节日剧院，并兼任2007年创办的曼彻斯特国际艺术节的总导演，之后又作为特别顾问回到文化、媒体和体育部，同时还在为维也纳文化节提供策划。麦肯齐的政治经验、在文化界的人脉以及在公众面前处之泰然的能力，都是这一职位必不可少的。

麦肯齐依次任命了他的团队：布莱恩·麦克马斯特爵士、曼彻斯特国际艺术节导演艾利克斯·普兹（Alex Poots）、剧院导演马丁·邓肯以及曾经管理 2000 年悉尼奥运会文化项目的克雷格·哈索尔（Craig Hassall）。新的高级制作人获得任命，并在英格兰艺术委员会和市长办公室设立了指定职位，这样能够与新团队进行更为密切的合作。（市长的彩旗预算的用途做了有益调整，从突出建筑物上吊下来悬摆的将是空中飞人而不是旗帜。）英国石油公司和英国电信成为奥林匹克文化节指定赞助商。2010 年 3 月 17 日，一项重新定位的计划宣布启动，现命名为“伦敦 2012 艺术节”，活动将从 2012 年 6 月 23 日仲夏节持续到 9 月 8 日残奥会结束，预算 7,550 万英镑。三年多来几乎没在公众意识里留下什么印象的奥林匹克文化节将无处不在。

虽然被命名为“伦敦艺术节”，但奥林匹克文化节最初想在全国范围开展的雄心仍然保留着。伦敦没有举办重大的开幕活动。在苏格兰的斯特灵城堡（Stirling Castle），古斯塔沃·杜达梅尔（Gustavo Dudamel）和委内瑞拉的西蒙·玻利瓦尔交响乐团（Simón Bolívar Symphony Orchestra）与参加“大噪音”（Big Noise）组织*的苏格兰版本的孩子们一起演奏，体现了艺术节包容的和国际主义的愿望。活动 187
强调了丹尼尔·巴伦博伊姆（Daniel Barenboim）与东西方乐团管弦乐队在逍遥音乐节上的演奏，还着重推出了黛博拉·华纳（Deborah Warner）和菲奥娜·肖（Fiona Shaw）诗意的声光装置艺术《和平营》（*Peace Camp*），以努力推广“奥林匹克休战”等主题。但活动过于驳杂和广泛，难以传播一个单一概念，结果超越了艺术节本身的存在。正如市场营销专家马克·桑兹（Marc Sands）应奥林匹克文化节之邀

---

* 委内瑞拉“音乐救助体系”。——编者注

所做的独立评价，艺术节“从来没有明确建立一个叙述，来回答它为何存在。这似乎只是奥运会的一部分。”[18]

奥运会是一项体育赛事，这一压倒性的观点可以算作一项成就，但艺术节最终成为一个包罗万象的活动。总之，几乎一半的项目已经启动，组织者们在“徽章”事件中都是机会主义者，除了访问数据库之外，几乎没有什么可以提供给他们。有些活动，比如在艺术节开始前结束的大卫·霍克尼在皇家艺术学院的展览，或者泰特现代美术馆的达米安·赫斯特回顾展，都与奥运会没什么实际的关联，将英国广播公司的逍遥音乐节包括进来也是一种延伸。

也有一些关于想象力的实际行动，比如自 1945 年以来首次关闭的皮卡迪利马戏团的街头马戏突然“冒出来”，还比如特纳奖得主概念艺术家马丁·克里德（Martin Creed）的《全国所有钟声尽快并尽量大声地敲响三分钟》（*All the Bells in a Country Rung as Quickly and Loudly as Possible for Three Minutes*），这个活动精确地发生在奥运会开幕当天上午的 8 点 12 分。据统计，有 290 万人参加了这个奥运五环的新奇版本。《所有钟声》利用了前沿的数字技术，让 6.6 万人用一个手机软件同时敲响了虚拟钟声。沿着哈德良城墙的《连接灯光》（*Connecting Light*）和发动爱丁堡亚瑟王座山峰的跑步者参与的《灯光的速度》（*Speed of Light*），将新技术与动画开放空间的魔力结合在了一起。

借用戏剧评论家迈克尔·科文尼（Michael Coveney）的一句评语，伦敦 2012 艺术节的核心是“构成当代戏剧最佳剧作的一份精英势力的声明”[19]；而且不仅仅是戏剧，还有任何欧洲前卫艺术节都包括的音
188 乐、舞蹈和视觉艺术。在各种艺术改编形式当中，莎士比亚都是一个绕不开的存在，但国际现代主义是由德国的博斯沃·施特劳斯（Botho Strauss）、爱尔兰人塞缪尔·贝克特（Samuel Beckett）以及美国人罗

伯特·威尔逊（Robert Wilson）和菲利普·格拉斯（Philip Glass）代表的。此外还有向已故的德国编舞家皮纳·鲍什（Pina Bausch）致敬的活动。高雅文化活动的顶点是在伯明翰的废弃工厂里举行的《星期三之光》（*Mittwoch aus Licht*）的世界首演，这是斯托克豪森的组曲《光》（*Licht*）中的最后一段歌剧，作品完整的六个部分都进行了演奏，动用了两个合唱团、飞行独奏乐器演奏团队、电子和原声乐器以及在四架直升机上同步演出的弦乐四重奏。工业废弃建筑再次与高雅艺术相遇。幸运的是，作品被认为是成功的。

开展奥林匹克文化节活动的四年里，单就活动的范围和多样性而言，这是自 1997 年以来文化领域投资的成果。这些活动的反响表明了公众对受邀参与的文化体验以及延伸约定的兴趣程度——特别是当活动免费时。就未来的奥运会而言，正如托尼·霍尔所希望的那样，奥林匹克文化节是“一个游戏规则的改变者，它将艺术置于奥运会自身的核心”。[20]虽然他没有提及艺术家们在奥运会或残奥会的闭幕演讲中所做的贡献，但文化已经不再仅仅是一个吸引人的附加物，而是提供了某些定义性意象。在奥运会和残奥会的开幕式上，文化创造了奥运会某些定义性的时刻。

人们期待这些仪式及其相应的闭幕仪式能够符合古希腊戏剧中固定下来的惯例。开幕式上要求乐队、国旗和表演者以军事化的精准度围绕奥运体育场移动，东道主政府首脑入场，国际奥委会主席和东道主组委会主席发表讲话，介绍奥运五环，一望无尽的运动员游行，奥运休战宣言，奥运旗帜入场，唱奥运圣歌，奥运誓言，点燃奥运圣火，放飞鸽子，设计尽可能精巧的烟花汇演——所有这一切都必须包含在
一场欢欣鼓舞的展示中，展示的是东道国认为的自身最突出的品质。 189

每一处都是吹嘘沙文主义的机会。

这场大型演出的导演一定会担心穹顶开幕之夜的历史重演，活动持续了这么长时间，公共交通已经停止，人们回不了家。无论谁负责这次活动，都必须创造一些既在体育场内产生效果同时又能娱乐全世界电视观众的事。除了历届奥运会开幕式的先例，本次活动还借鉴了盛装舞步和嘉年华游行的传统，并通过摇滚音乐会、皇室婚礼以及露天教皇群众的现代壮观表演加以放大。在某种程度上，演出必须将高雅文化与平民主义结合起来，营造一种不带有极端爱国主义色彩的类似逍遥音乐节最后·夜（Last Night of the Proms）的气氛。

但它同时又必须有所不同。创意英伦展示在世界舞台的时间只有一个晚上。这是设计师、工程师、编舞、照明设计师、服装制造商、烟火制造商、摄像师和音响师、选角导演、作曲家、音乐家、艺术家以及 7,500 名志愿表演者展示创意产业才能的时刻。所有开支一分钱都没剩下。2011 年 12 月，首相戴维·卡梅伦将原来的开闭幕仪式预算增加了不止一倍，高达 8,100 万英镑。四场仪式全部的最终花费达到了 1.1 亿英镑。

能够阻止开幕式成为一场令人压抑的体育场壮观表演，一场军国主义的周年纪念游行，或者是一个没有泥浆的格拉斯顿伯里音乐节的，是一些无法写进资助协议的东西，或者是一些无法作为目标被设定的东西：颠覆精神。活动会保留惯例，但会用幽默刺破盛况和氛围，用情感软化庄严，活动的规模和雄心壮志也会带有一丝讽刺意味。这种自信的自嘲可以在主创人员中找到根源：艺术总监丹尼·博伊尔和创意制作人史蒂芬·达尔德里（Stephen Daldry）及编剧弗兰克·科特雷尔·博伊斯（Frank Cottrell Boyce）。

博伊尔、达尔德里和博伊斯是本书描述的文化经济的典型产物。

他们出身外省，毕业院校受国家资助；撒切尔 1979 年上台时他们还是 190
青少年，在进入艺术界之后学着蛰伏下来保存实力。达尔德里和博伊尔入行是在接受政府津贴的剧院——达尔德里当小丑，博伊尔在激进派的联合股票剧团工作。两人都在皇家宫廷剧院做过导演。达尔德里曾运营伦敦的非主流剧院大门剧院（The Gate），之后于 1992 年成为皇家宫廷剧院的艺术总监。博伊斯从一所国立中学考入牛津大学，在成为电视剧编剧之前，为长期演播的肥皂剧《加冕街》（*Coronation Street*）工作，然后转为电影编剧。

三人都受益于新工党创立的彩票资助电影委员会。博伊尔和达尔德里导演的电影帮助定义了撒切尔时代：博伊尔在 1996 年导演的改编自欧文·威尔士（Irvine Welshi）小说《猜火车》（*Trainspotting*）的电影中，捕捉到了他们悲剧性的享乐主义，2000 年，达尔德里在《比利·艾略特》（*Billy Elliot*）中讲述了一个工人阶级男孩成为一名芭蕾舞者的动人故事，对 1984—1985 年间矿工罢工对社区的破坏一并进行了叙述，后来关于这位芭蕾舞者的叙述比罢工对社区破坏的叙述更多，成为一部非常成功的音乐剧。博伊斯为博伊尔 2004 年的电影《百万英镑》（*Millions*）写了剧本，之后又将此剧本改编成儿童系列小说的第一部。博伊尔的奥斯卡获奖电影《贫民窟的百万富翁》（*Slumdog Millionaire*，2008）有一个宝莱坞式的结尾，这无疑促使塞巴斯蒂安·科（Sebastian Coe）决定给他提供了这份工作。

三个人都坚持伴随他们成长的政治和社会价值观。博伊尔和达尔德里在国家大剧院经历了从高雅文化的边缘来到中心的过程，博伊斯拥有牛津大学博士学位，而三人的共同文化背景是英国流行音乐。流行音乐——在此语境下，休伯特·帕里（Hubert Parry）为威廉·布莱克的诗歌《耶路撒冷》谱的曲子，以及埃尔加的《谜之主题变奏曲》

(*Enigma Variations*) 中的《尼姆罗德》(*Nimrod*) 都可以称为流行音乐——为他们提供了可以神奇地中止叙事矛盾的手段。流行音乐作为一个支撑企业帝国的高度商业化的媒介，传递着抗议和异化的信息，它包含着自身的矛盾。博伊斯在开幕式的节目说明中指出，流行歌曲的歌词越没意义，就越可以拥有更多的力量。他提到了合唱的《嘿!
191 朱迪》(*Hey Jude*)，这首歌不可避免地被用来结束整个节目："曾经站在广大人群中跟着哼唱的人都知道，意义并不重要。重要的是让我们可以在当时当刻开始合唱的这种方式。"[21]流行音乐的有趣和感伤的力量产生了共享的激情，使集体体验成为可能。

博伊尔及其音乐总监里克·史密斯（Rick Smith）将流行音乐编进了一个连续的叙事——就是以三"幕"带有影像的插曲来配合场景的切换——，在一束弧光中以帕里和艾尔加的音乐开场，并以甲壳虫乐队的音乐结束。莎士比亚像列侬和麦卡特尼一样，作为一种可以想见的文化参照，为仪式提供了框架文本，主创选用了卡利班在《暴风雨》(*The Tempest*) 中的演讲："不要惊慌：岛上充满了噪音。"配合着普洛斯彼罗的巫术，每一幕都配合场景的切换。布莱克的《耶路撒冷》中的绿色宜人的土地被"工业革命"罪恶的磨坊粗暴地消灭了；战后的英国改革成为一个福利国家；整个世界因蒂姆·伯纳斯-李（Tim Berners-Lee）发明的万维网而发生变革。

开放的乡村田野的恬静与充满生气的农场动物之间，五月舞蹈与板球比赛之间，以及奥运五环在火光中的壮观锻造与"工业革命"的烟囱之间的对比，在随后几个小时里体现为被暂停的矛盾。正如在第一次世界大战期间《耶路撒冷》被重新塑造成一首民族主义歌曲，在体育场内，一种从未有过的乡村生活的往昔与一场残暴已被遗忘的工业革命，占据了同样的想象空间。但这不是传统英国的形象，历史的冲突融化在怀旧的朦胧中。

博伊尔拥抱了工业革命释放的能量。博伊尔在就电视录制的开闭幕仪式的“导演剪辑版”的评论中，称之为一次“文艺复兴”。1,000名戏装打扮的志愿者在1,000名街头鼓手的鼓动下，沉迷于创造性的破坏。在录制的评论中，他谈到一点：“我希望这场表演的每一点都感觉到进步……我们没事，我们正在向前迈进。”[22]博伊尔的方法不是否认矛盾，而是将它们保持在一种动态平衡之中。[23]通过参照战争的机 192
械化破坏，工业化的生产能量得到平衡。反饥饿游行者与争取妇女参政权者出现在风景如画的切尔西，一同出现的还有养老金领取者以及“珍珠国王和王后”慈善组织成员。

大胆的是，在接下来的影像片段中，（真正的）伊丽莎白二世在白金汉宫迎接了（虚构的）詹姆斯·邦德，然后与他一起乘坐直升机参加了奥运会，看上去像要跳降落伞进入体育场。接着，（还是真正的）女王坐到了她的座位上。在这里，幽默支持而非颠覆了王室的存在。

一种配对而非对比塑造了回头看来最具争议的第二幕：同时颂扬英国对儿童文学的贡献以及国家医疗服务制度的创建，两者的关联性在于大奥蒙德街儿童医院是《彼得·潘》（*Peter Pan*）作者的遗产的受益方。伦敦于1948年举办奥运会的时候，国家医疗服务制度推出，这一巧合是给仪式主创团队的一份礼物。就在同一年，西印度移民船“帝国疾风号”抵达英国，船上的乘客也获得了一个龙套表演的部分。对于儿童文学里的英雄和怪物的交织召唤，数百名儿童工作者和国家医疗服务工作者高昂情绪的表演，掩盖了更多与歌颂福利国家相关的政治信息。

第三幕，对英国公共服务广播即英国广播公司的庆祝，是借用电视情景喜剧的模式进行的；万维网的发明让多种族的罗密欧与朱丽叶得以相遇，这也是一场舞蹈狂欢。在集体舞者短时地组成核裁军运动组织（CND）和平标志的煽动性轮廓的那一刻，它既代表了组织本身，也成为一个历史参照。

博伊尔甚至对孟加拉舞者、编舞家阿克拉姆·卡恩（Akram Khan）承认，“高雅艺术”在那一刻也承载了双重意义。卡恩及其舞
193 者是为独唱表演的《与主同行》伴舞，这是一首与足球场相结合将近一个世纪的赞美诗，他们的表演唤起了一个泛宗教的精神时刻。颠覆精神取代了西蒙·拉特尔（Simon Rattle）和伦敦交响乐团的插曲。这一编排表面上是对英国电影的赞美，因为配乐来自电影《火之战车》（*Chariots of Fire*），实则是对奥运胜利的一种讽刺，由于全球熟知的憨豆先生的扮演者罗温·艾金森（Rowan Atkinson）的出现，奥运胜利被进一步颠覆了。

出现在这种选择性肖像中的英国，是欢快、有趣、充满活力、享乐、玩世不恭、充满幻想并且饱含情感的。它为自己民俗的历史而骄傲，对乡村充满怀恋，但又具有强烈的都市气息。工业革命可能就在它身后，但它已经接受了万维网的全球革命。它是君主制的，但也是民主的，它在体育和习俗方面是传统的，在享受新技术方面是现代的。它不守规矩，但作为一个团队工作。阶级和宗教并不重要。它有很大的个人主义空间，但欣赏公共机构和共同努力的价值。它是开放和进步的，但也拥有社会良知。它高度多样化，但又能分享一个集体身份。

这幅肖像的吸引力有助于解释人们对开幕式几乎完全正向的反应。具有代表性的是，莎拉·莱尔（Sarah Lyall）在为《纽约时报》担任

了18年驻地记者之后，写了一篇惜别伦敦的文章，她写道："这是一次对各类事物大胆而狂欢式的赞颂，这些事物包括个性、创意、诡诈、幽默感、趣味性、反叛以及面对潜在混乱的能力，还包括我视野之外的更多事物，它似乎总结了英国的伟大之处。"[24]

这样的一幅肖像也解释了保守党议员艾丹·伯利（Aidan Burley）在推特上的评价："我见过的最激进的开幕式"和"激进的多元文化废话"。《每日邮报》网站的一则留言抗议说："国家医疗服务制度不值得在这种左翼宣传声浪中得到如此可耻的赞美。"[25]

然而，左翼博主理查德·西摩（Richard Seymour）从反面嘲笑了"软左翼"成员因为博伊尔仪式有修复力的花言巧语而堕落："大家为了自己的政治议程，现在无论做什么都要借用这场演出的元素，它的 194
主要成就是诱使人们暂时忘记奥运会的耻辱"，文章接着提醒人们奥运会为东区带来了很多负担。[26]西摩的博文被戴夫·齐林（Dave Zirin）赞赏性地引用在了为美国《国家》杂志撰写的一篇博文中，文章谴责"丹尼·博伊尔的奥运吟游诗人秀"是一次失败："对工人阶级的牺牲、多元文化以及国家医疗制度的一切赞美都服务于这样一场奥运会，它带来的是对黑色和棕色伦敦人的骚扰，是膨胀的赤字，是与博伊尔拿来赞美的国家医疗制度类似的项目预算的紧缩和削减。"[27]

音乐界也产生了分歧。前史密斯乐队主唱莫里西（Morrissey）在致歌迷俱乐部的网络信函中，抨击奥运会带有"十足的沙文主义"以及"现今遍布整个英国媒体品牌的1939年的德意志精神"。[28]他受到了左翼通俗爱国主义老前辈、"红楔子"音乐人团体创始人比利·布拉格（Billy Bragg）的指责，布拉格引用英裔牙买加运动员杰西卡·恩尼斯（Jessica Ennis）的例子，认为在这种情况下，挥舞着旗帜的人们是在对恩尼斯所代表的"多元开放社会的可能性表达他们的自豪感”。[29]

围绕仪式的政治争论指出了这一仪式所表达的更深刻的有关国家认同的问题。博伊尔及其团队对英国历史的处理没有让文化批评家艾琳·莫拉（Irene Morra）感到满意，因为它没有承认大英帝国值得怀疑的角色。对她来说，莎士比亚与甲壳虫乐队的联合，布莱克的《耶路撒冷》的运用，以及从格拉斯顿伯里突岩到詹姆斯·邦德的英国神话的唤起，都是对传统国家故事的改写，这一过程努力摆脱了那些定义官方文化的机构的控制。这场仪式表露出将英国历史重塑为“一种面向‘普通民众’的持续的国家传统”的愿望。[30]

然而，这个替代故事取决于将英国思想与帝国主义的大不列颠的历史存在进行分离的能力：

> 195 开幕式唤起一种以想象力、喜剧、国家医疗制度……同情心和流行音乐为特征的隐性的民间身份（一个无害的“小不列颠”）。将这个新兴民众的起源植根于工业革命的同时，它还是不可避免地引出了一个更有问题的关于英国身份的能指。工业革命使流行产业、抗议活动以及工程技术成为可能，但它仍不可分割地与大英帝国的历史绑定在一起。最终，博伊尔的仪式通过拒绝承认或表现帝国这一事实，强调了对这一遗留问题的恐惧。

莫拉认为，博伊尔没有涉及英国帝国主义过往的问题，意味着“将这个帝国的遗留问题压制成一个激进修正主义问题的企图，最终不准确地改写了英国的国家历史和当代身份认同”。[31]

莫拉接着对卡利班的主旨性念白“不要惊慌”给予了“后殖民主义的”解读，这篇讲稿不像在博伊尔的作品中那样，由自信的维多利亚企业家伊桑巴德·布鲁内尔（Isambard Brunel）来宣讲，而是由一个被普洛斯波罗的殖民主义魔力奴役、被剥夺了财产的土著宣讲的。仪式中“帝国疾风号”部分的表演——这艘船的名字就意味深长——是一个更好的案例。这艘船载着乘客在钢鼓乐队的伴奏下出现在第二幕。帝国已经到家了，要开始描述黑人对英国音乐的贡献了，这一描述在第三幕东区出生的迪奇·拉斯科（Dizzee Rascal）表演说唱时达到高潮。

对博伊尔而言，帝国主义的消极历史就这样被转化为包容性的积极叙事。“这是给每一个人的”——指的是来自万维网的蒂姆·伯纳斯-李的礼物——是博伊尔的副标题。博伊尔在对8,000名志愿者参加的1.28万英里火炬接力进行评论时，无辜地重复了联合政府财政大臣乔治·奥斯本的伪善之言：“我们荣辱与共。”

由于英国其他文化部门的悲观情绪下降，博伊尔及其团队的浪漫主义愿景很可能认为，“创意英伦”最终会成为一种真正具有想象力和创造力的机制，而非已经成为的功利的和利润驱动的机制。它提供 196
了一个关于国家认同的替代想法，对于那些相信艺术是一种集体创作并且遗产应当共有的人，这是一个让他们贪婪地紧抓不放的想法。这正是博伊尔的意图。他在节目介绍中写道：

> 我们多么希望，穿过所有的噪音和兴奋，你将看到一条关于更美好世界的唯一目标的黄金线，这也是耶路撒冷的构想，这个更美好的世界就是真正自由和真正平等的世界，可以通过工业繁荣建立的世界，通过关爱国民建立了福利国家制度的世界，通过大众文化的欢乐力量建立的世界，通过普遍交流的梦想建立的世

界。一个我们可以建立耶路撒冷的信念。并且它是给每一个人的。[32]

对于那个夜晚而言，博伊尔想象中的耶路撒冷实现了。不列颠人发现她很酷。但是，正如同样引自《暴风雨》的台词所说，“这个虚幻的盛大华丽的场景”是一场梦。布莱尔的黄金时代的天堂即便曾经存在过，现在也已经无可奈何地消失了。

现在回答弗兰克·科特雷尔·博伊斯关于奥运会遗产的问题为时尚早。2013年，大彩票基金创立了“2012年精神基金”，试图维持由奥运会激发却已减退的参与和志愿服务热情（实际上是为了锻炼身体）。基金创建时的名义价值为4,000万英镑，预计将在私有化的奥林匹克公园的资产出售后退还彩票经销商的款项中划拨。奥林匹克公园于2014年重新开放，但直到2016年，奥林匹克体育场才完全发挥作用，而住房计划要在下一个十年才能完成。不要指望在那里建立一个“新耶路撒冷”。

第八章　只是少数人而不是许多人 197

在一年的时间里，我国百分之五十的同胞不曾踏进音乐厅、剧院、歌剧院或艺术画廊半步。他们从不参加任何艺术活动。

克里斯·史密斯，在皇家艺术协会的演讲，1999 年 7 月 22 日

奥运开幕式很快成为讨论艺术资助重要性的一个参照。开幕式对每种艺术形式的各个方面都进行了展示，它表明了培训那些将演出变成现实的表演者、设计师和技术人员的价值，以及他们从受资助部门的工作中获得的经验所带来的益处。如果需要证明投资艺术的价值，开幕式 2, 700 万英镑的成本就是一笔使用得当的花费。

但是对于新工党的计划而言，还有另一个方面：这笔投资的目的是为了让“许多人而不只是少数人”受益。艺术和遗产对经济有益，也有助于实现社会转型。截至 2012 年，政府和彩票基金的数十亿英镑的资助无疑使现有的文化受众受益，但仍存在一个问题，即是否发生了更广泛的变化。就新工党的价值而言，在与“访客量”相关的问题上，这个项目是失败的。钱投进去了，但产生了什么结果呢？ 198

接受公共资助的剧院就是一个例子。工党于 1997 年上台后，英国

剧院亟需再投资。就像其他文化部门一样，它越来越感觉到十多年来公共资助渐进归因的影响。由于西区的商业成功，这种影响部分地被模糊了。西区的商业成功在很大程度上受到大型音乐剧的驱动，并且在1995年由于逐渐出名的“直面剧场”（in-yer-face theatre）的兴起而突然爆发了能量。预示这种能量的是萨拉·凯恩（Sarah Kane）的《该死的》（*Blasted*），以及杰兹·巴特沃思（Jez Butterworth）随后的《护身符》（*Mojo*）和马克·雷文希尔（Mark Ravenhill）的《购物和做爱》（*Shopping and Fucking*），所有这些作品都是皇家宫廷剧院自1992年以来在艺术总监史蒂芬·达尔德里的执导下制作的。十多位作家与他们同时代的英国年轻艺术家一样，为这种攻击性的、故意冒犯的体验剧场做出了贡献，他们在撒切尔时代和少年时期就学会了自谋生计。他们的政治不可知论以及他们所表达的对世界的普遍厌恶反映了这个时代的个人主义。正如戏剧评论家阿列克斯·西尔兹（Aleks Sierz）在相关类型的研究中所说：“虽然它可以被解读为新工党尝试推广的、企图重塑英国的‘年轻国家’的一个例子，但它更加粗暴、野蛮，并且比‘酷不列颠现象’所抛出的陈腐想法更有批判性。”[1]“直面剧场”并不局限于皇家宫廷剧院，但它在很大程度上是一场都市运动，到了1999年凯恩自杀的时候，它又被视为“一个新的正统”。[2]彩票基金资助改造皇家宫廷剧院的计划成功启动之后，这一类型剧作的主要制作人达尔德里转向了电影制作。

1999年之前，英国戏剧一直面临严重的经济困难。阿德里安·诺布尔（Adrian Noble）领导下的皇家莎士比亚剧团濒临破产；特雷弗·纳恩（Trevor Nunn）领导下的国家大剧院靠音乐剧演出平衡收支。然而，真正的问题在伦敦之外。基于战前剧目和公民剧场运动发展起来的剧院网络，由50家受艺术委员会资助的英国地区戏剧制作剧院构成，随着赤字的攀升和观众的缩减，这一网络呈现出日益紧张的态势。199
这些代表剧院在国家戏剧生态学中扮演着重要角色，这种剧院生态滋养了国立剧团和西区，也滋养了旅游公司、代表性的实验剧场、戏剧教育公司和构成整个行业相互依存部分的边缘剧团，与此同时，剧院生态也得到了它们的滋养。

但救命稻草就在眼前。1998 年《一个新的文化框架》[3]的发布正值艺术资助 20 年来增长最高峰，这一文件鼓励艺术委员会任命顾问彼得·博伊登（Peter Boyden）来审查地区戏剧制作剧院所扮演的角色，成为补贴剧院整体向新策略发展的第一步。

2000 年 5 月博伊登发布的示范性报告证实，在过去 20 年里，这些剧院的确经历了“持续危机”。[4]通货膨胀造成的成本上浮，地方政府和艺术委员会补贴的缩减，形成了一个下降通道，导致财政和艺术领域的赤字增加，老观众在减少，新观众却没有壮大起来。

地区剧院未能培养新的写作人才、导演、演员或技术人员。作为表演者就业衡量标准之一的“演员周”的数量在下降。在剧院主剧场上演的本土作品已经从一年 10 部降至一年 4—7 部。剧团实际上已经消失，在编的创意人员更少了，而且工资很低。士气低落，赤字不断上升，审查范围内的大部分剧院在技术上都资不抵债：“资助的实际价值下降、固定成本增加以及观众减少驱动了一个自我实现的预言，在这个预言中，舞台上表演的作品得到的资源减少，品质受到损害，观众人数则进一步下降。”[5]

剧院正处于丧失文化地位的危险之中：“对许多年轻人来说，戏剧不再是驱动休闲选择的群体自我定义和文化强化过程的一个自然部分。”[6]最接近当时正在进行的全国观众调查的是“目标群体指数”，该指数显示几年来剧院观众总体上一直在不断下降，1998—1999 年度，

200 观众人数已经降至最低水平。不仅观众人数在萎缩，观众成员也逐渐变得更倾向于教育水平更高和处于较高社会阶层的群体。

艺术委员会面临着一个双重问题：地区剧院在艺术方面失败了，而新工党增加访客量的议程也未能实现。博伊登在不提及成本具体数字的情况下，巧妙地设计了新策略的参数，这一策略将挑战那些曾经被允许发展的地区剧院的随心所欲的资助和结构，并提出一个社会愿景："当剧院建筑成为一个不同世代的社区中现场艺术作品的核心焦点时，社会团体和少数族群在所有空间都将感觉到舒适自在。对于创意团队、工作人员和观众来说也将同样如此。"[7]

针对这份报告，艺术委员会接受了剧院处于危机的观点；[8]委员会对自己和地区艺术委员会在剧院身上花费的7,000万英镑进行了评估，并于2002年制定了《实现英国剧院的国家政策》，将在今后三年里每年为剧院增加2,500万英镑拨款，剧院预算相当于增加了72%。基于2003年发起的资助艺术计划，2003—2007年间，又有5,640万英镑投向剧院，共有21家剧院，特别是皇家莎士比亚剧团，从解决赤字的"稳定"资助中获得收益。某些机构获得的资助增加了一倍多；几乎所有轮演剧院获得的资助都有所增长；可用资金中有83%拨给制作机构和公司，12%用于"展示"剧院，还有5%用于黑人地区计划等战略性政策的实施。2007年，英格兰艺术委员会在发展街头艺术和马戏方面加大了投入。

博伊登的报告在提醒英国大部分戏剧表演并没有得到艺术委员会的资助这一点上很有价值，但它似乎改变了天象。在迈克尔·博伊德和维基·海伍德的领导下，皇家莎士比亚剧团扭转了财务状况，并开始改变整个剧团的工作方式，以成为一家真正的剧团。[9]

在尼古拉斯·海默及其执行总监尼克·斯塔尔强强合作的带领

下，国家大剧院迈入了艺术上和财务上最成功的时期。2003 年，海默 201
一上任就启动了《亨利五世》（*Henry V*）的制作——这一作品以同时期入侵伊拉克为故事背景。他紧随其后又制作了《杰里·斯普林格：歌剧》（*Jerry Springer*：*The Opera*），表示自己不害怕触犯各种情感。2004 年，他制作了艾伦·贝内特（Alan Bennett）的《历史男孩》（*The History Boys*），满足了观众对草食系的品位，并于 2007 年监督创作了国家大剧院最赚钱的作品之一《战马》(*War Horse*)。

国家大剧院也变成了一个更具渗透性的机构，与康沃尔郡齐膝剧院（group Kneehigh）等边缘剧团展开艺术创作性合作。此外，两家公司正在开发一种新形式的“浸入式剧场”(immersive theatre）——“汽车追尾与晕头转向”剧场（Shunt and Punchdrunk）。他们的表演具有直面剧场的攻击性和表现力，同时借鉴了实体剧场和装置艺术。

相比之下，似乎是为了回应那些用想象力无法理解的政治事件，如“9·11”、阿富汗、伊拉克，同一时期各种形式的“引录剧场”(verbatim theatre）开始扩张。这种形式的剧场利用官方调查、访谈和文献研究的副本，创造了一种将英国剧场持续作为全民论坛的调查剧。这种戏剧类型与伦敦北部的三轮车剧场的关系最密切，1999 年，尼古拉斯·肯特（Nicholas Kent）导演了《正义的色彩》（*The Color of Justice*)，这部作品用戏剧形式演绎了麦克弗森对黑人少年史蒂芬·劳伦斯(Stephen Lawrence）谋杀案展开的调查，使人毫不怀疑大都会警察局里存在由来已久的种族主义。

商业剧院和补贴剧院都在蓬勃发展，当英格兰艺术委员会于 2007 年底宣布灾难性的资金决定时，最激烈的抗议就来自剧院。这场争吵恰逢负责戏剧策略的新总监芭芭拉·马休斯（Barbara Matthews）到任。尚未对这些决定负有任何责任的马休斯很快意识到，艺术委员会仍被视为戏剧的敌人，马休斯认为，正是时候对2003年新资金投入使用后的情况进行委托调查。顾问安妮·米尔曼（Anne Millman）和乔迪·迈尔斯（Jodi Myers）同博伊登一样具有洞察力，他们于2008年6月至11月展开了调查工作，就在此时，银行业危机开始引起恐慌。

202 正如标题所暗示的，《2009年戏剧评估》的范围远远超过了博伊登之前调查过的50家地区剧院，此次研究得到了来自74家戏剧机构对2000—2001年度与2006—2007年度之间不断抽样的数据支持。评估的结论似乎为博伊登进行了辩护："每年额外增加的2,500万英镑的影响远远超出了资金本身。"[10]剧院更加自信、乐观且雄心勃勃。受资助部门现在更加开放，不再对外界那么漠不关心；运营一家地区剧院已成为一个有吸引力的职业方向；许多新的艺术家和企业首次获得利益支持；黑人和少数族群主导的组织以及失能者主导的组织代表，能力和知名度都有提升。制作戏剧拥有了更好的工作条件。受雇人员更多，工资更高，作品更有价值，演员阵容更庞大，排练时间更长；更多风险得以承担，人们更具创业性和商业性；对较年轻艺术家的支持有了显著增长，并且更具多样性。唯有新的文本创作似乎尚未繁荣，尽管增加了投资。

但有一个发现，报告没有予以强调。"目标群体指数"调查显示，"戏剧"的观众人数从2001—2002年度成年人口的24.4%增加到2006—2007年度的30.7%，据估计通过观看和参与而"接触"剧院、街道和马戏艺术的合并比例为42%（每5个成年人中有2人参与），但这些包括了所有戏剧形式的极为广泛的艺术类型，与对英国文化委员会资助的74家机构不断抽样产生的更精确的观众人数并不相符，根据抽样数据，总的观众数保持不变。[11]在补贴部门，有更多表演、更多新的委托创作和更多新作品，但没有更多的人去观看它们。得到传播的观众就更稀少了。自 2002 年以来，在投入了 1 亿多英镑的额外资金之后，这些重要的、得到核心资助的剧院的观众并没有增加。

如果没有艺术委员会的介入，情况甚至更糟，但这个发现提出了
严重的问题，不仅涉及公共资助的剧院，而且涉及艺术和文化公共资 203
助的总体功效。对于剧院的情况来说，一种可能的解释是，观众之所以未能增加，是艺术委员会本身实施的《实现英国剧院的国家政策》产生的一个意想不到的后果，这项政策将开发新作品的具体义务加在了受资助的剧院身上。奥利维亚·特恩布尔（Olivia Turnbull）的论著《打倒下院：英国地区剧院的危机》对 2007 年 12 月的资金分配丑闻进行了深思，并不针对 2009 年的剧院评估结果，但她认为，由于艺术委员会的政策过分注重访客量、多样性和新作品，导致剧院脱离了基于文本的传统经典剧目，更加有意识地去做实验性工作：

> 与街头表演、马戏艺术、多媒体制作以及特定场域艺术的联盟达成了许多预期的目标。但出于同样的理由，特别是要求在戏剧中加入教育意义时，新的关注点也普通集中在对阐释的贬低和给这种过度介入贴上说教的标签。在这种情况下，保留老观众的同时吸引新观众，倡导创意的同时确保社会融合，并且兼顾伙伴资助机构的多重需求，对某些剧院来说要求太过分了。[12]

特恩布尔描述了贝辛斯托克、哈罗盖特、吉尔福德、德比和布里斯托尔的问题，截至 2008 年，以上剧院的“老”观众似乎还没有被新观众取代。但这个解释并不完整。

博伊登的报告和《戏剧评估》都赞同的一个观点提供了一个更宏

大的答案：剧院观众的社会基础狭窄。2009 年的《戏剧评估》总结说："这一领域缺乏社会经济多样性，对此存在强烈共识。"[13]他们的研究证实了博伊登的发现，受过较高水平教育的人"更有可能出席活动"。[14]社会地位也是一个强有力的预测因素，女性比男性更有可能出
204 席，而黑人和少数族群的成年人不太可能出席。参加的可能性随着年龄的增长稳步上升，伦敦人则是最活跃的戏剧爱好者。

问题在于，这些因素正在整个文化领域发挥着作用。

自 1997 年以来，对英国文化受众的规模和性质的了解有了显著提高。但这并不是一个快乐的故事。当博伊登撰写报告时，数据的主要来源是"目标群体指数"。这个指数由英国市场研究局每年对 2.4 万名成年人进行抽样调查之后给出，抽样调查就家庭消费和休闲提出一系列问题，包括参加八种类型的艺术活动的相关情况。1986 年，艺术委员会开始接受这项调查，但没有公布调查结果——除非有特别好消息。然而，由于新工党对"基于证据的决策"的需求增加，艺术委员会自 2000 年开始齐心协力制定一项研究和信息战略。

2000 年 5 月，委员会委托舆论研究公司"摩利公司"（MORI）从一项初步态度调查开始，对英国 1,801 名成年人进行调查。由于受新工党"访客量"议程的制约，这一调查对观看和参与特别感兴趣。例如，在被问及过去 12 个月里是否观看过戏剧或参与过戏曲表演时，有 36% 的人表示观看或参与过。[15]同时，有 12% 的人表示曾经观赏过一次古典音乐会。紧接着在 2001 年又进行了一项与国家统计局委托的 MLA 公司联合进行的更大规模的调查，这次的调查对象是 6,042 名成年人，2002 年发布了以《英国艺术：2001 年的出席、参与和态度》为题的调查报告。

对态度的调查结果显示，公众支持为艺术提供公共资助，在这一点公共资助不负众望。在《英国艺术》这份报告中，有27%的人曾观看过一场演出或一部戏剧，10%的人观看过古典音乐会，而45%的人参观过图书馆，35%的人参观过博物馆或艺术画廊。[16]

这一调查于2003年又进行了一次，结果表明，剧场观众的比例已经降至25%，古典音乐会观众的比例仍然保持在10%，而22%的人观看了视觉艺术表演，20%的人观看了流行音乐会，12%的人观看了舞 205
蹈表演，26%的人观看了狂欢节、街头艺术或马戏。总的来说，在过去12个月里，有80%的人至少出席过一次艺术活动，87%的人参与过一次艺术活动，其中包括以消遣为目的阅读了一本书。[17]

2005年7月，又发起了一项新的规模更大的调查，由文化、媒体和体育部与英格兰艺术委员会、英国体育协会和被撤销前的英国遗产委员会联合委托MLA展开的《参与：对文化、休闲和运动的全国调查》（*Taking Part*：*The National Survey of Culture*，*Leisure*，*Sport*）。然而，进行这一调查的根本原因并不是社会研究，而是要发现文化、媒体和体育部及其机构是否达成了资助协议中设立的目标，并且是否实现了提升文化和体育参与的部门战略目标。目标显然没有达成。调查过程包括对选定的英国16岁以上成年人进行的面对面调查，增加了较小部分的2006年以后出生儿童的调查样本。主要调查的“统计发布”每季度公布一次，这一原始资料是一种丰富的人口和社会信息资源。当然，与几乎所有的调查一样，这一调查也存在缺陷。

样本的规模各异，调查时提出的具体问题也不同。[18]样本的抽取尽可能具有代表性，但直到2012年抽样才引入纵向因素，让一半的样本人选定期接受调查。访谈集中于艺术作品、博物馆和美术馆、档案馆、图书馆、文化遗产和体育运动等主题领域。这些问题涉及出席和参与文化活动，重点放在“现场”活动。广播和电视不包括在内，收听录制音乐和大多数文学活动形式也不包括在内，除非成为图书俱乐部成员或出席文学活动。这种狭隘的聚焦点忽略了文化的许多方面，即文化非正式地弥补了雷蒙德·威廉姆斯（Raymond Williams）所说的“整体生活方式”。[19]对于文化资助的倡导者而言，它也产生了一些令人沮丧的结果。

“总体数据”是从大量关于行为和态度的问题中提炼出来的，这
206 一调查仔细跟踪了奥运会的公众舆论，注意力放在了数字化和现场参与方面。以下数据取自《2012—2013 年度第四季度参与调查：统计发布》，[20]涵盖截至 2013 年 3 月的数据，并将作为终端数据，与 2005—2006 年度第一次发布的统计数据进行比较。这个数据包括了奥运会举办期间采集的结果（尽管奥林匹克文化节未被提及），并且据提示，数据可能受益于奥运会期间的反弹。报告显示，被调查者中，

- 73% 的人参观过一处遗址——自 2005—2006 年度以来增加了 3%，被认为是“有重大意义的”；
- 53% 的人参观了一家博物馆或美术馆——在 2005—2006 年度的基础上增加了 10%；
- 37% 的人去过一家图书馆——自 2005—2006 年度以来下降了 11%；
- 3.7% 的人为了消遣参观过一家档案馆——下降了 2%，也被认为是“有重大意义的”。

但是最重要的数字是“出席或参与过艺术”的人群的合计比例。

2005—2006 年度，这一比例为 76.3%，2011—2012 年度保持稳定，2012—2013 年度上升至 78.4%——这一时期总体增长了 2%，被记录为有重大意义的。

关于这最后一个数字有两件事要说。首先，2% 的增长看起来并不是特别高，博物馆和美术馆的数字更加可观，而图书馆和档案馆的数字令人担忧。其次，为了让成年人口的贡献比例看起来非常高，出席或参加的频率只需每年一次。英国人不像这个数字所显示的拥有如此众多的文化秃鹫。这也可能导致过度的要求。艺术委员会的政策文件《为了每个人的伟大艺术》欣然断言：“2009—2010 年度有 76% 的成年人参与了艺术。”[21]然而，同一文件也承认：“只有少数人口与艺术定期地存在很大关系”。[22]

“定期”是一个模糊不清的术语，但可以合理预期的是，与艺术的“密切关系”意味着每年不止一次的关系。好在《2012—2013 年度 207
的参与调查》确实包含了过去 12 个月里三次或三次以上与艺术“建立了密切关系”的那些人。这就给出了一个更加令人信服的并且更加令人欣慰的数字，64.1%，这一数字是在 2005—2006 年度 62.5% 的基础上的一次“意义重大的增长”，尤其是经历了 2005—2006 年度到 2011 年复苏之间的下降，这一增长的意义更是重大。更加严格地定义“参与”所代表的含义，也就能更好地理解其他总体数据。对于“参观一处遗址”的高比例，如果将“参观”理解成可以包括只是在“一座具有历史特色的城市或城镇”，那么这个高比例就没有那么可观。只有 30% 的人每年三到四次参观一处文化遗址，比 2005—2006 年度增加了 4%。只有 17% 的人每年三到四次参观一家博物馆或美术馆。

2005 年 12 月公布《参与调查》的第一批结果时，文化、媒体和体育部自豪地声称，英国94%的成年人在这一年里至少参加过一次文化或体育活动。但是从文化消费、文化认同以及最终的文化资助功效的角度来看，这个数字意味着另外的问题。这些问题已经由一个社会学家和艺术委员会研究人员团队解决了，他们放松了2005—2006年度第一次《参与调查》的结果。

他们共同制作了一份引人注目的报告：《从冷淡到热情：英国的艺术参与模式》。[23]由于博物馆和美术馆的访问量未计算在内，每年的数字变化相对较小，因此将一整个调查时段适用于他们的结论是合理的。

为了更好地了解观众对于文化的普遍看法，研究人员使用了一种名为潜类分析的统计技术来识别任一具体的消费模式，并将人口参与的活动分为三个层次。这三个层次是：

- 几乎没有
- 不时地（一年不超过一次或两次）
- 热情的（一年三次以上）

208 他们据此计算出，英国人口中有57%的人几乎没有文化消费，有27%的人不时地有文化消费，只有12%的人是热情的文化消费者。研究人员还将文化消费模式分为三个领域，每个领域都有一种具体的文化消费形式占主导：

- 戏剧、舞蹈和电影
- 视觉艺术、博物馆、艺术节和街头艺术
- 音乐

由于参与一个领域并不妨碍参与另一个领域，分析师确定了第四组消费者，即活跃在两个或更多领域的消费者，他们称之为“求知欲强的”，这组消费者占总人口的4%，即5,600万英国人口中的大约225万人。这些人是公共文化资助的真正受益者，而按比例来说，他们在整个人口中不是很多。《从冷淡到热情》得出一个干脆的结论，真正参与得到公共资助的艺术的是“少数人”。[24]

这一尴尬的事实可以在《文化、阶级、差异》（*Culture*，*Class*，*Distinction*，2009）中找到解释，这是一份澳大利亚学者托尼·贝内特（Tony Bennett）主持的、由六位文化社会学家共同完成的研究报告，贝内特接受的是英国教育，开展研究时正担任开放大学的社会学教授。这份报告同样以具有代表性的调查为基础，采集的样本比《参与调查》少得多，共有1,529名受访者，但是辅以焦点小组和涉及近200人的定性访谈。调查不包括摄影和园艺等活动，更集中于国内文化消费，并提出了有关电视和阅读的问题，并且像《参与调查》一样指向出席和参与。

正如标题中第三个词所表明的那样，这项研究是对法国社会学家皮埃尔·布尔迪厄（Pierre Bourdieu）理论的一种测试——布尔迪厄分别在《区分：判断力的社会批判》[25]以及其他著作中提出过这些理论。实质上，创造“文化资本”一词的布尔迪厄认为，文化知识和文化经 209
验是一种资产，而且像经济资本一样，文化资本可以积累和继承。文化并不存在于一个独立且自治的领域，而是像经济资本（以及实际上的社会和教育资本）一样是一种权力形式。布尔迪厄研究了20世纪60年代初法国独特的精英主义国家文化之后，认为文化资本正在被用以强化一个得到授权的统治阶级与一个被剥夺权力的工人阶级之间的差异，工人阶级的权力通过被排除在统治阶级享有的“合法”

文化之外而被剥夺。在布尔迪厄看来，拥有文化资本是竞争优势的一种源泉。

不出所料，贝内特及团队发现了 1968 年以前的法国与 21 世纪初的英国之间的许多不同之处。他们的调查比布尔迪厄更注重年龄、性别和种族。（在法国提出与种族相关的问题是违法的。）他们发现，文化形式与文化品位之间的界限比布尔迪厄所描述的要更加不稳定，并且参与文化的那些人强调开放性，极其反对文化势利。法国的先锋派在正统文化的范围内扮演了一种对立力量，21 世纪的英国在经典高雅艺术形式与先锋派之间则没有再出现任何形式的斗争，并且也没有任何特别“精英的”立场。《从冷淡到热情》的作者们得出了同样的结论：

> 似乎没有任何证据证明，文化精英参与了“高雅艺术”而不是流行文化：在歌剧、视觉艺术和当代舞蹈等更小众的艺术和文化活动中最活跃的群体，同时也是《参与调查》中可能被归类为流行文化活动最常见的出席者。[26]

这些发现证实，自第二次世界大战以来，英国出现了一种文化转
210 变：两项研究都认为，至关重要的差异不再是高雅文化与通俗文化之间的差异，而彻底成为参与文化和不参与文化之间的差异。两项研究也都认为，教育是参与的路径。受教育程度越高，人们越有可能享受艺术。

艺术委员会的研究团队声称，他们不确切知道能够鼓励教育的究竟是什么，但认为它可能意味着艺术教育以及教育所提供的对艺术的接触，“结果增加了解释和理解艺术经验的能力，而这种能力提升了

一个人参与的动机”。[27]

毋庸置疑，教育为美学体验创造了机会，科学和人文科学教授了可以应用于这些经验的概念和批评的能力。但教育也在执行一种更为基本的功能，它可以使教育的获得者保持或提高收入，从而提高社会地位。既然教育既是社会流动的一个驱动者，也是中产阶层以上的人们更容易获得的东西，人们可以期待看到对艺术的狂热或热情与社会阶层之间的相互关系。

然而，关于阶层所扮演的角色的研究存在明显不同。自 2000 年以来，原本用于市场研究的社会分类已经被国家统计社会经济分类（National Statistics Socio-economic Classification，NS-SEC）用于官方统计，这些分类按照人们在一个广泛的较高、中等和较低的社会等级中的职业来对其进行定义。然而，《从冷淡到热情》的合著者、社会学家德荣赞（Tak Wing Chan）和约翰·戈德索普（John Goldthorpe）是根据社会地位而不是社会阶层，规定了他们自己的范畴。与国家统计社会经济分类一样，这一研究也是以职业为基础，但是以友谊等更亲密的方式对人们进行分类，在这些分类中，人们可能会有共同的生活方式，因此将彼此视为同等的社会地位。[28]他们采用了从“较高级别的专业人员”到“普通劳动者”的 31 种不同类别，这些类别与阶层等级大致相对应。研究者认为，鉴于他们是按照兴趣和亲近程度进行分类的，因而可以提供更细致的分析。

《从冷淡到热情》使用了戈德索普和德荣赞的社会地位和职业分
类法，《文化、阶级、差异》则使用了职业阶层的概念来定义一种三 211
层结构：工人阶层、中间监督阶层和职业执行阶层，这些都是“超越特定职业职位”的类别。[29]这部著作注意到，当代英国人普遍不愿意谈论阶级问题，书中最常强调的说法是：

> 阶级仍然是英国当代文化实践结构中一个核心因素：阶级至关重要。无论深度参与文化活动可能产生怎样的社会优势，都将归于那些受过高等教育、拥有较高职位并且具有较高社会阶层背景的人。较高社会阶层与定期观赏戏剧、博物馆、美术馆、豪华古宅、歌剧、电影、音乐剧和摇滚音乐会有关，也与拥有绘画作品和阅读书籍密切相关。属于最低社会阶层的人倾向于从来不做这些事情。[30]

然而，20世纪中叶的法国与21世纪的英国之间的显著区别在于，尽管文化参与和阶级之间有着明显的联系，文化资本并没有成为一种社会差异的形式而导致工人阶级的排斥。其中一个原因是，现在流行文化的消费已经成为所有阶层的共同点，我们再也不能说工人阶级拥有自己的独立文化了。事实上，工人阶层对于差异的意义也并不感兴趣：“分离是一个比排斥更好的概念”。[31]文化脱离不一定意味着社会脱离；但工人阶级不仅对正统文化显然不感兴趣，对自己得到的公共资助也怀有敌意。然而，对正统文化的这种冷淡并不局限于工人阶级：“大多数中产阶级并不高度依附、熟悉或参与标志着正统文化的活动”。[32]

《从冷淡到热情》提出了相同的观点，并且与艺术委员会的报告
212 一样，贝内特及其团队得出结论认为，最积极地与文化发生密切联系的人群，对流行文化和高雅文化都有兴趣，他们属于社会学术语所说的“杂食动物”，与艺术委员会报告中的“贪吃者”相对应。然而，这个群体尽管强调开明并且明确反对精英主义，仍然表现出偏好高雅文化的特点。

视觉艺术的品位紧随音乐偏好，音乐偏好又跟随视觉艺术的品

位——尽管年轻人并不如此。事实上，值得注意的是，在这些“贪吃的”人当中，公共资助的艺术，如戏剧、芭蕾、歌剧、古典音乐、美术馆，也是最受专业高管阶层欢迎的形式。虽然艺术委员会报告指出，在专业高管阶层中，并不是每个人都熟悉正统文化的高雅艺术形式，但事实上正统文化，也就是高雅文化，“是精英的核心，推动着社会关系的车轮。至少在这个群体，对歌剧和戏剧感到舒适赋予了社会优势。对于专业高管阶层中其他对艺术的热情较低的人而言，情况也是如此。”[33]

《文化、阶级、差异》是对布尔迪厄几个主张的批判，但并没有对文化资本可以转化为社会资本和经济资本的主导思想提出质疑：“如果没有其他人做，这种势力似乎认为控制合法文化是一种有价值的投资形式。”[34]

艺术委员会报告的作者们对这一观点不太有信心。他们用社会地位代替社会阶层，并且对收入的影响打了折扣，但还是无法绕开这样一个事实：社会地位的结构是分等级的，教育是社会地位的一个标志，而地位又是权力的一种形式。可能为了化解这种令人不舒服的事实，报告建议：

> 艺术参与似乎被一些身份概念所驱使——我们认为自己是谁，我们感觉这种类型的人是与我们的社会地位平等的，并且我们认为这种生活方式对于“像我们这样的人”来说是合适和有意义的。性别、种族和年龄也是重要因素。即使所有其他因素保持不变，参加艺术活动的比例也是女性高于男性，较年长的人高于较 213
> 年轻的人，白人高于黑人或亚洲人。[35]

因此，约束“为了许多人，而不是少数人”参与艺术活动的所有条件仍然存在。正如文化评论家特里·伊格尔顿（Terry Eagleton）在下文中所写的，高雅文化与属于上层阶级之间的相互关系或许被夸大了，时代已经发生了改变：

> 贵族对勋伯格的热爱不值一提。高雅文化一直都是知识分子流连之地，而不是一个狭隘的阶级事务，尽管知识分子通常是这样的。相反，由于消费主义是无阶级的，在这个意义上，后现代文化也是无阶级的，也就是说，它跨越阶级的分裂，同时驱动着一种发现这种分裂不可或缺的生产体系。总而言之，无阶级文化消费如今越来越成为中产阶级的标志。[36]

但正如《文化、阶级、差异》所发现的，中产阶级的身份并不能保证你也是一个文化消费者。艺术委员会的报告认为，驱动艺术兴趣的关键因素是教育和社会地位，关键是，报告接下来认为，收入对于参与的影响很小，而社会地位，如同国家统计社会经济分类所定义的那样，不具有任何影响。甚至许多可以负担得起参与的人也对文化活动表现冷淡。对于目前一小部分人成为“贪吃的”艺术消费者的情况，一个显著的事实是：“即使我们能够消除与教育、社会地位、种族、身体不健康等所有艺术参与中的不平等因素，大比例的人口仍将选择不参与艺术。”[37]

因此，尽管两项研究都认为教育与对艺术的兴趣之间存在相关性，似乎没有什么可以保证人们对文化的兴趣。相当一部分受过高等教育、社会地位高的人对艺术几乎没有兴趣。[38]不管属于哪个阶级，正如另一对社会学家在最近分析《参与调查》的数据时直截了当指出的那样："不参与高雅的文化活动是一种常态。"[39]即使"高雅文化活动"与 214
公共资助的文化部门之间不存在简单的识别，在那些管理公共艺术资金的人看来，这一定也是一种令人担忧的想法。大多数人根本没有在参与。

《参与调查》及其之前的调查的整体结果，相对于所有乐观的解释来说，仅仅显示出一个微小变化，这一微小变化体现在1997年以来的文化消费社会模式。文化部门的规模及其经济作用的重要性确实已经提升，但文化服务的公共资金管理者主要是他们自己，因为他们有文化资本去占据专业高管职位，所以也成为公共资助文化的主要受益群体。文化可能并不是故意被视为一种排斥手段；事实上，它所表现的开放性在美学上和形式上是混杂的，在社会上是反精英的，这种开放性是其最突出的特征。但这种开放性可能不像它看上去那么开放。

这个主导文化可以公开，因为几乎没有反对意见，所以不需要区分。流行文化为所有与之相关的人带来乐趣和情绪释放，无论是"无阶级的"流行音乐，还是文化遗产产业中阶级角色的虚幻重现。传统文化因享有通过教育获得的知识和专业技能而带来安慰，这是一种区别形式，即使其开放性遭到了抗议。"贪吃的"文化消费者可能不被称为精英，并且他们一旦成为精英就会痛恨精英，但他们确实构成了一个重要的阶层成分，在现行的阶层结构条件下运行。

一个导致受众如此狭窄的体系是一种明显的安慰，但对体验和观念的开放是获得文化资本的方式之一，因此也是社会和经济权力的一种手段。一个真正开放的文化允许民主文化为保持创造力而进行探索 215
和接受异议，并且允许它通过商业文化来抵制政府和商品化的共同选择。在这种情况下，公共资助文化的目的不是继续“复制专业高管阶层的特权”,[40]而是像它看起来所做的那样，尽可能广泛地向公众开放，向目前拒绝参与艺术的公众开放。耶路撒冷仍然在绘制的进程中。

结论　下一步是什么? 217

时间就在2013年11月一个潮湿的星期三上午8点30分之前。伦敦青年新维克剧院的一个小型彩排室里，人们正聚集在一起讨论英国艺术的未来。其中有25人左右分别是：舞蹈团和剧团高管、博物馆协会成员、文化学习联盟成员、艺术基金会代表、克洛尔研究员、艺术委员会成员和个人艺术家。这是“下一步是什么?”的每周会议。

会议由青年新维克剧院艺术总监大卫·兰（David Lan）主持。2011年3月，兰决定召开一个会议，讨论2010年艺术资助预算削减之后不断恶化的形势。会议出席人员包括皇家莎士比亚剧团艺术总监迈克尔·博伊德、皇家歌剧院的托尼·霍尔、南岸中心的贾迪·凯利、萨德勒韦尔斯的阿利斯泰尔·斯伯丁（Alistair Spalding）以及爱乐乐团的大卫·威尔顿（David Whelton）。兰给这一讨论取名为“下一步是什么?”，讨论思路也从这个标题发展开来。

一个一次性的相遇变成了每周一次的例会，这样的会议开始在全国被复制。类似的会议也在伦敦其他地区以及曼彻斯特、利物浦、考文垂、坎布里奇、加的夫、英国东北部和西北部召开。2013年4月，650人参加了宫殿剧院举行的会议。迄今为止已有150多家文化机构 218
和大约3,000人参加了这些会议。

“下一步是什么?”的参与者强调，这不是一场有组织的运动。这甚至不是一个组织：没有成员，没有领导，会议对任何人都是开放的。“下一步是什么?”是一场群众性的运动：它的目标不是向内看，不是面向文化机构以及资助它们的机关的问题，它是向外的，是面向艺术观众，是为了理解他们珍视当代文化的方式并争取他们的支持。“下一步是什么?”是一场关于建立联系并向外界学习的运动。

会议气氛轻松而融洽。根据议事日程，会议简要介绍了前一天由艺术委员会发起的与皇家艺术学会建立的“大伙伴关系”的倡议，以及影响 2015 年大选后政府出现的任何情况的战略启动计划。处境困难的全国艺术运动派出的一名代表介绍了最新的调查情况，调查显示观众人数在增加资助不断下降。在某次会议上，一个“下一步是什么?”小组宣布成立，小组将聚焦多样性问题，对过去 20 年里在多样性方面没有取得进步的情况进行深入讨论。

交流是开放和积极的；没有哗众取宠，也没有区分较小机构与较大机构之间、个人与机构之间的差别。会议于 9 时 30 分准时结束，并将在下一周再次召开。这些讨论似乎看不到终点：发言者不断提出要寻求新的范式和新的解决办法；但“下一步是什么?”的谈话方式如此开放，或许人们永远不可能得出结论。线索就包含在问号里：过程是范式，谈话是解决方案的开始。尽管这句话可能会永远说下去，但耶路撒冷的建造者正在工作。

文化作为社会的组织原则所扮演的角色比以往任何时候都更加重要。它在经济上变得更加重要，以之构建共识的方式也变得更加重要。
219 但是建造耶路撒冷的材料已经改变。对于小精英而言，参加某些文化活动仍然具有社会意义的作用，但高雅文化与通俗文化之间的区别几乎已经消失。所有文化形式在市场面前是平等的。文化机构不再因政府对其地位的工具性期望被隔离，而是与驱动经济和塑造价值观的更广泛的文化消费密切联系在一起。与此同时，技术发展正在改变文化生产者与文化消费者之间的关系。

文化是一个不断自我生成的社会过程。这个过程的发生独立于政府，但自从政府直接参与国家文化的规范和支持以来，它选择推广的活动已经获得了被认为是“官方”文化的权威性。这种权威性发生在1946 年英格兰艺术委员会决定支持的艺术形式之后；《参与调查》中的问题是由需要展示的文化、媒体和体育部及其代理机构正在达到的官方定义的目标构成的。由于与政府的联系，受公共资助的文化——因接受相关资助而获得官方地位——一直是本书关注的焦点。创意一直在产生，政府或帮助或阻碍了它。政府长期以来以国家声望为旗号支持艺术和遗产的各个方面，但最近这些方面也被期待能够产生社会成果和经济成果，这种工具主义改变了文化与政府之间的关系。

然而，一种官方文化的存在本身并不能减少政府所支持的艺术实践的内在意义，即使它可能会影响它们的接受。因为每个社会都有对集体记忆的需求（无论对意识形态的操纵如何开放），许多官方文化关心的是对那些被认为是高雅艺术形式的东西，并且机构致力于保护这些艺术形式。表演艺术实践的延续，与博物馆和美术馆保存历史物证一样正当。当过去的文化被批判性且富有想象力地呈现出来时，它便成为现实意义的一种来源。

除了官方文化之外，还有一种非正式的文化，它也表达了社会的 220
价值观，塑造了自己的身份，并且成为创意和快乐的一种源泉。文化绝不是艺术委员会的专属财产，也不局限于英国广播公司第三电台播放的内容。对于绝大多数民众而言，它是以娱乐形式出现的，有些是自发和非专业的，但主要是通过市场、以尽可能具有商业吸引力的形式出现。

20 世纪文化批评的传统历来反对官方和商业文化的价值观和目的。但在 21 世纪，两者是相互依存的。商业文化看起来可能会削弱官方文化和“卓越”语言的权威性，但在新工党领导下，创意产业的出现改变了这种关系。文化资本主义将官方文化视为一种推动创新的经济活动，因此从经济角度证明了它的合理性。与政府在防务等其他领域的投资一样，商业文化期待官方文化对培训、研究和风险等后期可以利用的方面予以资助。

文化资本主义已经终结了官商文化之间一切徘徊的对立。然而，两者都不得不面临技术发展的后果，这些技术发展可能会令第三种文化形式对另外两种文化产生影响力。这就是约翰·霍尔登所谓的“自制文化”，这种文化

> 民间艺术的历史对象和活动，延伸到了后现代的朋克车库乐队和 YouTube 视频上传。在此处，关于文化是什么的定义要广泛得多；它由一个非正式的自我选择的社交群体定义，并且门槛要低得多。编织一件毛衣，发明一个食谱，写一首歌，然后发布在 YouTube 上，这些可能需要一定技能，但也不是什么太难办到的事——对作品质量的评判权，在那些看到、听到或者品味到最终产品的人手里。[1]

221 理解自制文化的关键在于其本质上自发和民主的特点。官方文化取决于专家的评议，专家充当了支持官方文化的资金的守门人。对于商业文化而言，成功取决于市场中的消费者，文化产品进入市场是由

甚至比官方文化的官僚更有权力的决策者控制的。

官方文化的守门人通过资助人和机构来创造某些形式的文化产品，从而决定某些文化产品的供应，这些文化产品存在着造成经济损失的风险，甚至已经预期到经济损失。商业文化的守门人仅仅投资于他们希望获得利润的东西并决定文化消费。相比之下，自制文化是自主创业和自筹资金，它依靠的是同等地位的人的自我任命对于所生产的不管任何事物的热情和赞同。

这些作品中大部分都是微不足道且自我指涉的，但数字技术可以使同一兴趣的群体通过互联网自我构建，而且几乎可以使任何人按照以前仅限于高度资本化机构的标准开始工作。由于进入的成本和难度已经大大降低，技术使消费者成为生产者，绕开了守门人。正如文化经济学家哈森·巴克赫什（Hasan Bakhshi）写道，

> 我们在价值链的所有阶段都能看到一点：例如在内容创作领域，Audacity（用于音乐编辑）、Unity 3D（用于游戏编辑）和Blender（用于动画编辑）等价格低廉的（甚至在一些情况下免费的）工具减少了制作专业级质量内容的成本；在分销方面，无数的网站、服务和平台扩大了受众范围和营销机会。协作工具和众筹网站降低了寻找潜在参与者的成本。[2]

几乎所有创造可能性的数字技术和社交互动形式在 1997 年的时候
还尚未出世，要么仍处于起步期，那一年英国仅收购了第五个地面电 222
视频道。YouTube 于 2008 年问世。到了 2012 年，全世界每分钟都会上传 72 小时时长的视频内容，网站每个月接收 8 亿次独立访问。

数字技术实现了视频游戏等新形式的表达活动，还帮助消除了

“专业”生产和“业余”生产之间的壁垒。弗朗索瓦·马塔拉索引用文化、媒体和体育部的数据指出，英国有15%的人口活跃于业余艺术组织，每年推出70万场演出，形成了1.6亿观看人次和5亿英镑的收入：“艺术没有分成两个分离和对立的世界：业余爱好者和专业人士。它被更好地理解为一个复杂的生态系统，在这个生态系统里，人们可能在不同时间或者各自职业的不同方面扮演不同的角色。”[3]

数字技术在模糊壁垒方面发挥了重要作用，但并没有完全消除它们，仅仅是消灭了守门人的角色而已。英格兰、威尔士、苏格兰和北爱尔兰的艺术委员会就像1946年的英格兰艺术委员会那样，牢牢控制了获取官方文化资金的路径。国有企业和跨国公司仍然控制着获取资本和分销网络的路径。创意产业为个人倡议提供了机会，但这些机会又依赖于高度的自我剥削，并且劳动力往往具有社会排斥性，女性、少数族群和工人阶级的代表性严重不足。[4]

数字化带来的新型自生文化更具社群性和民主性；但即使消费者成为了自己的生产者，他们仍然是消费者，商业文化的守门人也时刻保持警惕，随时准备利用非正式文化产生的创新。此外，存在一个假设，每个人都可以获得新的数字技术，并且愿意欣赏数字技术所提供的东西。2010年，艺术委员会、博物馆图书馆和档案馆委员会以及艺术和企业的一项研究得出结论，几乎没有证据表明，数字技术能够吸引那些对艺术和文化几乎不感兴趣或者目前不感兴趣的人。[5]教育、访客人数和社会排斥的问题没有得到解决。

223 尽管如此，数字技术正在改变文化交流所依赖的社会关系，尽管这一改变可能是以矛盾的方式进行的。网络模式开始溶解等级结构，并取代中心-边缘的模式。反对和抗议可以更容易被组织起来，但快速和方便的沟通能力是与监督机会相匹配的。沟通速度已经缩短了注意力的持续时间和想法的保质期。保护知识产权的需要与通过开源技术分享想法所提供的创意可能性之间存在一种紧张关系。利基活动可以聚合它们的影响力，但它们依赖于诸如谷歌、雅虎和脸书这样庞大而强势的商业平台。

数字化带来的最积极的发展是人与人之间创意关系的改变。正如查尔斯·利德比特（Charles Leadbeater）所言，

> 如果网络创造的文化被简化为一种单一的、简单的设计原则，这将是“与”（With）原则。网络邀请我们与人们一起思考和行动，而不是为他们甚至代表他们做他们的事。网络邀请我们与其他人建立一种联系，我们可以与他们分享、交流并通过人和思想的结构化的、横向的、自由的联系过程创造新的知识和想法。[6]

“下一步是什么？”运动有意识或无意识的参与者采取了“与的艺术”（Art of With）的原则和做法，削弱了守门人的力量，导致了等级制度的衰落，促进了创意合作和联合制作的增长。

朱利安·斯塔拉布拉斯指出，人际关系的变化会影响数字艺术所涉及的财产关系。因为互联网艺术与思想和图像的非物质交换相关，而不是与离散的对象物的创造相关，所有权不再重要，无论公共机构还是私人交易商都无法占有。当艺术既不能被“策划”也不能被商品化时，

> 民主从市场中分离出来，对话迅速，借用频繁，开放是民族 224
> 精神的一部分，制造者与观众之间存在一种模糊的界限。开始出

现牺牲主权的艺术家和单独的观众，促进社区参与，促进对最必要和最难得的文化品质有意义且有效的反馈。[7]

2004 年的特纳奖获得者杰里米·德勒（Jeremy Deller）的实践证明了“主权艺术家”的消亡，德勒没有在艺术学院学习而是毕业于艺术史专业，这是他证明自己的开始。他几乎从不出售自己的作品，他认为不需要画画，也不特别喜欢制作艺术品——他可以从其他人那里定制。他重现历史事件，与业余和专业音乐家合作，制作视频，发动数百人参与仪式和游行。他所有作品的背后，例如 2013 年威尼斯双年展英国馆的装置作品《英国魔力》（*English Magic*），都蕴含着对富豪和强权进行社会批判的深刻主题。

“任何人都可以成为艺术家”，这一概念正在更加接近实现。人们总是非正式地以个人的品味和经历构筑和拼装一种文化认同，但这是一种私人活动。数字技术可以让那些选择这样做的人将这些私人的自我创造置于公共舞台。在谁是观众和谁是创造者之间产生了一种融合。2009 年，在伦敦的特拉法加广场，这一不同寻常的融合过程的现实地发生了。

广场西北角的一座公共雕像的柱基已经空了很久，它在 1999 年投入使用时，不是作为一座官方纪念碑，而是作为特别定制的当代雕塑的临时展示场地。安东尼·葛姆雷（Antony Gormley）以自己的身体作为形象塑造的基础，诸如《北方天使》（*The Angel of the North*，1998）等大型作品，使他被定义为斯特拉布斯的“主权艺术家”之一。2009 年，他接受委托，创作了《一个和其他》[8]，从而退出了主权艺术家的角色。

在一百多天的时间里，从 34, 250 名申请者中选出的 2, 400 名公

众，每个人都被邀请在基座上站立一个小时，做他们喜欢的任何事情：225
对人群讲话，跳舞，唱歌，表演脱衣舞，表演哑剧，展示自己。葛姆雷将这个项目作为一种礼物，将艺术作为一个任何人都可以参与的探索空间，以这种的方式呈现出来。这个活动是免费的，可以在网上实时获得参与机会。这是一个极端的例子，但它与剧院参与形式的增长产生了联系，从逍遥音乐节演出延伸到沉浸式戏剧，观众都可以通过戏剧背景选择自己的路线，规定场地的作品中舞台与观众之间的分隔，由于对一个共同空间的占据而消解了。

公众对这些活动的回应展示出被自制文化的可能性所激发的参与欲望。2012 年奥运会开幕式上，数千名志愿者与专业艺术家一起工作，成为业余和专业、观众参与和表演、精英艺术和大众艺术形式相结合的一个实例。它为这种可能性提供了机会，如果要建造耶路撒冷，它可能会建立在一种更加慷慨和开放的文化概念之上。

首先要重申的是公共领域的价值。公共领域是一种理念，是允许个体和集体想象力自由发挥的一种心理空间；同时它也是一种物理空间：它是“创意英伦”的真正遗产的文化基础设施。这些设施和机构归集体所有，并且属于一种共同责任。由于政府从保护公众投资的职责中抽身而退，它们也因此受到威胁。

作为一种物质和想象的空间，公共领域使个体能够互相交流，从而形成集体和社区。它不排斥市场，因为制作、购买、销售和消费都是社会性的互动。但是，当所有形式的人类交流，爱、家庭生活、慈善、自我表达，都沦为一种商品时，其价值就消失了。公共领域是由“第三”部门运营的，维护它们的是对自己付出的时间和努力不求回报的志愿者。在这里，新自由主义原则成为一种强制威胁，慈善机构

226 被拉拢进来与公司合作，提供此前一直属于政府责任但现在出于私人利益被外包的社会服务。

政府的作用不是像斯大林主义的模式那样占领或控制公共领域，而是扮演其完整性的保证者。公共领域应该是一个思想流通、创意表达和政治争论的场所；但公共领域的持续私有化，政府从艺术和文化教育的支持中退出，关闭了自由交流的可能性。万维网有可能扮演公共领域的一种虚拟形式，但即使是这个新空间，也成为势力庞大的企业剥削和侵入式政府监控的对象。

要恢复公共领域的价值，首先必须恢复公众的观念。新自由主义已经用被粉碎的个人身份取代了集体身份，这些个人是受经济利益支配的最大效用的追求者。以为个体之间除了交易关系之外没有任何有意义的关系，这是对人性的一种错误理解。个体的自主权必须得到尊重，社会问题需要集体的回应。作为消费者，我们是以个人身份并且是为了我们的私人利益行事；作为公众的一部分，我们可以为公共利益思考和行事。

参与文化是一种自愿的活动，是重建这样的公众的手段：一名个体艺术家（往往不是在一个团队中工作）的作品实现的前提，是它拥有一名观众，无论是私下演出还是公开演出。构成公共观众的个人通过与作品建立共同的亲密关系，发现了一种集体认同。

正如文化经济学家戴维·思罗斯比所指出的，集体认同是经济价值与文化价值之间差异的根源："经济冲动是个人主义的，文化冲动是集体主义的。"[9]集体认同在通过合作而产生的艺术中发现了自身的表达，而对于创造者和消费者而言，艺术的整体价值大于各个部分价值
227 的总和。遇见艺术是一种集体活动，它克服了个人主义的孤立性，将表演者与观众以及观众与观众联结起来，审美经验在分享的那一刻将

每一个个人融合在一起。

从这个意义上讲，所有文化活动都是一种共同创造的行为，是对意义的一种合作制定，并由社区参与加以强化。这不再是一种单一的意义，也不仅仅是一个被同质群体占据的公共领域。公共领域将会有不同的信仰和价值观，因为它们要共享一个它们无法被排斥的共同空间，而且无法被排斥的不仅仅是少数族群的意见。在公共领域的开放空间，由于数字技术的民主可能性得以提高，多种意义都成为可能，意义的多样性带来了进一步的交叉融合。

政府对此拥有合理利益，只因为集体的文化参与造成的结果在某种程度上大于个体的文化接触，政府对艺术、遗产和教育领域的投资，与公共健康领域的投资一样，丰富了整个社会。政府是自由市场的保证人，但它也应当保证个人免受市场剥削，免遭市场造成的环境掠夺。作为公共领域的保证人，政府必须维护信息开放和辩论的权利。最重要的是，政府必须恢复公共财产权而不是私人财产权，也就是自由获取被视为公共领域共同财产的共创文化的权利。

承认文化共享，并且认识到文化是出于必要创造出来的，这要求政府部门以及文化机关和组织体制上的变革。1948 年，《联合国世界人权宣言》第 27 条规定：“每个人都有权自由参与社区文化生活，享受艺术，分享科学进步和知识。”然而，对于获取文化共享这种权利的明确或强化是极为罕见的。

如果没有对文化作为共同利益的坚定承诺，公共领域将继续被依 228
据竞争原则而非合作原则进行的私有化利益所分离和碎片化。政府有责任通过立法或经济干预来代表公众的文化利益。但它需要对这些干预的预期结果做出不同的定义。建立政府决策原则的《绿皮书》与显示这些决策结果将如何被评估的《红皮书》，都承认了使用价值与不可量化的社会效益的存在。但在文化政策方面，坚持将文化决策的结果化约为经济价值的代替物，是一个范畴上的错误。

正确的结果是文化价值，它通过定性而不仅仅是定量评估得以阐述。作为一种组织原则，文化确实有能力产生社会效益和审美乐趣，而且不能脱离其运作的经济环境。文化价值承认工具性结果的存在，它不是定量证据的敌人；但文化的根本价值在于创造表达意义的能力。这个意义取决于传达形式的内在品质。当文化机构成功地在文化的内在目的与后续的工具性结果之间进行调解时，它们便以社会资本的形式产生制度价值。社会资本对于公共领域的扩大至关重要，主要表现为信任。

政府干预的修正方法从放弃市场失败的“赤字模式”开始，市场失败证明的是，仅以市场没有提供公众所需要的东西为理由，做出支持艺术和遗产的决定的合理性。将文化视为一种产品的输入/输出的心态转变，应当理解为一个动态过程。公共资助应被视为一种领导与捍卫的形式，不是因为它使人们拥有了获取私人乐趣的权利，而是因为它提供了集体经验的可能性，同时也因为它维持了文化资源并使它们保留在公共领域。

* * *

229 就像文化共性创造了一种共享空间一样，文化在混合经济中最繁荣。自制文化贡献了民主自生的能量；商业文化带来了资本和交际能力；官方文化承认传统的价值，设定标准，并保留选择。

公共资金只是其中一个部分，但它具有创造性的作用，特别是在鼓励承担风险方面。人们普遍认为，科学通过失败获得教训，但文化机构被要求的运营利润比大多数商业企业低得多。它们有权利失败，但几乎没有失败的空间。

传统上，补贴的重点一直在于维持最低的供应量；更多的注意力应该放在分配上。通过扩大文化基础设施以及增加参与机会，“黄金时代”在这个方向上取得了进步。它也揭示了需求的问题。对各种文化的消费需求并不缺乏，在混合经济中，商业满足了许多需求。但《参与调查》显示，对于潜在的更深层次且更具挑战性的文化参与而言，观众群体多么狭窄。

如上所述，导致这种情况的是社会原因和经济原因。更加平等的财富分配将有助于解决与社会地位有关的经济问题——本质上是阶级问题——，但显然教育才是享受艺术和遗产最重要的途径，尽管教育本身就是一种地位的象征。直接的事实是，那些年轻时接触过文化体验的人后来最有可能与文化建立亲密关系。这与地位或阶层、高雅或通俗无关，这是公共教育问题。扩大体验提供的范围，对体验的需求就会上升。

文化部门自身无法解决教育问题；必须与学校、大学和教育部门密切合作。然而，这些问题遭遇了来自联合政府教育国务大臣迈克尔·戈夫（Michael Gove）所奉行的狭隘的功利主义政策的压力，戈夫对科学、技术、工程和数学（STEM）等学科的坚持导致了艺术学科接受率的下降，艺术学科被称为“软学科”，遭到冷遇。

这项政策似乎是为了缩小文化参与的需求，并将产生长远的影响。 230
在识字和计算方面，艺术教育会派生出工具性益处，但它也可以培养个人技能、社会技能以及正规知识。必须鼓励年轻人获得“文化能力”，这可以扩大想象力、鼓励移情和促进合作。[10]这不是“获取”的问题，而是一个积极赋权的问题，即赋予人们能够做出明智选择、珍视这些选择的结果并参与公共领域的权力。

需求增加将需要更好的供应：伦敦和东南部与全国其他地区之间文化资产和资金分配不平等的情况必须发生改变。伦敦拥有全国人口的15%和独特的多元文化身份，它本身就是一个地区。独立报告《重新平衡我们的文化资本》为纠正伦敦与各地区之间的严重失衡问题提供了一个有力论据。报告对艺术委员会2012—2013年度财政补贴资金使用情况进行了分析，结果显示，51%的补贴资金用在了伦敦。1995年至2013年9月间，英格兰艺术委员会获得了35亿英镑的彩票资金，其中39%花在伦敦。如果将遗产彩票基金的资金以及文化、媒体和体育部给伦敦博物馆的直接资助资金都包括在内，这种失衡甚至更巨大。

更重要的是，自1997年以来，文化权力也越来越集中在伦敦。艺术委员会复制了新工党政府的集权冲动，解散了地区艺术委员会，克服了区域阻力，并建立了中央决策机构。联合政府强制实施的裁员立场，通过将英格兰艺术委员会的名义地区减至四个而得以强化。根据《重新平衡我们的文化资本》的分析，位于英格兰的“中心”决定了75%的艺术公共资金，并且随着地方政府文化支出的下降，这一比例仍会上升。[11]艺术委员会承担了前博物馆、图书馆和档案馆委员会的责任之后，其影响力扩大至地区博物馆。

231 尽管新工党和联合政府的言辞中并未承认，但真正的地方主义正在衰落。新工党使地方政府成为目标和审计的对象，以此限制其权力的行使；联合政府彻底限制了它们的共同财务行为能力。布里斯托尔和曼彻斯特等城市维持了文化投资的承诺，因为它们可以看到社会、经济和公民利益。由于文化部门是一个综合系统，需要支流路线来确保中心与边缘之间的双向交通，所以地方层级的作为可能具有最持久的影响。

公共领域的重建要求地方性、多样性和差异性状况的改善。这种改善将从当地独特的方言、习俗和美食延伸到建筑，但如今地方上的每条主要街道看起来都一样。鼓励地方艺术生产，弘扬地方文化遗产的重要意义，这些都极其重要。与中央集权制相反的是辅从原则，文化决策最好由受其影响最直接最深入的层级做出。作为公共领域的保证人，中央政府应该要求地方当局为文化共性做出贡献，并且帮助它们这么做，但不以地方自治为代价。

撰写本书的时候，未来的政府部门——文化、媒体和体育部——对于获取文化这项人权所应承担的责任是存有疑问的。其职能真的可能再次被分散到各部委和机构。部门预算被削减了近 50%，工作人员也被裁减得所剩无几。联合政府执政时期，它已经摆脱了任何认为支持艺术可能带来辅助社会效益的想法，尽管放弃新工党的社会工具主义与减轻对艺术经济重要性的重视程度并不相称。地方政府层面文化资助减少，甚至对其职责范围内的公共图书馆的资助也减少了，对此它无话可说。它也没有干预教育部将艺术移出国家课程的做法。

文化、媒体和体育部大量减少责任并且可能终止职责的努力之一， 232
就是将对文化共性的管理责任更大程度地放在艺术委员会这样的中介组织身上，艺术委员会则需要提出更好的论据来证明自己的作用。这是从恢复臂长原则的真正含义开始的。自从雷德克里夫勋爵（Lord Redcliffe-Maud）在 1976 年关于艺术资助的“古尔班基安”（Gulbenkian）报告中使用了臂长原则这一术语以来，它就成为一个长期受到许多误解的比喻。[12]理论上，这个原则保持了提供文化资助的政治家与决定如何花费资助资金的人之间的预防距离，即使两个群体之间经常存在亲密的社会联系和文化联系。这一原则适用于直接受资助的国家博物馆委员会、艺术委员会、遗产彩票基金和其他彩票分销商。正如这个比喻被普遍理解的那样，艺术委员会和类似机构只是释放资金之手，臂长距离则由政府政策予以指导。20 世纪 90 年代以来，政府与这些机构之间的距离已经大大缩短。

“臂长原则”的真正意义可以在它用法律描述两个完全独立的当事人之间的协议中找到，这两个当事人之间既不一方控制另一方，最终也不具有一方针对另一方的优势。这一原则定义了一种基于信任的关系。将文化转变成社会和经济政策的一种工具，这已经将应该提供的一种东西变成了一项要求，并将一种回应变成了一项义务。但创意不能被指挥，其后果也不能被预测。创意取决于承担的风险；推论就是，风险承担者必须被信任，并理解正在承担的风险。新工党为了将艺术和遗产与工具性议程联系起来所做的一切，限制了它试图鼓励的创意。

基于信任的关系对双方都有利，所以政府与艺术和遗产也应该建立这种关系。政府得益于对文化共性的维护和提升，为整个社会带来了所有社会和经济上的优势；负责实际决策的机关能够将精力直接投
233 入到它们服务的民众和机构，至少不要让个体艺术家处于不断变成政策机器中的单纯齿轮而非想象力的根本源泉的危险。

基于信任的关系将恢复目前被描述为守门人的那些人的合法性。因数字技术而成为可能的解放，正在改变文化生产者与消费者之间的关系，专家的作用也必须改变。信息或决策无法垄断。部分得益于 2008 年的麦克马斯特报告，有关什么东西和什么人构成“卓越”的问

题已经成为专家权威所依赖的一个问题。值得信赖的是，专家不必将卓越视为排他性的一个暗语；他们必须承认卓越是相对的、主观的，最重要的是，它是多元的——多元主义是公共领域的一个关键价值。

公共资金支出过程中的责任以及制定和选择过程中的领导能力都是必需的，所以文化政策的实施要求专业知识。但这不是麦克马斯特报告中的道德监护，更不是对一些决策者权威的反民主式的依赖，这是艺术委员会的传统态度。它关系到专业知识如何运用，关系到对差异，对所表达的文化价值，对由专家、艺术家与公众之间的积极关系创造的制度价值的理解能力。守门人必须成为那个打开门窗的人。

适用于“文化中介”的东西，也适用于运用它们的公共机构，以及它们所支持的艺术和遗产机构。根据宪法规定，大多数文化机构都是独立的慈善机构，因此属于第三部门的一部分。与第三部门的其他机构一样，它们必须抵制国家机关的共同选择，并且加强不做社会控制代理人的意愿。它们同时也必须明白那种参与意味的那种意思。参与必须不仅是买一张门票。“下一步是什么？”运动采取的主张是这样一个迟来的认识，文化机构只有像对观众承诺的一样强大才可以，并 234
且需要更多地向它们希望参与的人们开放。

很少有机构会承认故意排外，但是参与的条件已经被文化的民主化所改变。“差异性”作为社会歧视的一种形式可能会下降，如果经验和思想的开放是获得文化资本的方式之一，同时也是获得社会和经济权力的一种手段，那么获得文化的机会资本必须尽可能开放。这是资助艺术和文化遗产的正当理由。

文化资本不是可以在市场上交易的独家商品。它是一种公共物品，当有更多的人而不是更少的人拥有它时，其价值就增加了。公共政策的唯一目的应该是通过让尽可能多的人尽可能免费获得而扩大文化资本。文化资本是从对艺术和文化遗产的了解中获得的知识；是通过进入艺术的想象世界和对共同遗产的集体记忆发展起来的情感和知识智慧；它是表现性的文化能力。

作为文化共性的构成要素，文化资本有助于社会资本的扩大，从而增加相互的容忍度，鼓励合作，并产生信任。信任的存在是创意的必要条件。它将想象力从外部强加的期望的扭曲中解放出来；它鼓励想象力的自我延伸，因为信任在风险面前提供了安全性。创意是一个充实的社会的真正动力，文化资本则是其关键资源：如果要为新耶路撒冷清理创意英伦的废墟，就必须对这两者进行巨大的投资。

注 释

导论 “一个黄金时代”

1. 托尼·布莱尔，“艺术与创意产业”（Arts and the Creative Industries），泰特现代美术馆演讲新闻通稿，2007 年 3 月 6 日，第 2 页。

2. 杰克·坎宁安（Jack Cunningham）和马克·费舍尔（Mark Fisher），《创意未来：文化政策、艺术与创意经济战略》（*Creative the Future*：*A Strategy for Cultural Policy*，*Arts and the Creative Economy*，London：Labour Party，1997），第 6 页。

3. 斯图尔特·霍尔，“新自由革命”（The Neo-Liberal Revolution，*Soundings* 48，Summer 2011），第 18 页。

4. 约翰·纽比金，“艺术的黄金时代?”（A Golden Age for the Arts?，*Cultural Trends* 20：3/4，2011），第 232 页。

5. 《独立报》（*Independent*），2001 年 4 月 2 日。

第一章 在新的公共管理之下

1. 西蒙·詹金斯，《撒切尔与儿子们》（*Thatcher and Sons*，London：Allen Lane，2006），第 207 页。

2. 约翰·图萨，《艺术问题：对文化的反思》（*Art Matters*：*Reflecting on Culture*，London：Methuen，1999），第 77—78 页。

3. 同上书，第 76 页。

4. 科林·哈伊，《新工党的政治经济学：在虚假借口下的劳作?》（*The Political Economy of New Labour*：*Labouring under False Pretences*?，Manchester：Manchester University Press，1999），第 136 页。

5. 托尼·布莱尔，《新英国：我对一个年轻国家的愿景》（*New Britain*：*My*

Vision of a Young Country, London: Fourth Estate, 1996), 第 213 页。

6. 托尼·布莱尔,《第三条道路:一个崭新世纪的新政治》(*The Third Way: New Politics for a New Century*, London, Fabian Society, 1998, pamphlet 588), 第 1 页。

7. 同上书, 第 5 页。

8. 同上书, 第 4 页。

9. 同上书, 第 7 页。

10. 艾伦·芬利森, "新工党:政府文化与文化政府" (New Labour: The Culture of Government and the Government of Culture), 载于蒂莫西·比斯 (Timothy Bewes) 和杰里米·吉尔伯特 (Jeremy Gilbert) 编辑的《文化资本主义:新工党之后的政治》 (*Cultural Capitalism: Politics after New Labour*, London: Lawrence & Wishart, 2000), 第 179 页。

11. 布莱尔,《第三条道路》(*Third Way*), 第 16 页。

12. 诺曼·费尔克拉夫,《新工党:新语言?》(*New Labour: New Language?*, London: Routledge, 2000), 第 8 页。

13. 大卫·马奎德, "布莱尔悖论" (The Blair Paradox, *Prospect* 30, May 1998), 第 19 页。

14. 托尼·布莱尔,《社会主义》(*Socialism*, London, Fabian Society, 1998, pamphlet 565), 第 4 页。

15. 马克·贝维尔,《新工党:一次批判》(*New Labour: A Critique*, London: Macmillan, 2000), 第 157 页。

16. 苏格兰的情况不一样, 自 1982 年起, 那里的地方政府就有义务制造"充足的文化供应", 尽管对供应的东西以及怎样才被认为供应充足并没有给出定义。

17. 克莱夫·格雷 (Clive Gray),《英国的艺术政治》(*The Politics of the Arts in Britain*, London: Macmillan, 2000), 第 157 页。

18. R. A. W. 罗兹, "导论" (Introduction, *New Public Management*, *Public Administration* 69, Spring 1991), 第 1 页。

19. 约翰·克拉克 (John Clarke) 和珍尼特·纽曼 (Janet Newman),《管理的国家:社会福利重建中的权力、政治和意识形态》(*The Managerial State: Power, Politics and Ideology in the Remaking of Social Welfare*, London: Sage, 1997), 第 32 页。

20. 安德鲁·罗恩斯利 (Andrew Rawnsley),《人民的公仆》 (*Servants of the People*, London: Hamish Hamilton, 2000), 第 213 页。

21. 财政部,《绿皮书:中央政府所作的评价》(*The Green Book: Appraisal and Evaluation in Central Government*, London: H. M. Treasury, 2011 [2013])。

22. 财政部,《政府的成功措施：产出与绩效分析》(*The Government's Measures of Success*：*Output and Performance Analyses*，London：H. M. Treasury，1999)，第2页。

23. 克里斯·史密斯，“珍视文化”（Valuing Culture)，“珍视文化”会议上的演讲，2003年6月17日。

24. 保守党中央办公室，《英国的最佳未来》（*The Best Future for Britain*，London CCO，1992)，第44页。

25. 理查德·埃尔,《关于伦敦抒情剧院的未来的报告》(*Report on the Future of Lyric Theatre in London*，London：HMSO，1998)，第5—6页。

26.《星期日泰晤士报》(*Sunday Times*)，1996年6月9日。

27. 基思·维克（Kees Vuyk)，“作为机构的艺术？围绕艺术价值争论的笔记”（The Arts as an Instrument? Notes on the Controversy Surrounding the Value of Art)，*International Journal of Cultural Policy* 16：2（2010)，第173—183页。

28. 雷蒙德·威廉姆斯，“政治与政策：以艺术委员会为例”（Politics and policies：The Case of the Arts Council)，载于雷蒙德·威廉姆斯的《现代主义政治》(*The Politics of Modernism*，London：Verso，1989［1981］)。

29. 杰夫·穆尔根，“文化：正在公开的问题”（Culture：The Problem With Being Public)，载于D. 马昆德（D. Marquand）和A. 谢顿（A. Seldon）编辑的《塑造战后英国的理念》（*The Idea that Shaped Post-War Britain*，London：Futura，1996)，第196页。

30. 同上书，第204页。

31. 杰夫·穆尔根和肯·沃普尔（Ken Worple)，《周六晚上还是周日早晨？从艺术到产业——文化政策的新形式》（*Saturday Night or Sunday Morning*？*From Art to Industry—New Forms of Cultural Policy*，London：Comedia，1986)，第209页。

32.《星期日泰晤士报》，1997年4月20日。

33. 埃尔，《关于伦敦抒情剧院的未来的报告》（*Report on the Future of Lyric Theatre in London*，London：HMSO，1998)，第26页。

34. 同上书，第5页。

35. 玛丽·艾伦,《被分割的屋子：皇家歌剧院首席执行官的日记》(*A House Divided*：*The Diary of a Chief Executive of the Royal Opera House*，London：Simon & Shuster，1998)，第67页。

36. 同上书，第19页。

37. 下议院,《皇家歌剧院》（*The Royal Opera House*)，文化、媒体和体育部选择委员会报告，1997年，第xxix页。

38. 克里斯·史密斯,《创意英伦》(*Creative Britain*，London：Faber & Faber，1998)，第49页。

39. 同上书，第 2 页。

40. 同上书，第 26 页。

41. 托尼·布莱尔，“艺术与创意产业”，泰特现代美术馆演讲新闻通稿，2007 年 3 月 6 日，第 2 页。

42. 文化、媒体和体育部，《艺术与体育：政策行动第 10 支队，社会排斥小组的报告》（*Arts & Sport: Policy Action Team 10, a Report to the Social Exclusion Unit*, London: DCMS, 1999），第 2 页。

第二章　酷不列颠

1. 托尼·布莱尔，《新英国：我对一个年轻国家的愿景》（*New Britain: My Vision of a Young Country*, London: Fourth Estate, 1996），第 213 页。

2. 澳大利亚联邦，《创意国家》（*Creative Nation*, Canberra: Department of Comm-unications and the Arts, 1994），第 7 页。

3. 西奥多·阿多诺著，J. 伯恩斯坦（J. Bernstein）编，《文化产业：论大众文化选集》（*The Culture Industry: Selected Essays on Mass Culture*, London: Routledge, 1991）。

4. 杰夫·穆尔根和肯·沃尔普，《周六晚上还是周日早晨？从艺术到产业——文化政策的新形式》（*Saturday Night or Sunday Morning? From Arts to Industry—New Forms of Cultural Policy*, London: Comedia, 1986），第 14 页。

5. 与“2008 年欧洲文化资本”相同的利物浦年同样促进了一个逐渐衰退的城市，尽管针对这两个活动的长期成功存在质疑。见戴夫·奥布莱恩（Dave O'Brien），《文化政策：创意产业中的管理、价值和现代性》（*Cultural Policy: Management, Value and Modernity in the Creative Industries*, London: Taylor & Francis, 2013）。

6. 约翰·米尔斯考，《英国艺术的经济重要性》（*The Economic Importance of the Arts in Britain*, London: Policy Studies Institute, 1988），第 35 页。

7. 托尼·布莱尔，《第三条道路：一个崭新世纪的新政治》（*The Third Way: New Politics for a New Century*, London: Fabian Society, 1998, pamphlet 588），第 7 页。

8. 查尔斯·利德比特，《无以为生：新经济》（*Living On Thin Air: The New Economy*, London: Penguin, 2000 [1999]），第 ix 页。

9. 《星期日泰晤士报》，1996 年 5 月 19 日。

10. 国家遗产部，“英国 1996 年海外游客的创纪录收入显示了酷不列颠统治的方式”（Cool Britannia Rules the Way as 1996 Sees Record Earnings from Overseas

Visitors to the UK)，新闻发布 69/97，1997 年 3 月 5 日。

11. 马克·伦纳德，《英国：更新我们的身份》（*Britain*: *Renewing our Identity*, London: Demos, 1997），第 6 页。

12. 《泰晤士报》（*The Times*），1997 年 7 月 15 日。

13. 杰克·坎宁安和马克·费舍尔，《创意未来：文化政策、艺术与创意经济战略》（*Creative the Future*: *A Strategy for Cultural Policy*, *Arts and the Creative Economy*, London: Labour Party, 1997），第 10 页。

14. 克里斯·史密斯，"艺术的愿景"（A Vision for the Arts），皇家艺术学院的演讲，1997 年，国家遗产部新闻发布 126/97。

15. 托尼·贝克（Tony Baker）、伊恩·拜恩（Iain Byrne）和安朱利·威尔（Anjuli Veall），《由工作组控制》（*Ruling By Task Force*, London: Politico's, 1999），第 55—65 页。

16. 工作基金会，《保持领先：英国创意产业的经济表现》（*Staying Ahead*: *The Economic Performance of the UK's Creative Industries*, London: Work Foundation, 2007），第 96 页。

17. 文化、媒体和体育部，《创意产业经济评估：全统计发布》（*Creative Industries Economic Estimates*: *full statistical release*, London: DMC, 2011），第 2 页。总增加值是企业产生的收入减去生产所需的商品和服务成本之所得，这被认为是比国内生产总值更准确的一种衡量方式。

18. 丹·阿特金森和拉里·埃利奥特，《幻想岛：意识到难以置信的经济、政治和社会幻想这一布莱尔遗产》（*Fantasy Island*: *Waking Up to the Incredible Economic*, *Political and Social Illusions of the Blair Legacy*, London: Constable, 2007），第 88 页。

19. 工作基金会，《保持领先：英国创意产业的经济表现》，第 102 页。

20. 同上书，第 106 页。

21. 同上书，第 151 页。

22. P. 施莱辛格（P. Schlesinger），"创意与专家：新工党、智库与政策流程"（Creativity and Experts: New Labour, Think Tanks and the Policy Process），《国际新闻/政治杂志》（*International Journal of Press/Politics* 14: 1, January 2009），第 18 页。

23. 文化、媒体和体育部，《创意英伦：新经济新人才》（*Creative Britain*: *New Talents for the New Economy*, London: DCMS, 2008），第 6 页。

24. 同上书，第 42 页。

25. 哈桑·巴克哈什（Hasan Bakhshi）、伊恩·哈格里夫斯（Ian Hargreaves）和胡安·马特奥斯-加西亚（Juan Mateos-Garcia），《创意经济宣言》（*A Manifesto for the Creative Economy*, London: NESTA, 2013），第 23 页。

26. 约翰·哈特利，《创意产业》（*Creative Industries*, Oxford: Blackwell,

2005)，第 19 页。

27. 布莱尔，《新英国》，第 320 页。

28. 托尼·布莱尔，“为什么穹顶对英国有利”(“Why the Dome is Good for Britain”)，在皇家节日音乐厅人民宫餐厅的演讲，1998 年 2 月 24 日，第 1 页。

29. 珍妮·佩奇，“千年穹顶”(The Millennium Dome)，皇家艺术协会的讲座打字稿，2000 年 5 月 3 日，第 1 页。

30. 亚当·尼克尔森，《再生：千年穹顶的故事》(*Regeneration*: *The Story of The Dome*, London: HarperCollins, 1999)，第 x 页。

31. 同上书，第 2 页。

32. 该公司的原名叫“千禧中心”，是“想象力有限公司”伯明翰竞标时的遗产，尽管设计者退出了这个项目。

33. 佩奇，“千年穹顶”，第 2 页。

34. 同上书，第 5 页。

35. 同上书，第 3 页。

36. 国家审计署，《千年穹顶》(*The Millennium Dome*, London: HMSO, 2000)，第 5 页。

37. 尼克森，《再生：千年穹顶的故事》，第 122—123 页。

38. 国家审计署，《千年穹顶》(London: HMSO, 2000)，第 8 页。

39. 托尼·布莱尔，《旅程》(*A Journey*, London: Arrow, 2011 [2010])，添加了一篇新的前言，第 256 页。

40. 尼克森，《再生：千年穹顶的故事》，第 143 页。

41. 同上书，第 147 页。

42. 史蒂夫·理查兹 (Steve Richards)，“访谈：彼得·曼德尔森”(Interview: Peter Mandelson, *New Statesman*)，1997 年 7 月 4 日，第 17 页。

43. 尼克森，《再生：千年穹顶的故事》，第 173 页。

44. 斯蒂芬·贝利，《工党集中营：风格超越物质的失败》(*Labour Camp*: *The Failure of Style over Substance*, London: B. T. Batsford, 1998)，第 66 页。

45. 同上书，第 68—69 页。

46. 西蒙·瑟利，《来自魔法部的人：英国如何拯救其遗产》(*The Men from the Ministry*: *How Britain Saved its Heritage*, London: Yale University Press, 2013)，第 3 页。

47. 贝利，《工党集中营：风格超越物质的失败》，第 109—110 页。

48. 菲亚查拉·吉本斯 (Fiachra Gibbons)，“曼德尔森‘使穹顶成为二等品’”(Mandelson “Made Dome Second Rate”)，《卫报》，2000 年 1 月 13 日。

49. 关于那天晚上的一些恐怖情形在茱莉娅·道金斯 (Julia Dawkins) 的回忆

录《千年穹顶的精神》(*The Spirit of the Dome*, Bexleyheath: Faygate, 2002) 中有描述。

50. 吉姆·麦圭根,《重新思考文化政策》(*Rethinking Cultural Policy*, Maidenhead: Open University Press, 2004), 第 85 页。

51. 欧文·哈瑟利,《英国新废墟指南》(*A Guide to the New Ruins of Great Britain*, London: Verso, 2010), 第 299 页。

52. 国家审计署,《千年穹顶》, 第 5 页。

53. 克里斯·史密斯,《创意英伦》(*Creative Britain*, London: Faber & Faber, 1998), 第 2 页 (原著的强调部分)。

54. 同上书, 第 24 页。

55. 同上书, 第 3 页。

56. 文化、媒体和体育部,《文化与创意: 下一个十年》(*Culture and Creativity: The Next Ten Years*, London: DCMS, 2001), 第 5 页。

57. 同上书, 第 3 页。

第三章 "许多人而不只是少数人"

1. 约翰·图萨,《艺术问题: 对文化的反思》(*Art Matters: Reflecting on Culture*, London: Methuen, 1999), 第 79—92 页。

2. 彼得·曼德尔森,《第三人: 在新工党核心的生活》(*The Third Man: Life at the Heart of New Labour*, London: Harper Collins, 2010), 第 128 页。

3. 文化、媒体和体育部, 《文化与创意: 下一个十年》 (London: DCMS, 2001), 第 48 页。

4. 欧文·哈瑟利,《英国新废墟指南》(London: Verso, 2010), 第 63 页。

5. 国家审计署,《英国艺术委员会资助的 15 个主要资本项目进展》(*Progress on 15 major Capital Projects Funded by Arts Council England*, London: HMSO, 2003)。

6. 文化、媒体和体育部,《一个新的文化框架》(*A New Cultural Framework*, London: DMCS, 1998)。

7. 所有报价都来自财政部,《面向未来的公共政策: 现代化、改革与问责制》(*Public Service for the Future: Modernization, Reform, Accountability*, London: H. M. Treasury, 1998), 第 107—112 页。

8. 文化、媒体和体育部, QUEST 新闻发布 277/99, 1999 年 11 月 11 日。

9. QUEST,《现代化关系第一部分: 资助协议的一种新方式》(*Modernizing the Relationship Part One: A New Approach to Funding Agreements*, London: DCMS, 2000), 第 13 页。

10. 阿德里安·巴比奇（Adrian Babbidge），“评注 2：镇上唯一的游戏”（Commentary 2：The Only Game in Town，*Cultural Trends* 12：47，2002），第 93 页。

11. 文化、媒体和体育部，《文化与创意：下一个十年》，第 37 页。

12. G. 约翰逊（G. Johnson）、P. 普福罗马（P. Pfrommer）、S. 斯图尔特（S. Stewart）、P. 格林科沃斯基（P. Glinkowski）、C. 芬恩（C. Fenn）、A. 斯凯尔顿（A. Skelton）和 A. 杰伊（A. Jay），《新的艺术观众：1998—2003 年新观众计划》（*New Audience for the Arts*：*The New Audience Programme* 1998—2003，London：Arts Council England，2004），第 218 页。

13. 克里斯·史密斯，“政府与艺术”（Government and the Arts），皇家苏格兰艺术院的讲座，1999 年 7 月 22 日，文化、媒体和体育部新闻发布 200 \ 99。

14. 乔纳森·维克里，《文化主导再生的出现：一种政策概念及其不满》（*The Emergence of Culture-Led Regeneration*：*A Policy Concept and Its Discontents*），文化政策研究中心第 9 号研究报告，沃里克大学，沃里克，2007 年，第 58 页。

15. 约翰逊等，《新的艺术观众》（*New Audience for the Arts*），第 163 页。

16. 凯瑟琳·邦廷（Catherine Bunting）、德荣张（Tak Wing Chang）、约翰·戈德索普（John Goldthorpe）、艾米莉·科尔尼（Emily Kearney）和安妮·奥斯卡拉（Anni Oskala），《从冷淡到热情：英国的艺术参与模式》（*From Indifference to Enthusiasm*：*Patterns of Arts Attendance in England*，London：ACE，2008），第 68 页。

17. 里安·E. 琼斯，《压制：关于阶级与性别的流行文化之争》（*Clampdown*：*Pop-Cultural Wars on Class and Gender*，Winchester：Zero Books，2013），第 52 页。

18. 弗朗西斯科·马塔索拉，《使用还是装饰？参与艺术的社会影响》（*Use or Ornament? The Social Impact of Participation in the Arts*，Stroud：Comedia，1997），第 79 页。

19. 保拉·梅里（Paola Merli），“评估参与艺术活动的社会影响”（Evaluating the Social Impact of Participation in Arts Activities，*International Journal of Cultural Policy* 8：1，2002）。

20. 弗朗西斯科·马塔索拉，《我们梦想的地方：西布罗姆维奇歌剧团与音乐剧的美术》（*Where We Dream*：*West Bromwich Operatic Society and the Fine Art of Musical Theatre*，West BromWich：Multistory，2012），第 2 页。

21. 文化、媒体和体育部，《艺术与体育：政策行动第 10 支队，社会排斥小组的报告》（*Arts & Sport*：*Policy Action Team 10*，*a Report to the Social Exclusion Unit*，London：DCMS，1999），第 60 页。

22. 迈克·布雷德韦尔，《不情愿的逃避现实主义者》（*The Reluctant Escapologist*，London：Nick Hern，2010），第 235 页。

23. 约翰逊等人，《新的艺术观众》，第 179 页。

24. 同上。

25. OFSTED,《创意伙伴关系:倡议与影响》(*Creative Partnership*: *Initiative and Impact*, London: OFSTED, 2006),和《学习:提高标准的创新方法》(*Learning*: *Creative Approaches that Raise Standards*, London: OFSTED, 2010)。

26. 文化与学习协会,《得到它:文化学习的力量》(*Get It*: *The Power of Cultural Learning*, London: CLC, 2009),第22—25页。

27. 文化、媒体和体育部,《社会变革中心:所有人的博物馆、美术馆和档案馆:文化、媒体和体育部资助的社会包容政策与英国地方当局的博物馆、美术馆和档案馆》(*Centres for Social Change*: *Museums*, *Galleries and Archives for All*: *Policy Guidance on Social Inclusion for DCMS Funded and Local Authority Museums*, *Galleries and Archives in England*, London: DCMS, 2000),第9页。

28. 文化、媒体和体育部,《历史环境:我们未来的力量》(*The Historic Environment*: *A Force for Our Future*, London: DCMS, 2001),第4页。

29. 同上书,第45页。

30. 文化、媒体和体育部,《民众与场所:建筑和历史环境的社会包容政策》(*People and Places*: *Social Inclusion Policy for the Built and Historic Environment*, London: DCMS, 2002),第12页。

31. 艾玛·沃特顿,《关于英国遗产的政治、政策和话语》(*Politics Policy and the Discourses of Heritage in Britain*, Basingstoke: Palgrave Macmillan, 2010),第109页。

32. 文化、媒体和体育部,《历史环境》(*The Historic Environment*),第30页。

33. 凯特·克拉克(Kate Clark)和加雷斯·麦尔(Gareth Maeer)"遗产的文化价值:来自遗产彩票基金的证据"(The Cultural Value of Heritage: Evidence from the Heritage Lottery Fund),《文化趋势》(*Cultural Frends* 17: 1, 2008),第42页。

34. 英国遗产,《对英国遗产的同行评审:调查结果与建议摘要》(*Peer Review of English Heritage*: *Summary of Findings and Recommendations*, London: English Heritage, 2006),第7页。

35. 保罗·吉尔罗伊,《英国国旗中没有黑人:关于种族和民族的文化政治》(*There Ain't No Black in the Union Jack*: *The Cultural Politics of Race and Nation*, London: Hutchinson Education, 1987),第11页。

36. 英格兰艺术委员会,《解决差异问题的方法:文化多样性与观众开发》(*Navigating Difference*: *Cultural Diversity and Audience Development*, London: ACE, 2006),第222页。

37. 同上书,第21页。

38. 拉希德·阿兰恩，《让自身可见》（*Making Myself Visible*，London：Kala Press，1984），第105页。

39. 关于多民族英国的未来拉尼米德信托委员会，《多民族英国的未来：帕雷克报告》（*The Future of Multi-Ethnic Britain*：*The Parekh Report*，London：Profile，2000），第278页。

40. 理查德·希尔顿（Richard Hylton），《野兽的本性：文化多样性与视觉艺术》（*The Nature of the Beast*：*Cultural Diversity and the Visual Arts*，Bath：Institute of Contemporary Interdisciplinary Arts，2007），第123页。

41. 拉尼米德信托委员会，《多民族英国的未来》（*The Future of Mutl-Ethnic Britain*），第161页。

42. 英格兰艺术委员会，《2009年戏剧评估》（*Theatre Assessment* 2009，London：ACE，2009），第36页。

43. 英格兰艺术委员会，《英格兰艺术委员会：关于同行评审的报告》（*Arts Council England*：*Report of the Peer Review*，London：ACE，2005），第13页。

44. 英格兰艺术委员会，《驶出差异》（*Navigating Difference*），第208页。

45. 同上书，第209页。

46. 理查德·阿皮格纳尼西（Richard Appignanesi），《超越文化多样性：关于创意的案例》（*Beyond Cultural Diversity*：*The Case for Creativity*，London：Third Text/ACE，2010），第5页，第9页。

47. 英格兰艺术委员会，《什么是多样性的创意案例?》（*What is the Creative Case for Diversity?*，London：ACE，2011），第3页。

48. 英格兰艺术委员会，《2007年度报告》（*Annual Review 2007*，London：ACE，2007），第50页。

49. 英格兰艺术委员会，《2009年度报告》（*Annual Review 2009*，London：ACE，2009），第53页。

50. 文化、媒体和体育部，《2009年度报告》（*Annual Review 2009*，London：DCMS，2009），第180—183页。

51. 阿皮格纳尼西，《超越文化多样性》（*Beyond Cultural Diversity*），第108页。

52. 保罗·吉尔罗伊，《帝国之后：忧郁文化还是快乐文化》（*After Empire*：*Melancholia or Convivial Culture*，Abingdon：Routledge，2004），第xi页。

53. 文化、媒体和体育部，《艺术与体育》（*Arts & Sports*），第59页。

54. 安东尼·布莱克斯托克，《公众：英格兰艺术委员的经验教训》（*The Public*：*Lessons Learned by Arts Council England*，London：Arts Council，2011），第30页。

55. 同上书，第31页。

56. 同上书，第 27 页。

57. 同上书，第 5 页。

58. 弗朗西斯科・马塔索拉，《使用还是装饰?》（*Use or Ornament ?*），第 79 页。

第四章　变形虫及其后代

1. 内阁办公室，“淡黄色变形虫：文化，媒体和体育部的同行评审”（Pale Yellow Amoeba：A Peer Review of the Department for Culture，Media and Sport），2000 年（内部文件），第 34 页。

2. 同上文，第 14 页。

3. 同上文，第 17 页。

4. 同上文，第 7 页。

5. 《舞台》，1997 年 11 月 6 日。

6. 《电报》（*Telegraph*），1997 年 12 月 6 日。

7. 《独立》，1999 年 7 月 30 日。

8. 威廉・凯（William Kay），《舞蹈之王：格里・罗宾逊的故事》（*Lord of the Dance*：*The Story of Gerry Robinson*，London：Orion Business Books，1999），第 200 页。

9. 同上文，第 206 页。

10. 格里・鲁宾逊，“创意必要之事：投资于 21 世纪的艺术”（The Creativity Imperative：Investing in the Arts in the 21st Century），2000 年新政治家艺术讲座（London：Arts Council England，2000），第 6 页。

11. 彼得・休伊特，《超越边境：2001 年事件后的艺术》（*Beyond Boundaries*：*The Arts after the Events of 2001*，London：Arts Council England，2002），第 12 页。

12. 查尔斯・摩根（Charles Morgan），“重组艺术资助体系试图做到务实——没有真正的成功”（Reorganising the Arts Funding System Trying to Be Businesslike-Without Really Succeeding），下院文化、媒体和体育委员会，2001—2002 年度第三份报告，“艺术发展”，附录 1，2002 年。

13. 英格兰艺术委员会，（*The New Arts Council of England*：*A Prospectus for the Arts*，London：ACE，2001），第 2 页。

14. 苏・罗伯逊，“苏与英格兰艺术委员会分手时说的气话”（“Sue Takes a Parting Shot at ACE”，*Stage*），2001 年 9 月 27 日。

15. 克里斯托弗・福雷林，“摧毁第六巨人：担任英格兰艺术委员会主席”（Slaying the Sixth Giant：On Being Chair of Arts Council England），2009 年 1 月 28 日

的讲座，第 3 页。

16. 默西塞德郡的国家博物馆是一个例外，利物浦博物馆由于撒切尔夫人于 1986 年废除大都市国家委员会而被“国有化”。

17. 《星期日泰晤士报》，2001 年 9 月 10 日。

18. 博物馆图书馆和档案馆委员会，“关于新博物馆图书馆和档案馆委员会工作的咨询”（Consultation on the Work of the New Museums，Libraries and Archives Council，2000），打字稿，第 24 页。

19. 《卫报》，2000 年 1 月 19 日。

20. 博物馆图书馆和档案馆委员会（又名，Re：source），《地区文艺复兴：英格兰博物馆的新视野》（*Renaissance in the Regions*：*A New Vision for England's Museums*，London：MLA，2001），第 33 页。

21. 阿德里安・巴比奇，“评注 2：镇上唯一的游戏”（Commentary 2：The Only Game in Town，*Cultural Trends* 12：47，2002），第 95 页。

22. 英格兰艺术委员会，《艺术抱负（2003—2006）》（*Ambitions for the Arts 2003—2006*，London：ACE，2003），第 14 页。

23. 同上书，第 5 页。

24. 同上书，第 10 页。

25. 克里斯托弗・福雷林，“摧毁第六巨人”，第 8 页。

26. 英格兰艺术委员会，《艺术抱负》，第 14 页。

27. 《舞台》，2004 年 7 月 8 日。

28. 英格兰艺术委员会，“艺术削减 3，000 万英镑”（£ 30 Million Cut to the Arts），新闻稿，2004 年 12 月 13 日。

29. 泰莎・乔韦尔，“艺术家，我们相信你们”（Artists，We Believe in You，*Guardian*），2004 年 12 月 16 日。

30. 全国艺术运动，“全国艺术运动着眼于有倾向性的陈述背后的事实”（The National Campaign for the Arts Looks at the Facts Behind the Spin），新闻稿，2004 年 12 月 16 日。

31. 克里斯托弗・福雷林，《“唯一值得信赖的书”：艺术与公共价值》（‘*The Only Trustworthy Book*’：*The Arts and Public Value*，London：Arts Council，2005），第 16 页。

32. 同上书，第 19 页。

33. 英格兰艺术委员会，《英格兰艺术委员会：关于同行评审的报告》（*Arts Council England*：*Report of the Peer Review*，London：ACE，2005），第 v 页。

34. 同上文，第 vii 页。

35. 尼古拉斯・肯扬（Nicholas Kenyon），《拨浪鼓：从伯明翰到柏林》（*Rattle*：

From Birmingham to Berlin, London: Faber & Faber, 2001), 第 282 页。

36. 英格兰艺术委员会,《英格兰艺术委员会: 关于同行评审的报告》, 第 25 页。

37. 文化、媒体和体育部, "博物馆图书馆和档案馆委员会: 同行评审样本报告" (The Museums, Libraries and Archives Council: Report of the Prototype Peer Review, 2004), 打字稿。

38.《博物馆杂志》(*Museums Journal*), 2007 年 8 月, 第 4 页。

39. 戴维・拉米, "文化民主" (Cultural Democracy), 演讲稿, 2006 年 3 月 29 日, 第 3 页。

40. 彼得・休伊特, "核心剧本中的艺术: 书写我们自己" (Arts in the Core Script: Writing Ourselves In), 史密斯学院艺术讲座, 2006 年 7 月 12 日, 第 6 页。

41.《星期日泰晤士报》, 2006 年 10 月 15 日。

42. 艾伦・戴维 (Alan Davey),《对英格兰艺术委员会 2007—2008 年度经常性资助机构投资战略的检查——经验和教训》 (*Review of Arts Council England's Regularly Funded Organisations Investment Strategy* 2007-08—*Lessons Learned*, London: Arts Council England, 2008), 第 20 页。

43. 同上书, 第 31 页。

44. 同上。

45. 同上书, 第 20 页。

46. 同上书, 第 21 页。

47. 同上书, 第 23 页。

48. 同上书, 第 21 页。

49.《博物馆杂志》, 2008 年 7 月, 第 5 页。

50. 博物馆图书馆和档案馆委员会 (又名 Re: source),《地区文艺复兴》(*Renaissance in the Regions*), 附录 12, 第 1 页。

51. 同上书, 第七部分, 第 1 页。

52. 杰兰特・塔尔芬・戴维斯 (Geraint Talfan Davies),《依据臂长原则: 对艺术、媒体和青年民主的回忆和反思》(*At Arm's Length: Recollection and Reflections on the Arts, Media and a Young Democracy*, Bridgend: Seren, 2008)。

53. 同上书, 第 303 页。

54. 埃德・韦杰 (Ed Vaizey), "文化、传播和创意产业部长致辞" (Speech by Minister for Culture, Communications and the Creative Industries), 地方政府协会会议, 2013 年 3 月 7 日。

第五章 "带着目标去地狱"

1. 詹姆斯・珀内尔, "政治" (Politics, *Prospect*), 2011 年 2 月。

2. 自由民主党研究小组，“从崇高到荒谬：对政府目标定位的批判”（From the Sublime to the Ridiculous：A Critique of Government Target Setting，2000）打字稿，第2页。

3.《泰晤士报》，2002年7月23日。

4. 莫里斯·哈格里夫斯·麦金太尔（Morris Hargreaves McIntyre），《平衡记分卡：对文化、媒体和体育部绩效指标框架的检讨》（*Balancing the Scorecard*：*Review of DCMS Performance Indicator Framework*，Manchester，2007），第15页。

5. 米歇尔·里夫斯（Michele Reeves），《衡量艺术的经济和社会影响》（*Measuring the Economic and Social Impact of the Arts*，London：Arts Council，2002），第102—103页。

6. 萨拉·塞尔伍德，《数据收集的策略：收集、分析和使用英国受资助文化部门的数据》（The Politics of Data Collection：Gathering，Analysing and Using Data about the Subsidised Cultural Sector in England，*Cultural Trends* 12：472002），第15页。

7. 同上书，第72页。

8. 约翰·图萨，《艺术问题：对文化的反思》（*Arts Matters*：*Reflecting on Culture*，London：Methuem，1999），第103页。

9. 格里·鲁宾逊，“创意必要之事：投资于21世纪的艺术”，2000年新政治家艺术讲座（London：Arts Council England，2000），第7页。

10. 马修·埃文斯，“想象的经济”（The Economy of the Imagination），新政治家艺术讲座，伦敦，Re：source，2001年，第4页。

11. 艺术委员会计划一直运行到2011年，截至这一年共计投入2,200万英镑，共有2万人参与了这项计划。

12. 查尔斯·索马里兹·史密斯，“介绍性概述”（Introductory Overview），珍视文化会议，2003年6月17日（打字稿）。

13. 尼古拉斯·海蒂内尔，《带着目标去地域》（To Hell with Targets，*Observer*），2003年1月12日。

14. 泰莎·乔韦尔，珍视文化会议致辞，2003年6月17日。

15. 埃斯特尔·莫里斯，切尔滕纳姆文学节致辞，2003年10月16日。

16. 克里斯·史密斯，“珍视文化”，珍视文化会议致辞，2003年6月17日。

17. 泰莎·乔韦尔，《政府与文化的价值：一篇个人论文》（*Government and the Value of Culture*：*A Personal Essay*，London：DCMS，2004），第18页。

18. 同上书，第8页。

19. 同上书，第6页。

20. 同上书，第14页。

21. 同上书，第 16 页。

22. 同上书，第 18 页。

23. 文化、媒体和体育部，《2003—2006 年度战略计划》（*Strategic Plan 2003-2006*，London：DCMS，2003）。

24. 加文·凯利（Gavin Kelly）和斯蒂芬·米尔斯（Stephen Muers），《创造公共价值：公共服务改革的分析框架》（*Creating Public Value：An Analytical Framework for Public Service Reform*），伦敦战略小组，内阁办公室，2002 年，第 3 页。

25. 英国广播公司，《建立公共价值：为数字世界而更新英国广播公司》（*Building Public Value：Renewing the BBC for a digital World*，London：BBC，2004），第 29 页。

26. 罗伯特·休伊森和约翰·霍尔顿，《挑战与变革：英国遗产彩票基金会与文化价值》（*Challenge and Change：HLF and Cultural Value*，London：Demos/HLF，2004）。

27. 凯特·克拉克和加雷思·梅尔（Gareth Maeer）"遗产的文化价值：来自遗产彩票基金的证据"，《文化趋势》（*Cultural Trends* 17：1，2008）。

28. 约翰·霍尔顿，《捕捉文化价值：文化如何成为政府政策的工具》（*Capturing Cultural Value：How Culture Has Become a Tool of Government Policy*，London：Demos，2004）；《捕捉价值与合法性危机：文化为何需要民主授权》（*Capturing Value and the Crisis of Legitimacy：Why Culture Needs a Democratic Mandate*，London：Demos，2006）；和《民主文化：向所有人开放艺术》（*Democratic Culture：Opening Up the Arts to Everyone*，London：Demos，2008）。

29. D. J. 李（D. J. Lee）、K. 奥克利（K. Oakley）和 R. 内勒（R. Naylor），"'公众得到他们想要的了'？当代英国文化政策中'公共价值'的使用与滥用"（'The Public Gets What the Public Wants'？The Uses and Abuses of 'Public Value' in Contemporary British Cultural Policy），*International Journal of Cultural Policy* 17：3（2011），第 289 页。

30. 克拉克，凯特，《捕捉遗产的公共价值：2006 年 1 月 25—26 日伦敦会议记录》（*Capturing the Public Value of Heritage：The Proceedings of the London Conference，25-26 January* 2006，Swindon：English Heritage，2006）。

31. 英国遗产，《保护原则、政策与指导》（*Conservation Principles，Policies and Guidance*，London：English Heritage，2008［2006］）。

32. 国家信托基金会/Accenture 国际管理咨询公司，《展现遗产的公共价值》（*Demonstrating the Public Value of Heritage*，London，National Trust，2006）。

33. M. 考林（M. Cowling），《衡量公共价值：经济理论》（*Measuring Public Value：The Economic Theory*，London：Work Foundation，2006）；大卫·科茨（David Coats）和埃莉诺·帕斯莫尔（Eleanor Passmore），《公共价值：公共服务领域改革

的下一步》（*Public Value: The Next Steps in Public Service Reform*, London: Work Foundation, 2008）。

34. 文化、媒体和体育部，《白皮书：文化、媒体和体育部关于项目评估、计划和政治观点指南》（*The White Book: DCMS GUIDANCE On Appraisal and Evaluation of Projects, Programmes and Politics*, London: DCMS, 2004）。

35. 财政部，《绿皮书：中央政府评估修订本》（*The Green Book: Appraisal and Evaluation in Central Government, rev. edn*, London: H. M. Treasury, 2011 [2003]），第101页。

36. 同上书，第103页。

37. 艾米莉·基尼（Emily Keaney），《公共价值与艺术：文献评论》（*Public Value and the Arts: Literature Review*, London: Arts Council England, 2006），第25页。

38. 凯瑟琳·邦庭（Catherine Bunting），《公共价值与英国艺术：关于艺术辩论的探讨与总结》（*Public Value and the Arts in England: Discussion and Conclusions of the Arts Debate*, London: Arts Council England, 2007），第9页。

39. 克莱夫·格雷（Clive Gray），"英格兰艺术委员会与公共价值：一次批判性的评论"（Arts Council England and Public Value: A Critical Review），*International Journal of Cultural Policy* 14: 2, 2008）。

40. 邦庭，《公共价值与艺术》（*Public Value and the Arts*），第19页。

41. 同上书，第28页。

42. 基尼，《公共价值与艺术》（*Public Value and the Arts*），第15、17页。

43. 詹姆斯·佩内尔，"从草根发展起来的世界级：未来十年的文化"（World-Class from the Grassroots Up: Culture in the Next Ten Years），在国家肖像美术馆的演讲，2007年7月6日，第6页。

44. 同上文，第7页。

45. 同上文，第9页。

46. 布赖恩·麦克马斯特（Brian McMaster），《支持艺术的卓越：从衡量到判断》（*Supporting Excellence in the Arts: From Measurement to Judgement*, London: DCMS, 2008），第4页。

47. 佩内尔，"从草根发展起来的世界级"，第10页。

48. 麦克马斯特，《支持艺术的卓越：从衡量到判断》，第9页。

49. 同上书，第10页。

50. 同上。

51. 同上书，第12页。

52. 同上书，第21页。

53. 同上书，第 16 页

54. 同上书，第 17 页。

55. 同上。

56. 汤姆·乔斯（Tom Joss），“新的潮流：艺术家、公民和国家的美好未来”（New Flow：A Better Future for Artists，Citizen and the State，London：Mission，Model，Money，2008），第 62—63 页。

57. 内阁办公室，《文化、媒体和体育部的能力审查》（*Capability Review of the Department for Culture*，*Media and Sport*，London，2007），第 18 页。

58. 艾伦·戴维，“资助者的勇气：艺术卓越时代的风险与创新”（The Courage of Funders：Risk and Innovation in the Age of Artistic Excellence），在皇家艺术协会的讲座，2008 年 11 月 3 日。

59. 英格兰艺术委员会，“艺术委员会机构评审简报”（Arts Council Organization Review Briefing Note，London，2009），打字稿，第 3 页。

60. 《舞台》，2008 年 5 月 1 日。

61. 戴维，“资助者的勇气”。

62. 英格兰艺术委员会，《人们想从艺术中获得什么》（*What People Want from the Arts*，London：ACE，2008）。

63. 英格兰艺术委员会，“国家资助组合计划：申请人指南”（The National Portfolio funding Programme：Guidance for Applicants，London，2010）打字稿，第 2 页。

64. 英格兰艺术委员会，《实现为了每个人的伟大艺术：艺术的战略框架》（*Achieving Great Art for Everyone*：*A Strategic Framework for the Arts*，London：ACE，2010），第 12 页。

65. 英格兰艺术委员会，“国家资助组合计划”，第 9 页，第 7 页。

66. 英格兰艺术委员会，《实现为了每个人的伟大艺术：艺术的战略框架》，第 6 页。

第六章　铅时代

1. 丹·阿特金森和拉里·埃利奥特，《幻想岛：意识到难以置信的经济、政治和社会幻想这一布莱尔遗产》（*Fantasy Island*：*Waking Up to the Incredible Economic*，*Political and Social Illusions of the Blair Legacy*，London：Constable，2007），第 72 页。

2. 同上书，第 vii 页。

3. 唐·汤普森，《1200 万美元的鲨鱼：当代艺术与拍卖行的好奇经济学》（*The $12 Million Stuffed Shark*：*The Curious Economics of Contemporary Art and*

Auction Houses, London: Aurum, 2009), 第 63 页。

4. 查尔斯·萨奇, “艺术界的卑劣” (Vileness of the Art World), 《卫报》, 2011 年 12 月 3 日。

5. 同上。

6. 朱利安·斯塔拉布拉斯, 《艺术公司》 (*Art Incorporated*, Oxford: Oxford University Press, 2004), 第 72 页。

7. 大卫·哈维 (David Harvey),《资本之谜与资本主义危机》(*The Enigma of Capital and the Crises of Capitalism*, London: Profile, 2010), 第 17 页。

8. 《艺术报》(*Art Newspaper*), 2012 年 7 月/8 月。

9. 劳动党, “工党发起‘创意英伦宣言’” (Labour Party Lauches ‘Creative Britain Manifesto’), 新闻稿, 2010 年 5 月 1 日。

10. 马克·西德韦尔, 《艺术委员会: 想办法关了它》 (*The Art Council: Managed to Death*, London: New Culture Forum/Social Affairs Unit, 2009), 第 40 页。

11. 大卫·罗克里夫 (David Rawcliffe),《艺术基金: 一种新方法》(*Arts Funding: A New Approach*, London: Adam Smith Institue, 2010), 第 5 页。

12. 《卫报》, 2009 年 6 月 17 日。

13. 保守党中央办公室, “保守党政府关于艺术的未来” (The Future of the Arts with a Conservative Government, London: CCO, 2010)。

14. 《太阳报》(*Sun*), 2010 年 1 月 2 日。

15. 杰里米·亨特, “艺术要旨演讲” (Arts Keynote Speech), 圆屋, 2010 年 5 月 19 日, 文化、媒体和体育部。

16. 西蒙·瑟利,《来自魔法部的人: 英国如何拯救其遗产》 (*The Men from the Ministry: How Britain Saved its Heritage*, London: Yale University Press, 2013), 第 4 页。

17. 截至 2013 年 7 月, 英格兰艺术委员会总的员工数量稳定在 442 人。最近一次的重组成本达到 980 万英镑。

18. 尼古拉斯·塞罗塔, “对艺术的一次闪电战” (A Blitzkrieg on the Arts), 《卫报》, 2010 年 10 月 5 日。

19. 国家审计署, 《文化、媒体和体育部: 财务管理》 (*DCMS: Financial Management*, London: HMSO, 2011), 第 8 页。

20. 全国志愿组织委员会, 《计算削减》 (*Counting the Cuts*, London: NCVO, 2013), 第 20 页。

21. 哈维尔·斯坦兹奥拉 (Javier Stanziola), “纸上写得好, 实践中做不好” (Good on Paper, Bad in Practice, *Arts Professional* 243), 2011 年 10 月 11 日。

22.《舞台》，2012 年 11 月 22 日。

23. 玛丽亚·米勒，“测试时间：在紧缩时代捍卫文化”（Testing Times: Fighting Culture's Corner in an Age of Austerity），在大英博物馆的演讲打字稿，2013 年 4 月 24 日。

24.《每日邮报》（*Daily Mail*），2013 年 5 月 31 日。

25.《标准晚报》（*Evening Standard*），2013 年 7 月 2 日。

26.《卫报》，2013 年 6 月 21 日。

27. 安妮特·哈斯廷斯（Annette Hastings）、尼克·贝利（Nick Bailey）、科尔斯汀·贝斯穆尔（Kirstin Besemer）、格伦·布拉姆利（Glen Bramley）、玛丽亚·甘农（Maria Gannon）和大卫·沃特金斯（David Watkins），《应对削减？地方政府与较贫困社区》（*Coping with the Cuts? Local Government and Poorer Communities*, London: Joseph Rowntree Foundation, 2013）。

第七章　奥运五环

1.《观察者》（*Observer*），2013 年 7 月 14 日。

2. 泰莎·乔韦尔，在下议院关于奥运投标的演讲，2003 年 5 月 15 日，文化、媒体和体育部新闻稿 53/2003。

3. 安娜·明顿（Anna Minton），《土地控制：21 世纪的恐惧与幸福》（*Ground Control: Fear and Happiness in Twenty-First Century City*, London: Penguin, 2012 [2009]），第 vii 页。

4. 艾玛·诺里斯（Emma Norris）、吉尔·拉特（Jill Rutter）和约翰尼·梅德兰（Johnny Medland），《制作奥运会：政府可以从 2012 年伦敦奥运会学到什么》（*Making the Games: What Government Can Learn from London 2012*, London: Institute of Government, 2013），第 46 页。

5. 同上书，第 69 页。

6. 克里斯托弗·福雷林，“摧毁第六巨人：担任英格兰艺术委员会主席”，讲座，2009 年 1 月 29 日，第 31 页。

7. 艾伦·戴维，“资助者的勇气：艺术卓越时代的风险与创新”，在皇家艺术协会的讲座，2008 年 11 月 3 日。

8.《标准晚报》，2012 年 7 月 30 日。

9.《卫报》，2006 年 11 月 24 日。

10.《卫报》，2012 年 12 月 28 日。

11. 伊恩·辛克莱，《幽灵牛奶：需要宏伟项目的时代》（*Ghost Milk: Calling Time on the Grand Project*, London: Hamish Hamiltong），第 167 页。

12. 同上书，第 144 页。

13. 英格兰艺术委员会与伦敦奥组委，《对文化奥林匹克和 2012 年伦敦奥林匹克文化节的反思》（*Reflecting on the Cultural Olympiad and London 2012 Festival*, London：ACE，2013），第 27 页。

14. 同上书，第 28 页。

15. 《卫报》，2009 年 3 月 25 日。

16. 同上。

17. 《舞台》，2009 年 7 月 23 日。

18. 迈克尔·科文尼（Michael Coveney）和马克·桑兹，《对 2012 伦敦奥林匹克文化节的独立评估》（*Independent Evaluations of London 2012 Festival*，London：London 2012 Festival，2013），第 12 页。

19. 同上书，第 22 页。

20. 英格兰艺术委员会与伦敦奥组委，《对文化奥林匹克的反思》（*Reflecting on the Cultural Olympiad*），第 2 页。

21. 伦敦奥组委，《奇迹之岛：2012 年伦敦奥运会开幕式》（*Isles of Wonder：London 2012 Olympic Games Opening Ceremony*），官方计划，2012 年，第 26 页。

22. 英国广播公司，《2012 年伦敦奥运会》（*London* 2012 *Olympic Games*，BBCDVD3745A&B），2012 年。

23. 在开幕式的现场直播中，对战争的描述并不突出，而在导演的剪辑版本中则强调了这一描述。

24. 《国际先驱论坛报》（*International Herald Tribune*），2013 年 8 月 19 日。

25. 《每日邮报》，2013 年 7 月 28 日。这件作品引起了诸多批评，最终被撤销。

26. 理查德·西摩，“吐槽不列颠”博客（Puke Britannia，*Lenin's Tomb*），2013 年 7 月 29 日，网址 leninology. com。

27. 戴夫·齐林，“丹尼·博伊尔的奥运吟游诗人秀”（博客）（Danny Boyle's Olympic Minstrel Show），*Nation*，2012 年 7 月 20 日，网址 thenation. com。

28. 《独立报》，2012 年 8 月 7 日。

29. 艾琳·莫拉，《英国人、流行音乐和民族认同：现代英国的形成》（*Britishness*，*Popular Music*，*and National Identity*：*The Making of Modern Britain*，London：Routledge，2013），第 27 页。

30. 同上书，第 24 页。

31. 伦敦奥组委，《奇迹之岛》（*Isle of Wonder*），第 11 页。

第八章 只是少数人而不是许多人

1. 阿列克斯·西尔兹，《露天剧场：今日英国戏剧》（*In-Yer-Face Theatre：British Drama Today*，London：Faber & Faber，2001），第238页。

2. 同上书，第248页。

3. 文化、媒体和体育部，《一个新的文化框架》（*A New Cultural Framework*，London：DCMS，1998）。

4. 彼得·博伊登，"英语地区剧场的角色与功能"（Roles and Functions of the English Regional Producing Theatres，Bristol：Peter Boyden Associates，2000），第3页。

5. 同上文，第19页。

6. 同上文，第17页。

7. 同上文，第44页。

8. 英格兰艺术委员会，"下一阶段：实现英国剧院的国家政策"（The Next Stage：Towards a National Policy for Theatre in England，London，2000），打字稿，第2页。

9. 罗伯特·休伊斯、约翰·霍顿和塞缪尔·琼斯，《机构变革的创新方法》（*A Creative Approach to Organisational Change*，London：Demos，2010）。

10. 英格兰艺术委员会，《2009年戏剧评估》（*Theatre Assessment 2009*，London：ACE，2009），第47页。

11. 同上书，第59页。

12. 奥利维亚·特恩布尔，《打倒下院：英国地区剧院的危机》（*Bringing Down the House：The Crisis in Britain's Regional Theatre*，Bristol：Intellect，2008），第209—210页。

13. 英格兰艺术委员会，《2009年戏剧评估》，第43页。

14. 同上书，第60页。

15. 英格兰艺术委员会，《公众对艺术的态度》（*Public Attitudes to the Arts*，London：ACE，2000）。

16. 英格兰艺术委员会，《英国艺术：2001年的出席、参与和态度》（*Arts in England：Attendance，Participation and Attitudes in 2001*，London：ACE，2002）。

17. 英格兰艺术委员会，《2003年英国艺术：出席、参与和态度》（*Arts in England 2003：Attendance，Participation and Attitudes*，London：ACE，2005）。

18. 在截至2013年3月的时间段，样本数最多达到29,420，最少为9,304。

19. 雷蒙·威廉姆斯，《1780—1950年的文化与社会》（*Culture and Society*

1780–1950，London：Penguin 1962［1958］）。

20. 文化、媒体和体育部，《2012—2013 年第四季度参与调查：统计发布》（*Taking Part 2012/13 Quarter 4*：*Statistical Release*，London：DCMS，2013）。

21. 英格兰艺术委员会，《实现为了每个人的伟大艺术：艺术的战略框架》（London：ACE，2010），第 15 页。

22. 同上书，第 17 页。

23. 凯瑟琳·邦庭、德荣赞、约翰·戈德索普、艾米莉·科尔尼和安妮·奥斯卡拉，《从冷淡到热情：英国的艺术参与模式》（*From Indifference to Enthusiasm*：*Patterns of Arts Attendance in England*，London；Arts Council England，2008）。

24. 同上书，第 63 页。

25. 皮埃尔·布尔迪厄，《区分：判断力的社会批判》（*Distinction*：*A Social Critique of the Judgementof Taste*，Cambridge，MA：Harvard University Press，1984［French edn，1979］）。

26. 邦庭等人,《从冷淡到热情：英国的艺术参与模式》，第 62 页。

27. 同上书，第 63 页。

28. 德荣赞和约翰·戈德索普，"当代英国社会中存在地位秩序吗？来自职业友谊结构的证据"（"Is There a Status Order in Contemporary British Society? Evidence from the Occupational Structure of Friendship"），《欧洲社会学评论》（*European Sociological Review* 20：5，2004），第 383—401 页；"戏剧、舞蹈和电影观众的社会分层"（"The Social Stratification of Theatre，Dance and Cinema Attendance"），《文化趋势》（14：3，2005）；"社会分层与文化消费：英国的视觉艺术"（"Social Stratification and Cultural Consumption：The Visual Arts in England"），《诗学》（*Poetics* 35，2007），第 168—190 页。

29. T. 贝内特、M. 萨维奇、E. 塞拉、M. 盖伊奥-卡尔（M. Gayo-Cal）和 D. 怀特,《文化、阶级、差异》（*Culture*，*Class*，*Distinction*，London：Routledge，2009），第 252 页。

30. 同上书，第 52 页。

31. 同上书，第 212 页。

32. 同上书，第 252 页。

33. 同上书，第 253 页。

34. 同上书，第 190 页。

35. 邦庭等人，《从冷淡到热情：英国的艺术参与模式》，第 64 页。

36. 特里·伊格尔顿，《文化理念》（*The Idea of Culture*，Oxford：Blackwell，2000），第 125 页。

37. 邦庭等人，《从冷淡到热情：英国的艺术参与模式》，第 67 页。

38. 同上书，第 13 页。

39. 安德鲁·迈尔斯（Andrew Miles）和爱丽丝·沙利文（Alice Sullivan），“了解参与文化和体育：混合方法，重新排列知识”（“Understanding Participation in Culture and Sport: Mixing Methods, Reordering Knowledges”），《文化趋势》（21: 4，2012），第 318 页。

40. 贝内特等人，《文化、阶级、差异》，第 259 页。

结论 下一步是什么?

1. 约翰·霍顿，《民主文化：向所有人开放艺术》（*Democratic Culture: Opening Up the Arts to Everyone*，London：Demos，2008），第 11 页。

2. 哈森·巴克赫什、伊恩·哈格里夫斯（Ian Hargreaves）和胡安·马蒂奥斯-加西亚（Juan Mateos-Garcia），《创意经济宣言》（London：NESTA，2013），第 37 页。

3. 弗朗索瓦·马塔拉索，《我们梦想的地方：西布罗姆维奇歌剧团与音乐剧的美术》（*Where We Dream: West Bromwich Operatic Society and the Fine Art of Musical Theatre*，West Bromwich：Multistory，2012），第 76 页。

4. 凯特·奥克利，“构成自身形象：新工党与文化劳动力”（“In Its Own Image: New Labour and the Cultural Workforce”），《文化趋势》（*Cultural Trends* 20: 3/4，2011）。

5. MTM 伦敦公司，《数字观众：线上参与艺术和文化》（*Digital Audiences: Engagement with Arts and Culture Online*，London：MTM，2010），第 37 页。

6. 查尔斯·利德比特，《与的艺术：一篇针对曼彻斯特角舍的论文》（*The Art of With: An Original Essay for Cornerhouse*，*Manchester*），根据知识共享许可协议出版，2009 年，第 5 页。可以登录 charlesleadbeater. net 获取。

7. 朱利安·斯塔拉布拉斯，《艺术公司》（Oxford：Oxford University Press，2004），第 196 页。

8. 安东尼·葛姆雷，《一个和其他》（*One and Other*，London：Jonathan Cape，2010）。

9. 戴维·思罗斯比，《经济与文化》（*Economics and Culture*，Cambridge：Cambridge University Press，2001），第 13 页。

10. 塞缪尔·琼斯，《文化冲击》（*Culture Shock*，London：Demos，2010），第 42 页。

11. 彼得·斯塔克（Peter Stark）、克里斯托弗·戈登（Christopher Gordon）和大卫·鲍威尔（David Powell），《重新平衡我们的文化资本》（*Rebalancing Our*

Cultural Capital, 2013），第 13—14 页。

12. 雷德克利夫勋爵，《支持英格兰和威尔士的艺术》（*Support for the Arts in England and Wales*, London：Calouste Gulbenkian Foundation，1976）。

参考文献

6, Perri, 'Governing by Cultures', in Geoff Mulgan, ed., Life After Politics: *New Thinking for the Twenty-First Century* (London: Fontana, 1997).

Adorno, Theodor, ed. J. Bernstein, *The Culture lndustry: Selected Essays on Mass Culture* (London: Routledge, 1991).

Allen, Mary, *A House Divided: The Diary of a Chief Executive of the Royal Opera House* (London: Simon & Schuste, 1998).

Appignanesi, Richard, ed., *Beyond Cultural Diversion: The Case for Creativity* (London: Third Text/ACE, 2010).

Araeen, Rasheed, *Making Myself Visible* (London: Kala Press, 1984).

Arnold, Matthew, ed. J. Dover Wilson, *Culture and Anarchy* (Cambridge: Cambridge University Press, 1961 [1869]).

Arts Council England, '"The Landscape of Fact": Towards a Policy for Cultural Diversity for the English Funding System', Consultative Green Paper, London, 1997.

——*Public Attitudes to the Arts* (London: ACE, 2000).

——'The Next Stage: Towards a National Policy for Theatre in England', London, 2000 (typescript).

——*Public Attitudes to the Arts* (London: ACE, 2000).

——*The New Arts Council of England: A Prospectus for the Arts* (London: ACE, 2001).

——*Working Together For the Arts* (London: ACE, 2001).

——*Arts in England: Attendance, Participation and Attitudes in 2001* (London: ACE, 2002).

——*Ambitions for the Arts 2003—2006* (London: ACE, 2003).

——*Ambitions into Action* (London: ACE, 2004).

——'£ 30 Million Cut to the Arts', press release, 13 December 2004.

——*Arts Council England*:*Report of the Peer Review*(London:ACE, 2005).

——*Arts in England* 2003:*Attendance*, *Participation and Attitudes* (London: ACE, 2005).

——*Navigating Differenee*: *Cultural Diversity and Audience Development* (London: ACE, 2006).

——*Annual Review 2007*(London:ACE, 2007).

——*What People Want from the Arts*(London:ACE, 2008).

——*Great Art for Everyone 2008–2011*(London:ACE, 2008).

——'Arts Council Organization Review Briefing Note' (London, 2009–typescript).

——*Theatre Assessment 2009*(London:ACE, 2009).

——*Annual Review 2009*(London:ACE, 2009).

——*Achieving Great Art for Everyone*:*A Strategic Framework for the Arts* (London: ACE, 2010).

——'The National Portfolio Funding Programme:Guidance for Applicants London, 2010(typescript).

——*What Is the Creative Case for Diversity*? (London:ACE, 2011).

Arts Council England and LOCOG,*Reflections on the Cultural Olympiad and London 2012 Festival*(London:ACE, 2013).

Arts and Humanities Research Council, *Cultural Value Project*: *Open Funding Call* (Swindon:AHRC, 2013).

Atkinson, Dan, and Larry Elliott, *Fantasy Island*: *Waking Up to the Incredible Economic*,*Political and Social Illusions of the Blair Legacy*(London:Constable, 2007).

Babbidge, Adrian, 'Commentary 2:The Only Game in Town' ,*Cultural Trends* 12:47 (2002) ,pp. 91–7.

Bakhshi, Hasan, Ian Hargreaves, and Juan Mateos-Garcia,*A Manifesto for the Creative Economy*(London:NESTA, 2013).

Barker,Tony, with lain Byrne and Anjuli Veall, *Ruling By Task Force* (London: Politico's, 1999).

Bayley, Stephen, *Labour Camp*: *The Failure of Style over Substance* (London: B. T. Batsford, 1998).

Bennett, T. , M. Savage, E. Sila, M. Gayo-Cal and D. Wright, *Culture*, *Class*, *Distinction*(London:Routledge, 2009).

Better Regulation Task Force, *Local Delivery of Central Policy* (London: Cabinet Office, 2002).

Bevir, Mark, *New Labour*:*A Critique*(London:Routledge, 2005).

Bewes, Timothy, and Jeremy Gilbert, eds, *Cultural Capitalism: Politics after New Labour*(London: Lawrence & Wishart, 2000).

Blackstock, Anthony, *The Public: Lessons Learned by Arts Council England* (London: Arts Council, 2011).

Blair, Tony, *New Britain: My Vision of a Young Country* (London: Fourth Estate, 1996).

——*Socialism*(London, Fabian Society, 1998, pamphlet 565).

——*The Third Way: New Politics for a New Century*(London, Fabian Society, 1998, pamphlet 588).

——'Why the Dome is Good for Britain', speech at the People's Palace Restaurant, Royal Festival Hall, 24 February 1998.

——'Arts and the Creative Industries', press notice text of speech at Tate Modern, 6 March 2007.

——*A Journey*(London: Arrow, 2011 [2010]), with a new introduction.

Bourdieu, Pierre, *Distinction: A Social Critique of the Judgement of Taste*, Transl. Richard Nice(London: Routledge, 1984 [1979]).

Boyden, Peter, 'Roles and Functions of the English Regional Producing Theatres' (Bristol: Peter Boyden Associates, 2000).

Bradwell, Mike, *The Reluctant Escapologist*(London: Nick Hem, 2010).

BBC, *Building Public Value: Reneщng the BBC for a digital World* (London: BBC, 2004).

——*London* 2012 *Olympic Games*, BBCDVD3745A&B, 2012.

Bunting, Catherine, *PublicValue and the Arts in England: Discussion and Conclusions of the Arts Debate*(London: Arts Council England, 2007).

Bunting, Catherine, Tak Wing Chang, John Goldthorpe, Emily Kearney and Anni Oskala, *From Indifference to Enthusiasm: Patterns of Arts Attendance in England*(London: Arts Council England, 2008).

Cabinet Office, 'Pale Yellow Amoeba: A Peer Review of the Department for Culture, Media and Sport', 2000(internal document).

——*Capability Review of the Department for Culture, Media and Sport* (London, 2007).

CASE, *Understanding the Drivers, Impact and Value of Engagement in Culture and Sport: An Over-Arching Summary of the Research*(London: DCMS/ACE/English Heritage/MLNSport England, 2010).

——*Understanding the Impact of Engagement in Culture and Sport: A Systematic*

Review of the Learning Impacts for Young People(London:DCMS/ACE/English Heritage/ MLNSport England, 2010).

Chan,Tak Wing,and John Goldthorpe,'Is There a Status Order in Contemporary British Society? Evidence from the Occupational Struc-ture of Friendship',*European Sociological Review* 20:5(2004),pp. 383–401.

——'The Social Stratification of Theatre,Dance and Cinema Attendance',*Cultural Trends* 14: 3(2005),pp. 193–212.

——'Social Stratification and Cultural Consumption:The Visual Arts in England', *Poetics* 35(2007),pp. 168–90.

Clark,Kate,*Capturing the Public Value of Heritage:The Proceedings of The London Conference*,25–26 *January* 2006(Swindon:English Heritage, 2006).

Clark, Kate, and Gareth Maeer he Cultural Value of Heritage: Evidence from the Heritage Lottery Fund, *Cultural Trends* 17: 1 (2008), pp. 23–54.

Clarke,John,and Janet Newman,*The Managerial State:Power,Politics and Ideology in the Remaking of Social Welfare*(London:Sage, 1997).

Coats,David,and Eleanor Passmore,*Public Value:The Next Steps in Public Service Reform*(London:Work Foundation, 2008).

Cole,Martin,and Greg Parston,*Unlocking Public Value:A New Model for Unlocking High Performance in Public Service Organisations*(New Jersey:John Wiley, 2006).

Commonwealth of Australia, *Creative Nation* (Canberra: Department of Communications and the Arts, 1994).

Conservative Central Office,*The Best Future for Britain*(London:CCO, 1992).

——'TheFuture of the Arts with a Conservative Government' (London: CCO, 2010).

Cooper,Adam,'The Drivers,Impact and Value of CASE:A Short History from the Inside',*Cultural Trends* 21:4(2012),pp. 281–9.

Coveney,Michael,and Marc Sands,*Independent Evaluations of London 2012 Festival* (London:London 2012 Festival, 2013).

Cowling,J.,ed.,*For Art's Sake:Society and the Arts in the 21st Century* (London: IPPR, 2004).

Cowling, M., *Measuring Public Value: The Economic Theory* (London: Work Foundation, 2006).

Coyle,Diane,and Christopher Wollard,*Public Value in Practice:Restoring theethos of public service*(London:BBC, 2010).

CLC, *Get It: The Power of Cultural Learning* (London: Culture and Learning

Consortium, 2009).

Cunningham, Jack, and Mark Fisher, *Create the Future: A Strategy for Cultural Policy, Arts and the Creative Economy* (London: Labour Party, 1997).

Davey, Alan, *Review of Arts Council England's Regularly Funded Organisations Investment Strategy 2007–08–Lessons Learned* (London: Arts Council England, 2008).

——'The Courage of Funders: Risk and Innovation in the Age of Artistic Excellence', lecture at Royal Society of Arts, 3 November 2008.

Davies, Geraint Talfan, *At Arm's Length: Recollections and Reflections on the Arts, Media and a Young Democracy* (Bridgend: Seren, 2008).

Dawkins, Julia, *Spirit of the Dome* (Bexleyheath: Faygate, 2002).

DCMS, *A New Cultural Framework* (London: DCMS, 1998).

——QUEST press release 277/99, 11 November 1999.

——*Arts & Sport: Policy Action Team 10, a Report to the Social Exclusion Unit* (London: DCMS, 1999).

——*Centres for Social Change: Museums, Galleries and Archives for All: Policy Guidance on Social Inclusion for DCMS Funded and Local Authority Museums, Galleries and Archives in England* (London: DCMS, 2000).

——*Culture and Creativiy: The Next Ten Years* (London: DCMS, 2001).

——*The Historic Environment: A Force for Our Future* (London: DCMS, 2001).

——*Annual Report and Review* (London: DCMS, 2002).

——*People and Places: Social Inclusion Policy for the Built and Historic Environment* (London: DCMS, 2002).

——*Strategic Plan 2003–2006* (London: DCMS, 2003).

——'Funding Agreement between Arts Council England and the Department for Culture, Media and Sport, April 2003–March 2006', 2003 (unpaginated typescript).

——'The Museums, Libraries and Archives Council: Report of the Prototype Peer Review', 2004 (typescript).

——*The White Book: DCMS GUIDANCE on Appraisal and Evaluation of Projects, Programmes and Policies* (London: DCMS, 2004).

——*Annual Report and Review 2006* (London: DCMS, 2006).

——*Annual Report and Review 2009* (London: DCMS, 2009).

——*Taking Part 2012/13 Quarter 4: Statistical Release* (London: DCMS, 2013).

DCMS/BERR/DIUS, *Creative Britain: New Talents for the New Economy* (London: DCMS/BERR/DIUS, 2008).

Department of National Heritage, 'Cool Britannia Rules the Way as 1996 Sees

Record Earnings from Overseas Visitors to the UK' ,press release 69/97 ,5 March 1997.

Eagleton, Terry, *The Idea of Culture* (Oxford: Blackwell, 2000).

Ellis, Adrian, 'Valuing Culture: A Background Note', AEA Consulting, 2003.

English Heritage, *Peer Review of English Heritage: Summary of Findings and Recommendations* (London: English Heritage, 2006).

——*Conservation Principles, Policies and Guidance* (London: English Heritage, 2008).

Evans, Matthew (Lord Evans of Temple Guiting), 'The Economy of the Imagination', New Statesman Arts Lecture, London, Re: source, 2001.

Eyre, Richard, *Report on the Future of Lyric Theatre in London* (London: HMSO, 1998).

Fairclough, Norman, *New Labour, New Language?* (London: Routledge, 2000).

Finlayson, Alan, 'New Labour: The Culture of Government and the Government of Culture', in Timothy Bewes and Jeremy Gilbert, eds, *Cultural Capitalism: Politics after New Labour* (London: Lawrence &Wishart, 2000).

——*Making Sense of New Labour* (London: Lawrence & Wishart, 2003).

Florida, R., *The Rise of the Creative Class* (New York: Basic Books, 2002).

Fraquelli, Simonetta, and Norman Rosenthal, *Sensation: Young British Artists from the Saatchi Collection* (London: Royal Academy of Arts/Thames & Hudson, 1997).

Frayling, Christopher, 'The *Only Trustworthy Book*': *The Arts and Public Value* (London: Arts Council, 2005).

——'Slaying the Sixth Giant: On Being Chair ofArts Council England lecture, 29 January 2009.

Garcia, Beatriz, *London 2012 Cul, щral Olympiad Evaluation: Final Report* (Liverpool: Liverpool and John Moores Universities, 2013).

Garnham, Nicholas, *Capitalism and Communication* (London: Sage, 1990).

——'Afterword: The Cultural Commodity and Cultural Policy', in Sara Selwood, ed., *The UK Cultural Sector: Profile and Policy Issues* (London: Policy Studies Institute, 2001).

Gates, Bill, 'A New Approach to Capitalism in the 21st Century Tran-script of speech at World Economic Forum, Davos, 24 January 2008.

Gibbons, Fiachra, 'Mandelson "Made Dome Second Rate"', *Guardian*, 13 January 2000.

Giddens, Anthony, *Beyond Left and Right: The Future of Radical Politics* (Cambridge: Polity Press, 1994).

Gilroy, Paul, *There Ain't No Black in the Union Jack: The Cultural Politics of Race and Nation*(London:Hutchinson Education,1987).

——*After Empire:Melancholia or Convivial Culture* (Abingdon:Routledge, 2004).

Gormley,Antony,*One and Other*(London:Jonathan Cape, 2010).

Gray,Clive,*The Politics of the Arts in Britain*(London:Macmillan, 2000).

——'Arts Council England and Public Value: A Critical Review' *Inter—national Journal of Cultutral Policy* 14:2(2008),pp. 209–14.

Greater London Authority,*Cultural Metropolis:The Mayor's Cultural Strategy – 2012 and Beyond*(London:GLA, 2010).

Hall, Stuart, 'New Labour's Double Shuffle', *Soundings* 24 (Autumn 2003), pp. 10–24.

——'The Neo-Liberal Revolution',*Soundings* 48(Summer 2011),pp. 9–28.

Hartley,John,ed. ,*Creative Industries*(Oxford:Blackwell, 2005).

Harvey,David, *A Brief History of Neoliberalism* (Oxford: Oxford University Press, 2007 [2005]).

Hastings,Annette,Nick Bailey,Kirstin Besemer,Glen Bramley,Maria Gannnon and David Watkins,*Coping with the Cuts? Local Government and Poorer Communities*(London: Joseph Rowntree Foundation,2013).

Hatherley,Owen, A Guide to the New Ruins of Great Britain (London: Verso, 2010).

——A New Kind of Bleak:Journeys through Urban Britain(London:Verso, 2012).

Hay,Colin,The Political Economy of New Labour:Labouring under False Pretences? (Manchester:Manchester University Press, 1999).

——*Why We Hate Politics*(Cambridge:Polity Press, 2007).

Hesmondhalgh, David, The Cultural Industries, 2nd edn (London: Sage, 2007 [2002]).

Haydon,Andrew,'British Theatre in the 00s',in Dan Rebellato,ed. ,*Modern British Playwriting*:2000–2009(London:Bloomsbury, 2013).

Hetherington,Stephen, 'Culture as Economics in the Rational State: The Role of Cultural Policy in Late 20th Century British Governance',paper for the Midwest Political Science Association National Conference,Chicago April 2010.

Hewison, Robert, *Cultura and Consensus*: *England*, *Art and Politics since 1940* rev. edn. (London:Methuen, 1997 [1995]).

——*Not A Sideshow:Leadship and Cultural Value*(London:Demos, 2006).

Hewison,Robert,and John Holden,*Challenge and Change:HLF and Cultural Value* (London:Demos/HLF, 2004).

Hewison, Robert, John Holden and Samuel Jones, *All Together: A Creative Approach to Organisational Change* (London: Demos, 2010).

Hewitt, Peter, Beyond Boundaries: The Arts after the Events of 2001 (London: Arts Council England, 2002).

——*Changing Places: Reflections of an Arts Council Chief Executive* (London: Arts Council England, 2005).

——'Arts in the Core Script: Writing Ourselves In', Smith Institute Arts Lecture, 12 July 2006.

Holden, John, Capturing Cultural Value: How Culture Has Become a Tool of Government Policy (London: Demos, 2004).

——*Cultural Value and the Crisis of Legitimacy: Why Culture Needs a Democratic Mandate* (London: Demos, 2006).

——Democratic Culture: Opening Up the Arts to Everyone (London: Demos, 2008).

House of Commons, The Royal Operal House, Report of the Culture, Media and Sport Select Committe, 1997.

——*Protecting and Preserving Our Heritage*, Report of the Culture, Media and Sport Select Committe, 2006.

Hunt, Jeremy, 'Arts Keynote Speech', Roundhouse, 19 May 2010, DCMS.

Hutchison, Robert, *The Politics of the Arts Council* (London: Sinclair Browne, 1982).

Hylton, Richard, *The Nature of the Beast: Cui, щral Diversity and the Visual Arts* (Bath: Institute of Contemporary Interdisciplinary Arts, 2007).

Hytner, Nicholas, 'To Hell with Targets', *Observer*, 12 January 2003.

Jenkins, Simon, *Thatcher and Sons* (London: Allen Lane, 2006).

Johnson, G., P. Pfrommer, S. Stewart, P. Glinkowski, C. Fenn, A. Skelton, AndA. Jay, *New Audiences for the Arts: The New Audiences Programme* 1998 – 2003 (London: Arts Council England, 2004).

Jones, Rhian E., *CLampdown: Pop-Cultural Wars on Class and Gender* (Winchester: Zero Books, 2013).

Jones, Samuel, *CuLture Shock* (London: Demos, 2010).

Joss, Tim, 'New Flow: A Better Future for Artists, Citizens and the State' (London: Mission, Models, Money, 2008).

Jowell, Tessa, speech at Valuing Culture conference, 17 June 2003.

——Speech on Olympic Bid in House of Commons, 15 May 2003, DCMS Press Release 53/2003.

——*Government and the Value of Culture: A Personal Essay* (London: OCMS, 2004).

——'Artists, We Believe in You', *Guardian*, 16 December 2004.

Judt, Tony, *Reappraisals: Reflections on the Forgotten Twentieth Century* (London: Vintage, 2009 [2008]).

——*Ill Fares the Land* (London: Allen Lane, 2010).

Kay, William, *Lord of the Dance: The Story of Gerry Robinson* (London: Orion Business Books, 1999).

Keaney, Emily, *PublicValue and the Arts: Literature Review* (London: Arts Council England, 2006).

Kelly, Gavin, and Stephen Muers, *Creating Public Value: An Analytical Framework for Pubic Service Reform*, London Strategy Unit, Cabinet Office, 2002.

Kenyon, Nicholas, *Rattle: From Birmingham to Berlin* (London: Faber & Faber, 2001).

Khan, Naseem, *The Arts Britain Ignore: The Arts of Ethnic Minorities in Britain* (London: ACGB, Gulbenkian Foundation, Community Relations Commission, 1976).

——*Towards a Greater Diversity: Results and Legacy of the Arts Council of England's Cultural Diversity Action Plan* (London: Arts Council England, 2002).

Labour Party, 'Labour Party Launches "Creative Britain Manifesto"', press release, 1 May 2010.

——*Creative Britain: Labour's Cultural Manifesto* (London: Labour Party, 2010).

Lammy, David, 'Cultural Democracy', speech, 29 March 2006.

Leadbeater, Charles, *Living OnThin Air: The New Economy* (London: Penguin, 2000 [1999]).

——*Arts Organizations in the Twenty-First Century: Ten Challenges* (London: Arts Council, 2005).

——*The Art of With: An Original Esaay for Cornerhouse, Manchester*, published under Creative Commons licence, 2009. Available at charlesleadbeater. net.

Leadbeater, Mark, *Britain™: Renewing Our Identity* (London: Demos, 1997).

Lee, D. J., K. Oakley and R. Naylor, '"The Public Gets What the Public Wants"? The Uses and Abuses of "Public Value" in Contemporary British Cultural Policy', *International Journal of Cultural Policy* 17:3(2011), pp. 289—300.

Levitas, Ruth, *The Inclusive Society? Social Exclusion and New Labour*, 2nd edn (London: Palgrave Macmillan, 2005 [1998]).

Liberal Democrat Research Unit, 'From the Sublime to the Ridiculous: A Critique of Government Target Setting', 2000 (typescript).

London Organizing Committee Olympic Games, *Unlimited: A London* 2012 *Festival*

Book(London:LOCOG, 2012).

——*Isles of Wonder: London 2012 Olympic Games Opening Ceremony*, official programme, 2012.

Long, J. , M. Welch, P. Bramham, J. Butterfield, K. Hylton and E. Lloyd, *Count Me In: The Dimensions of Social Inclusion through Culture, Media and Sport*(London: DCMS, 2002).

McGuigan, Jim, *Rethinking Cultural Policy* (Maidenhead: Open University Press, 2004).

——*Cool Capitalism*(London: Pluto, 2009).

——*Cultural Analysis*(London: Sage, 2010).

McIntosh, Genista, 'The Body Politic', *Stage*, 3 February 2005, p. 24.

——*Review of Arts Council England Investment Process*, 2010/11 (London: Arts Council England, 2011).

McMaster, Brian, *Supporting Excellence in the Arts: From Measurement to Judgement* (London: DCMS, 2008).

MTM London, *Digital Audiences: Engagement with Arts and Culture Online* (London: MTM, 2010).

Mandelson, Peter, *The Third Man: Life at the Heart of New Labour* (London: HarperCollins, 2010).

Marquand, David, 'The Blair Paradox', *Prospect* 30(May 1998), pp. 19–24.

——*Decline of the Public: The Hollowing-Out of Citizenship*(London: Polity, 2004).

Matarasso, Franyois, *Use or Ornament? The Social Impact of Participation in the Arts* (Stroud: Comedia, 1997).

——'Out of the Labyrinth: A Democratic Justi fication for the Value of Art Outreach Programmes', talk for Pro Helvetia in Basel, Switzerland, 7 November 2012. Available at parliamentofdreams. com.

——*Where We Dream: West Bromwich Operatic Society and the Fine Art of Musical Theatre*(West Bromwich: Multistory, 2012).

Mattinson, Deborah, *Talking to a Brick Wall*(London: Biteback, 2010).

Merli, Paola, 'Evaluating the Social Impact of Participation in Arts Activities', *International Journal of Cultural Policy* 8:1(2002), pp. 107–18.

Miles, Andrew, and Alice Sullivan, 'Understanding Participation in Culture and Sport: Mixing Methods, Reordering Knowledges', *Cultural Trends* 21: 4 (2012), pp. 311–24.

Miller, Maria, 'Testing Times: Fighting Culture's Corner in an Age of Austerity', typescript of speech at British Museum,24 April 2013.

Minton, Anna, *Ground Control: Fear and Happiness in the Twenty-First Century City*, rev. edn(London: Penguin, 2012 [2009]).

Mirza, Munira, ed., *Culture Vultures: Is UK Arts Policy Damaging the Arts?* (London: Policy Exchange, 2006).

——*The Politics of Culture: The Case for Universalism* (Basingstoke: Palgrave Macmillan, 2012).

Morgan, Charles, 'Reorganising the Arts Funding System Trying to Be Businesslike-Without Really Succeeding', House of Commons Culture.

Media and Sport Select Committee, Third Report, 2001–02, 'Arts Development', Appendix 1, 2002.

Moore, Mark H., *Creating Public Value: Strategic Value in Government* (Cambridge, MA: Harvard University Press, 1995).

Morra, Irene, *Britishness, Popular Music, and National Identity: The Making of Modern Britain*(London: Routledge, 2013).

Morris, Estelle, speech at Cheltenham Festival ofLiterature, 16 October 2003.

Morris Hargreaves McIntyre, *Balancing the Scorecard: Review of DCMS Performance Indicator Framework*, Manchester, 2007.

Moulier-Boutang, Yann, *Cognitive Capitalism*, transl. Nigel Thrift (Cambridge: Polity Press, 2011 [2007]).

Mulgan, Geoff, 'Culture: The Problem With Being Public', in D. Marquand AndA. Seldon, eds, *The Ideas that Shaped Post-War Britain* (London: Futura, 1996).

Mulgan, Geoff, and Ken Worpole, *Saturaday Night or Sunday Morning? From Arts ? Industry—New Forms of Cultural Policy* (London: Comedia, 1986).

Museums, Libraries and Archives Council, 'Consultation on the Work of the New Museums, Libraries and Archives Council', 2000(typescript).

Museums, Libraries and Archives Council (a. k. a. Re: source), *Renaissance in the Regions: A New Vision for England's Museums* (London: MLA, 2001).

Museums, Libraries and Archives Council, *Report of the Prototype Peer Review* (London: MLA, 2004).

——*Renaissance in the Regions: Realising theVision, Renaissance in the Regions* 2001–2008, review of the Renaissance Review Advisory Group(London: MLA, 2009).

Myerscough, John, *The Economic Importance of the Arts in Britain* (London: Policy Studies Institute, 1988).

National Audit Office, *The Millennium Dome*(London: HMSO, 2000).

——*Progress on 15 major Capital Projects Funded by Arts Council England*(London: HMSO, 2003).

——*DCMS*:*Financial Management*(London:HMSO, 2011).

National Campaign for the Arts, 'The National Campaign for the Arts Looks at the Facts Behind the Spin', press release, 12 December 2004.

National Council of Voluntary Organizations, *Counting the Cuts* (London: NCVO, 2013).

National Trust and Accenture, *Demonstrating the Public Value of Heritage* (London: Natioinal Trust/Accenture, 2011).

Newbigin, John, 'A Golden Age for the Arts?', *Cultural Trends* 20:3/4 (2011), pp. 231–4.

Nicolson, Adam, *Regeneration*: *The Story of the Dome* (London: HarperCollins, 1999).

Norris, Emma, Jill Rutter, and Johnny Medland, *Making the Games*: *What Government Can Learn from London* 2012 (London: Institute of Government, 2013).

Oakley, Kate, 'The Disappearing Art: Creativity and Innovation after The Creative Industries', *International Journal of Cultural Policy* 15:4(2009), pp. 403–13.

——'In Its Own Image: New Labour and the Cultural Workforce', *Cultural Trends* 20:3/4(2011), pp. 281–9.

Oakley, Kate, David Hesmondhalgh, David Lee and Melissa Nisbett, 'The National Trust for Talent? NESTA and New Labour's Cultural Policy', *British Politics* 2014 (forthcoming).

O' Brien, Dave, *Cultural Policy*: *Management*, *Value and Modernity in the Creative Industries*(London: Taylor & Francis, 2013).

OFSTED, *Creative Partnerships*: *Initiative and Impact*(London: OFSTED, 2006).

——*Learning*: *Creative Approaches that Raise Standards* (London: OFSTED, 2011).

Owusu, K., ed., *Black British Culture and Society*: *A Text Reader* (London: Routledge, 2000).

Page, Jennie, 'The Millennium Dome', typescript of lecture at Royal Society of Arts, 3 May 2000.

Power, Michael, *The Audit Society*: *Rituals of Verification* (Oxford: Oxford University Press, 1999 [1997]).

Purnell, James, 'WWorld-Class from the Grassroots Up: Culture in the Next Ten Years', speech at National Portrait Gallery, 6 July 2007.

——'Politics', *Prospect*, February 2011, p. 10.

QUEST, *Modernizing the Relationship Part One: A New Approach? Funding Agreements*(London: DCMS, 2000).

Rawcliffe, David, *Arts Funding: A New Approach* (London: Adam Smith Institute, 2010).

Rawnsley, Andrew, *Servants of the People* (London: Hamish Hamilton, 2000).

Redcliffe-Maud Lord, *Support for the Arts in England and Wales*(London: Calouste Gulbenkian Foundation, 1976).

Reeves, Michele, *Measuring the Economic and Social Impact of the Arts* (London: Arts Council, 2002).

Reid, Benjamin, Alexandra Albert and Laurence Hopkins, *A Creative Block?*

The Future of the UK Creative Industries(London: Work Foundation, 2010).

Rhodes, R. A. W. , 'Introduction', *New Public Management, Public Administration* 69 (Spring 1991), pp. 1–2.

Richards, Steve, 'Interview: Peter Mandelson', *New Statesman*, 4 July 1997, pp. 16–17.

Rifkin, Jeremy, *The Age of Access: The New Culture of Hypercapitalism, where All of Life Is a Paid-for Experience*(New York: Turcher/Putnam, 2000).

Robertson, Sue, 'Sue Takes a Parting Shot at ACE', *Stage*, 27 September 2001.

Robinson, Gerry, *An Arts Council for the Future*(London: Arts Council England, 1998).

——'The Creativity Imperative: Investing in the Arts in the 21st Century', New Statesman Arts Lecture 2000(London: Arts Council England, 2000).

Runneymede Trust, '*Education for All*': *A Summary of the Swann Report* (London: Runneymede Trust, 1985).

Runneymede Trust Commission on the Future of Multi-Ethnic Britain, *The Future of Multi-Ethnic Britain: The Parekh Report* (London: Profile, 2000).

Sainsbury, Lord David, *Progressive Capitalism: How to Achieve Economic Growth, Liberty and Social Justice*(London: Biteback, 2013).

Saatchi, Charles, 'Vileness of the Art World', *Guardian*, 3 December 2011.

Saumarez Smith, Charles, 'Introductory Overview', Valuing Culture conference, 17 June 2003(typescript).

Scott, Carol A. , 'Searching for the "Public" in Public Value: Arts and Cultural Heritage in Australia', *Cultural Trends* 19:4(2010), pp. 273–89.

Schlesinger, P. , 'Creativity and Experts: New Labour, Think Tanks and the Policy Process', *International Journal of Press/Politics* 14:1(January 2009), pp. 3–20.

Seldon, Anthony, and Dennis Kavanagh, eds, The Blair Effect: 2001–2005 (Cambridge: Cambridge University Press, 2005).

Selwood, Sara, ed., *The UK Cultural Sector: Profile and Policy Issues* (London: Policy Studies Institute, 2001).

——'The Politics of Data Collection: Gathering, Analysing and Using Data about the Subsidised Cultural Sector in England', *Cultural Trends* 12:47(2002), pp. 15–84.

Sennett, Richard, *The Culture of the New Capitalism* (London: Yale University Press, 2006).

Serota, Nicholas, 'A Blitzkrieg on the Arts', *Guardian*, 5 October 2010.

Seymour, Richard, 'Puke Britannia', *Lenin's Tomb* (blog), 29 July 2013 at leninology. com.

Sidwell, Marc, *The Arts Council: Managed to Death* (London: New Culture Forum/Social Affairs Unit, 2009).

Sierz, Aleks, *In-Yer-Face Theatre: British Drama Today* (London: Faber & Faber, 2001).

Sinclair, Iain, *Ghost Milk: Calling Time on the Grand Project* (London: Hamish Hamilton, 2011).

Smith, Chris, 'A Vision for the Arts', speech at Royal Academy, 1997, DNH Press release 126/97.

——*Creative Britain* (London: Faber & Faber, 1998).

——'Government and the Arts', lecture at RSA, 22 July 1999, DCMS press release 200\99.

——'Valuing Culture', speech at Valuing Culture conference, 17 June 2003.

Smith, Zadie, *White Teeth* (London: Hamish Hamilton, 2000).

——*NW* (London: Hamish Hamilton, 2012).

Stallabrass, Julian, *Art Incorporated* (Oxford: Oxford University Press, 2004).

Stanziola, Javier, 'Good on Paper, Bad in Practice', *Arts Professional* (10 October 2011), p. 12.

Stark, Peter, Christopher Gordon and David Powell, *Rebalancing Our Cultural Capital*, privately printed, 2013.

Tompso, Don, *The $12 Million Stuffed Shark: The Curious Economics of Contemporary Art and Auction Houses* (London: Aurum, 2009).

Throsby, David, *Economics and Culture* (Cambridge: Cambridge University Press, 2001).

Thurley, Simon, *The Men from the Ministry: How Britain Saved its Heritage* (London: Yale University Press, 2013).

Travers, Tony, 'Renewing London', in *Tate Modern: The First Five Years* (London:

Tate, 2005).

Treasury, *Public Services for the Future: Modernization, Reform, Accountability* (London: H. M. Treasury, 1998).

——*The Government's Measures of Success: Output and Performance Analyses* (London, H. M. Treasury, 1999).

——*The Green Book: Appraisal and Evaluation in Central Government*, rev. edn (London: H. M. Treasury, 2011 [2003]).

——*The Magenta Book: Guidance for Evaluation*, rev. edn (London: H. M. Treasury, 2011).

——*The Green Book: Appraisal and Evaluation in Central Government* (London: H. M. Treasury, 2013).

Turnbull, Olivia, *Bringing Down the House: The Crisis in Britain's Regional Theatres* (Bristol: Intellect, 2008).

Tusa, John, *Art Matters: Reflecting on Culture* (London: Methuen, 1999).

——*Engaged with the Arts: Writings from the Frontline* (London: I. B. Tauris, 2007).

Vaizey, Ed, 'Speech by Minister for Culture, Communications and the Creative Industries', Local Government Association conference, 7 March 2013.

Vickery, Jonathan, *The Emergence of Culture-Led Regeneration: A Policy Concept and Its Discontents*, Research Paper No. 9, Centre for Cultural Policy Studies, Warwick University, Warwick, 2007.

Vuyk, Kees, 'The Arts as an Instrument? Notes on the Controversy Surrounding the Value of Art', *International Journal of Cultural Policy* 16:2 (2010), pp. 173–83.

Walmsley, Ben, 'Towards a Balanced Scorecard: A Critical Analysis of the Culture and Sport Evidence (CASE) Programme', *Cultural Trends* 21:4 (2012), pp. 325–34.

Waterton, Emma, *Politics, Policy and the Discourses of Heritage in Britain* (Basingstoke: Palgrave Macmillan, 2010).

Williams, Raymond, *Culture and Society* 1780 – 1950 (London: Penguin, 1962 [1958]).

——'Politics and Policies: The Case of the Arts Council', in Raymond Williams, *The Politics of Modernism* (London: Verso, 1989 [1981]).

Work Foundation, *Staying Ahead: The Economic Performance of the UK's Creative Industries* (London: Work Foundation, 2007).

Zirin, Dave, 'Danny Boyle's Olympic Minstrel Show', *Nation* (blog), 20 July 2012, at thenation. com.

索 引

（索引页码为原书页码，即本书边码）

图书在版编目(CIP)数据

文化资本:创意英伦的兴衰/(英)罗伯特·休伊森著;蓝胤淇译.—北京:商务印书馆,2020
ISBN 978-7-100-18313-0

Ⅰ.①文… Ⅱ.①罗… ②蓝… Ⅲ.①文化研究—英国 Ⅳ.①G156.1

中国版本图书馆CIP数据核字(2020)第058550号

文化资本
创意英伦的兴衰
〔英〕罗伯特·休伊森 著
蓝胤淇 译

商 务 印 书 馆 出 版
(北京王府井大街36号 邮政编码100710)
商 务 印 书 馆 发 行
北京市十月印刷有限公司印刷
ISBN 978-7-100-18313-0

2020年9月第1版 开本710×1000 1/16
2020年9月北京第1次印刷 印张19¾
定价:78.00元